Campus Forschung
Band 837

Matthias König, M. A., ist Wissenschaftlicher Mitarbeiter am Institut für Soziologie der Philipps-Universität Marburg.

Matthias König

Menschenrechte bei Durkheim und Weber

Normative Dimensionen des soziologischen Diskurses der Moderne

Campus Verlag
Frankfurt/New York

Die Deutsche Bibliothek – CIP-Einheitsaufnahme

Ein Titeldatensatz für diese Publikation ist bei
Der Deutschen Bibliothek erhältlich
ISBN 3-593-37013-1

Copyright © 2002 Campus Verlag GmbH, Frankfurt/Main
Druck und Bindung: KM-Druck, Groß-Umstadt
Gedruckt auf säurefreiem und chlorfrei gebleichtem Papier.
Printed in Germany

Besuchen Sie uns im Internet: www.campus.de

Inhaltsverzeichnis

Vorwort

In einer Situation, in der die Frage nach der universalen Geltung der Menschenrechte zunehmend ins Zentrum politischer und philosophischer Kontroversen rückt, werden in dieser Arbeit am Beispiel von Emile Durkheim und Max Weber genuin soziologische Perspektiven auf die mit den Menschenrechten verbundenen Werte und ihre Institutionalisierung vorgestellt. Es wird gezeigt, daß der soziologische Diskurs der Moderne sich einerseits durch die Suspension von normativen Begründungsfragen und einen erfahrungswissenschaftlichen Zugang zu Geltungsfragen der Menschenrechte auszeichnet. Seine handlungs- und ordnungstheoretischen Grundbegriffe deuten andererseits daraufhin, daß ihm auch normative Dimensionen inhärent sind, die an den Gehalt der Menschenrechte reflexiv anknüpfen. Eine hier anschließende reflexive Soziologie der Menschenrechte würde für die aktuelle Diskussion meines Erachtens eine Bereicherung darstellen.

Wenn ich mit der vorliegenden Untersuchung – unter Berücksichtigung einer Reihe neuerer einschlägiger Literatur – die stark überarbeitete Fassung meiner 1997 am Fachbereich Gesellschaftswissenschaften und Philosophie der Philipps-Universität Marburg angenommenen Magisterarbeit veröffentliche, so wäre dies nicht ohne den Zuspruch und die Unterstützung meiner akademischen Lehrer möglich gewesen. Dafür möchte ich Prof. Dr. Dirk Kaesler und Prof. Dr. Karl-Fritz Daiber, die diese Arbeit mit ihrer soziologiegeschichtlichen und religionssoziologischen Kompetenz, stets gutem Rat und wohlwollender Unterstützung betreut haben, herzlich danken. Für weiterführende Hinweise, kritische Einwände und die Ermutigung, diese Arbeit zu veröffentlichen, danke ich auch Dr. Thorsten Bonacker, Dr. Wiebke Ernst, Dr. Michael Haspel, Dr. Jens Jetzkowitz und Prof. Dr. Hans Joas; ihre inhaltlichen Anregungen sind in die Überarbeitung eingegangen. Kristina König und Cornelius

Koch danke ich für ihre zuverlässige Hilfe beim Korrekturlesen des Manuskripts, den Damen und Herren vom Campus-Verlag für ihre entgegenkommende verlegerische Betreuung. Die ursprüngliche Idee zu dieser Arbeit ging auf Seminare an der Princeton University zurück und hat im Laufe meines weiteren Studiums Gestalt angenommen. Dafür, mich dabei begleitet und immer ermutigt zu haben, danke ich Brigitte und Hans-Joachim König; ihnen ist dieses Buch gewidmet.

1.   Einführung

> »Da es nun mit der unter den Völkern der Erde einmal durchgängig
> überhand genommenen (engeren oder weiteren) Gemeinschaft so weit
> gekommen ist, daß die Rechtsverletzung an einem Platz der Erde an al-
> len gefühlt wird: so ist die Idee eines Weltbürgerrechts keine phantasti-
> sche und überspannte Vorstellungsart des Rechts, sondern eine notwen-
> dige Ergänzung des ungeschriebenen Kodex sowohl des Staats- als
> Völkerrechts zum öffentlichen Menschenrechte überhaupt und so zum
> ewigen Frieden, zu dem man sich in der kontinuierlichen Annäherung
> zu befinden nur unter dieser Bedingung schmeicheln darf« (Kant, AA
> VIII: 360).

Mit dem Zerfall der geopolitischen Ordnung des Kalten Krieges sind die Menschenrechte zu einem zentralen Wertbezugspunkt internationaler Politik geworden. Im Rückblick auf die 1990er Jahre zeigen dies eine Reihe von Ereig-
nissen, denen eine breite öffentliche Aufmerksamkeit zuteil geworden ist.
Dazu gehören etwa die Anerkennung der Menschenrechte als »gemeinsame
Sprache der Menschheit« auf der Weltkonferenz der Vereinten Nationen 1993
in Wien und ihre völkerrechtliche Aufwertung durch die Errichtung und Stärkung internationaler Gerichtshöfe. Dazu gehören aber auch ihre Inanspruch-
nahme zur Symbolisierung zivilisatorischer Differenzen zwischen Okzident
und Orient und ihre rhetorische Invokation zur Legitimation militärischer
Interventionen, etwa in der Bundesrepublik Jugoslawien. Diese Momentauf-
nahmen weisen darauf hin, daß die Menschenrechte in der gegenwärtigen
Weltgesellschaft zu einer Projektionsfläche vielfältiger Erwartungen geworden sind. Tatsächlich hat sich seit der Verabschiedung der *Allgemeinen Erklärung der Menschenrechte* durch die Generalversammlung der Vereinten Nationen 1948, jener epochalen Wende in der Geschichte des Völkerrechts, der
Menschenrechtsdiskurs zunehmend diversifiziert. Zu den ohnehin schon kon-
kurrierenden liberalen und sozialistischen, säkularistischen und christlichen
Interpretationen der Idee der Menschenrechte sind mittlerweile konfuziani-
sche, islamische und andere Deutungen hinzugetreten. Gleichzeitig hat sich
auch die juristische Auslegung der Menschenrechte durch die völkerrechtliche
Kodifizierung liberaler Abwehr- und politischer Teilhaberechte sowie ökonomischer, sozialer und kultureller Anspruchsrechte, zuletzt auch eines kollekti-

9

ven Rechts auf Entwicklung differenziert und spezifiziert. Angesichts der Diversifizierung des Diskurses der Menschenrechte, ihrer oftmals defizitären institutionellen Implementierung und offenen Mißachtung in vielen Regionen der Welt bedarf es mehr denn je einer kritischen Reflexion und Verständigung über ihren normativen Gehalt und ihre kulturellen und gesellschaftlichen Geltungsbedingungen.

In der politischen Philosophie hat eine solche Reflexion bereits eine gewisse Konjunktur.[1] Schließlich kann hier an eine lange Tradition des Nachdenkens über die Idee der Menschenrechte angeknüpft werden. So hatte Immanuel Kant in seiner Schrift *Zum ewigen Frieden* im Jahr 1795 die Utopie einer weltgesellschaftlichen Friedensordnung entworfen, die nicht nur auf der Durchsetzung eines republikanischen Staatsbürgerrechts und eines föderalistischen Völkerrechts, sondern auch auf der Etablierung eines Weltbürgerrechts basieren solle und die sich konsistent aus der transzendentalen Begründung der Universalität von Moralität und Legalität ableiten lasse (AA VIII: 344-86). Neben der kantischen Begründung von Menschenwürde und Menschenrecht haben auch die aufklärerischen Ideen von John Locke und Jean-Jacques Rousseau sowie deren politische Umsetzung in der Amerikanischen und der Französischen Revolution den philosophischen Menschenrechtsdiskurs geprägt. In der aktuellen Diskussion sind die Grundannahmen dieser Tradition jedoch einer radikalen Kritik unterzogen worden. Die angeblich universalistischen Normen wurden als Ausdruck einer bloß partikularen Wertegemeinschaft bzw. als Machtanspruch einer eurozentrischen Ideologie dekonstruiert. Dabei haben kommunitaristische und postmoderne Philosophen gleichermassen, wenn auch mit unterschiedlichen Argumenten, bestritten, daß die Formulierung, Begründung und Geltung universalistischer Normen möglich oder auch nur wünschenswert sei.[2] Diesen kulturrelativistischen Positionen ist andererseits in direktem Anschluß an den philosophischen Menschenrechtsdiskurs entgegengehalten worden, es sei durchaus möglich und auch notwendig, universalistische Normen zu formulieren, sie rational zu begründen und ihnen zu allgemeiner Geltung zu verhelfen. Die prominenteste Aktualisierung des

---

1 Vgl. etwa Gosepath und Lohmann 1998.
2 Ein Beispiel für die kommunitaristische Kritik am liberalen Konzept der Menschenrechte ist Alasdair MayIntyres aristotelische Tugendlehre, in deren Konsequenz die Menschenrechte als bloße »fictions« bezeichnet werden; vgl. MacIntyre 1981: 69. Als Vertreter einer postmodernen Kritik des in der Idee der Menschenrechte implizierten Universalismus sei hier etwa Jean-François Lyotard (1993) genannt.

Kantschen Erbes, ja insgesamt des »normativen Gehalts der Moderne«, stellt dabei wohl die Sozialphilosophie von Jürgen Habermas dar. In ihr wird Kants transzendentale Begründung universalistischer Normen im Rahmen einer »Diskursethik« reformuliert, mit einer kritischen Theorie der modernen Gesellschaft unterlegt und im Blick auf den Zusammenhang von Volkssouveränität und Menschenrechten rechtsphilosophisch expliziert.[3] Aber auch an Versuchen einer Vermittlung zwischen Kulturrelativismus und Universalismus fehlt es nicht. So plädiert z.b. Heiner Bielefeldt dafür, die einheitsstiftende Idee der Menschenrechte als Grundlage eines weltweiten Freiheitsethos mit Rekurs auf Kants Philosophie transparent zu machen, sie aber gleichzeitig für je spezifische Aneignungen in unterschiedlichen kulturellen Kontexten zu öffnen, »selbstkritische Aufklärung« also mit »interkulturellem Normdiskurs« zu vermitteln. Dabei erklärt Bielefeldt das Menschenrechtsethos aus der Ambivalenz der Moderne, ihrem von Disziplinierung und Rationalisierung geprägten Erfahrungsraum einerseits und ihrem aus der Idee individueller Freiheit resultierenden Erwartungshorizont andererseits.[4] In der gegenwärtigen philosophischen Diskussion um die Menschenrechte wird deren universaler Anspruch also allgemein mit kulturellen und gesellschaftsstrukturellen Merkmalen der Moderne in Verbindung gesetzt. Dies weist darauf hin, daß eine kritische Reflexion und Verständigung über die Menschenrechte offenbar auch eine soziologische Aufklärung ihrer Entstehungs- und Geltungsbedingungen verlangt. Auch von der Soziologie sollte man also Beiträge zur Diskussion um die Menschenrechte erwarten können.

Nun wird der Soziologie allerdings oftmals vorgeworfen, sie hätte zu dieser Diskussion bisher nur wenig beigetragen. Die vermeintlich defizitäre Umgang der Soziologie mit der Menschenrechtsthematik wird dabei vor allem auf zwei systematische Gründe zurückgeführt: erstens auf ihre Distanz gegenüber normativen Fragestellungen und zweitens auf ihren nationalstaatlichen Zuschnitt bzw. ihre eurozentrische Orientierung. Beide Punkte sind von großem Gewicht, weil sie die Konstitutionsbedingungen des soziologischen Diskurses

---

3   Vgl. Habermas 1981; 1983; 1985; 1992. Zu Immanuel Kants Idee der Menschenrechte als Grundlage einer friedlichen Weltgesellschaft vgl. Habermas 1996: 192-236.
4   »In den Menschenrechten selbst spiegelt sich die Zweideutigkeit der Moderne, insofern Menschenrechte gerade auch im Kampf gegen Unrechtserfahrungen in der modernen Gesellschaft entstanden sind und dabei zugleich ein Freiheitsethos politisch-rechtlich zur Geltung bringen, das in seiner universalistischen und emanzipatorischen Gestalt ebenfalls spezifisch modern ist« (Bielefeldt 1998: 28; vgl. auch 25-44).

im 19. Jahrhundert betreffen. So ist die Soziologie als eigenständige akademische Disziplin in der Tat durch die intellektuelle Distanzierung von eher normativ orientierten Sozialtheorien entstanden. Vorbereitet durch den französischen Positivismus und den deutschen Historismus wurde in der 'klassischen' Soziologie der Versuch unternommen, eine objektive bzw. 'wertfreie' Perspektive auf die Beziehung von Akteuren zu deren normativen Orientierungen einzunehmen und mithin Moral und ethische Diskurse zu einem Objekt erfahrungswissenschaftlicher Beobachtung zu machen. Die Theoriegeschichte der Soziologie kann insofern durchaus als eine kontinuierliche »Soziologisierung ethischer Diskurse«[5] charakterisiert werden. Auch der von der politischen Philosophie geprägte Menschenrechtsdiskurs gerät daher zu einem Gegenstand soziologischer Beobachtung. Und genau hier setzt der Vorwurf an, die Soziologie tendiere in kulturrelativistischer Manier dazu, die Menschenrechte ihres universalen Anspruchs zu entkleiden, so daß sie eigentlich keinen konstruktiven Beitrag zu deren Begründung leisten könne.[6] Doch trifft diese Einschätzung zu? Setzt sie nicht eine Lesart der Soziologiegeschichte voraus, die den positivistischen Gründungsmythos der Disziplin für bare Münze nimmt und dabei die normativen Dimensionen im soziologischen Diskurs der Moderne unterschlägt? Und wichtiger noch: Unterschätzt sie nicht den normativen Gehalt gerade der Distanzierung und Perspektivierung von ethischen Diskursen?

Auch der zweite Vorwurf erweist sich bei näherem Hinsehen als diskussionsbedürftig. Es ist in der Tat richtig, daß die Sozialwissenschaften in ihrer klassischen disziplinären Aufteilung vielfach von einem »methodologischen Nationalismus« gekennzeichnet waren, in dessen Folge 'Gesellschaft' zumeist auf die soziale Figuration des Nationalstaats reduziert wurde, wohingegen Prozesse globaler Strukturbildung und transnationaler Kommunikation ausgeblendet wurden.[7] Ebensowenig kann geleugnet werden, daß die sozialwissenschaftliche Interpretation moderner Gesellschaft soziale Strukturen und kulturelle Traditionen nicht-europäischer Regionen in essentialistischer Weise als vormodern kategorisiert und dadurch letztlich eurozentrische Ideologeme

---

5   Vgl. Firsching 1994.
6   »Sociology is typically sceptical, on historical and comparative grounds, about the possibility of the social existence of universalistic rights and obligations« (Turner, B. 1993a: 162; vgl. auch 175f.); zu einer ähnlichen Kritik am Relativismus der Sozial- bzw. Humanwissenschaften vgl. Loeffler 1995 und Abou 1995: 99-103.
7   Vgl. z.B. Agnew 1989; Wallerstein et al. 1996.

reproduziert hat.[8] In dieser Hinsicht dürften gegenwärtige soziologische Analysen interkultureller Deutungen der Menschenrechte und deren supranationaler Institutionalisierung eine Vielzahl begrifflicher Probleme zu lösen haben. So berechtigt diese Kritik ist, läßt sich doch fragen, ob nicht auch die Versuche, solche nationalstaatlichen und eurozentrischen Verengungen reflexiv zu überwinden, auf einen theoretischen Rahmen zurückgreifen, der selbst durch den soziologischen Diskurs der Moderne geprägt ist.

Angesichts dieser Problemanzeigen kann die Wahrnehmung eines Bedarfs an soziologischer Aufklärung über die Menschenrechte zunächst einmal dazu motivieren, das Verhältnis des soziologischen Diskurses der Moderne zu den Menschenrechten und ihrem normativen Gehalt genauer zu reflektieren. Inwiefern ist 'der' Soziologie eine in ihrer Konstitution als wissenschaftlicher Disziplin begründete Skepsis gegenüber dem normativen Universalismus der Menschenrechte zueigen? Und in welcher Hinsicht ist ihr begriffliches Instrumentarium außerstande, supranationale Strukturen und transkulturelle Prozesse zu erfassen? Mit diesen Fragen ist der Horizont abgesteckt, innerhalb dessen ich hier die These entfalten möchte, daß der klassische soziologische Diskurs in der Tat auch das moderne Menschenrechtsethos soziologisiert, daß in ihm aber dessen normativer Gehalt gleichwohl aufgehoben ist, und zwar gerade durch die intellektuelle Distanzierung von universalistischen Normen, ihre Perspektivierung und reflexive Wendung. Der soziologische Diskurs steht also in einem dialektischen Verhältnis zum Menschenrechtsdiskurs der Moderne. Ferner möchte ich die These entwickeln, daß in der klassischen Soziologie ein grundbegriffliches Instrumentarium entwickelt wurde, das es erlaubt, deren eigene nationalstaatliche und eurozentrische Verengung mit einer Theorie der Weltgesellschaft zu überwinden, die strukturellen Entstehungs- und kulturellen Geltungsbedingungen der Menschenrechte zu erfassen und damit einen konstruktiven Beitrag zur Reflexion und Verständigung über die Menschenrechte zu leisten vermag.

Eine erschöpfende Behandlung dieser Thesen würde eine materialreiche soziologiegeschichtliche Studie in systematischer Absicht erfordern. Dabei könnte man an eine Reihe von jüngeren Arbeiten anschließen, in denen die Entwicklung der Sozialwissenschaften systematisch auf den Erfahrungsraum und den Erwartungshorizont der europäischen Moderne und deren normativen

---

8   Vgl. klassisch Said 1978; Wolf 1982.

Gehalt bezogen werden.[9] In ihnen wird zwar durchaus die sogenannte szienti-
fische Wende der Soziologie hervorgehoben, die mit der Etablierung der sozialwissenschaftlichen akademischen Disziplinen einschließlich der Soziologie
im Zeichen des Positivismus am Ende des 19. Jahrhunderts erfolgte. Es werden aber auch die aus dem Erbe der politischen Philosophie der Aufklärung
resultierenden normativen Dimensionen des soziologischen Diskurses der
Moderne herausgearbeitet, darunter insbesondere dessen Bezug zu den Ideen
der Menschenrechte. Tatsächlich implizierten diese Ideen und ihre partielle
Realisierung in der Französischen Revolution einen radikalen epistemischen
Bruch mit vorherigen Formen der Reflexion über Politik. Die Formen politischen Zusammenlebens wurden nunmehr als kontingent und als vom Menschen gestaltbar wahrgenommen, wobei das Individuum als Träger von
Rechten die ontologische und methodologische Basis der neuen Sozialtheorien bildete.[10] Die Sozialwissenschaften lassen sich insofern als der Versuch begreifen, vor dem Erfahrungshintergrund politischer Ungewißheit dennoch nach Gewißheit, nach Regelmäßigkeiten, ja sogar nach Gesetzen des
sozialen Lebens zu suchen, ohne indessen die normative Anerkennung individueller Freiheit aufzugeben. Gleichzeitig erklärt sich auch der nationalstaatliche Zuschnitt der Sozialwissenschaften durch ihre Herkunft aus dem epistemischen Bruch der Französischen Revolution, insofern als bereits hier die ursprünglich kosmopolitisch gemeinten Ideen der Aufklärung durch ihre Kopp-
lung mit der Idee nationaler Souveränität eingehegt wurden.[11] Von solchen
Rekonstruktionen der vordisziplinären Geschichte der Sozialtheorie ließe sich
dann über eine Rekapitulation der Entwicklung des soziologischen Diskurses

---

9 Vgl. Heilbron 1995; Seidman 1983; Wagner, P. 1990; 1995; Wittrock 1999; vgl. mit kritischer Betonung des Zusammenhangs von normativistischer Theoriebildung mit Argumenta-
tionsfiguren politischer Theologie Wagner, G. 1993.
10 »The rights-endowed individual became [...] the only conceivable ontological as well as the
methodological foundation of a science of political matters after the revolutions. Once the
rights of man had been generally accepted as self-evident and unalienable, it seemed obvi-
ous, to Turgot and Condorcet for instance, that they were also 'the logical foundation of the
science of society'« (Wagner, P. 1998: 246 mit Verweis auf Baker 1975).
11 Auf den Bruch zwischen der Aufklärung und der Französischen Revolution hat v.a. Robert
Wokler aufmerksam gemacht; er verweist dabei auf den Nexus von Theorie der Gesellschaft und Praxis der staatlichen Administration der Nation und benennt damit ein Problem,
das der philosophische Menschenrechtsdiskurs mit dem soziologischen Diskurs der Moderne gemeinsam hat: »[T]he history of modernity since the French Revolution has character-
istically been marked by the abuse of human rights on the part of nation-states which alone
have the authority to determine the scope of those rights and their validity« (Wokler 1998:
66).

in der Phase seiner disziplinären Schließung der Bogen schlagen zur gegenwärtigen theoretischen Debatte um das Verhältnis von politischer Philosophie und Sozialwissenschaften, woraus sich Rückschlüsse über den möglichen Beitrag der Soziologie zur Aufklärung der Menschenrechte ziehen ließen.[12]

Dieser Weg wird hier nicht eingeschlagen. Mein Anspruch ist sehr viel bescheidener, er beschränkt sich auf eine Rekonstruktion der immanenten Beziehung der disziplinär sich konstituierenden Soziologie zum modernen Menschenrechtsdiskurs am Beispiel von Emile Durkheim und Max Weber. Der Grund für diesen Zugang liegt darin, daß sich die normativen Dimensionen im soziologischen Diskurs der Moderne auf dessen zentrale Problemstellung, die Frage nach dem Verhältnis von individueller Handlungsfreiheit und sozialer Ordnung, zurückführen lassen.[13] Diese zentrale Problemstellung und die auf sie zugeschnittenen handlungs- und ordnungstheoretischen Konzepte bildeten sich gerade in der Phase der intellektuellen Konstitution der Soziologie als wissenschaftlicher Disziplin heraus, die als die Zeit der 'klassischen' Soziologie kanonisiert wurde. Eine Rekonstruktion der soziologischen Entwürfe von Durkheim und Weber ist in diesem Zusammenhang deswegen gewinnbringend, weil in der Fachdiskussion beide zumeist als Antipoden und Begründer konträrer soziologischer Traditionen begriffen werden.

In meiner Rekonstruktion der beiden Klassiker unterscheide ich drei Ebenen des soziologischen Diskurs, eine metatheoretische, eine empirische und eine theoretische Ebene.[14] Zunächst ist auf einer metatheoretischen Ebene die

---

12 Zu der Einteilung der Sozialwissenschaften in ein vordisziplinäres, ein disziplinäres und ein eventuelles nachdisziplinäres Stadium vgl. Heilbron 1995: 2-8, 267-73.

13 Die Soziologiegeschichte mit Shmuel N. Eisenstadt als Entfaltung einer zentralen Problemstellung, und zwar der Frage nach dem Verhältnis von individueller Freiheit und sozialer Ordnung, zu interpretieren, bietet den Vorteil, die innere Logik soziologischer Theoriediskussion zu erfassen, ohne diese unter dem Gesichtspunkt einer vermeintlichen Konvergenz zu synthetisieren; vgl. Eisenstadt und Curelaru 1976: v.a. 55-79; 80-119. In seiner Typologie narrativer Varianten von Soziologiegeschichte bezeichnet Donald N. Levine diesen Zugang als »dialogisch« und grenzt ihn von positivistischen, pluralistischen, synthetischen, humanistischen und kontextualistischen Varianten ab (Levine 1995: 96-102). Allerdings sieht er die zentrale Problemstellung eher in der Suche nach einer säkularen Ethik als in der abstrakteren Frage nach dem Verhältnis von individueller Freiheit und sozialer Ordnung. Daß gerade in dieser abstrakteren Problemstellung eine Verwandtschaft zwischen Soziologie und moderner Rechtsphilosopie besteht, betont Werner Gephart (1993: 17-31). Zu den normativen Dimensionen dieser Problemstellung vgl. Eisenstadt / Curelaru 1976: 13.

14 Die Unterscheidung einer empirischen Ebene, auf der Aussagen über soziale Realität getroffen, und einer theoretischen Ebene, auf der Urteile über wissenschaftliche Begriffe gefällt werden, dürfte unmittelbar einleuchtend sein. Daß aller soziologischer Analyse auch eine metatheoretische Ebene vorausliegt, hat in überzeugender Weise Jeffrey C. Alexander

Genese der zentralen Problemstellung der klassischen Soziologie und ihre epistemologische und methodologische Präzisierung zu analysieren. Aus den sozialen und intellektuellen Kontexten der intellektuellen Projekte von Durkheim und Weber soll zunächst ihr jeweiliges praktisches Anliegen, der Entwurf einer »moral laïque« bzw. die Bewahrung von Chancen einer »ethischen Lebensführung« unter den Bedingungen der Moderne, begreiflich gemacht werden. Die Realisierung ihrer praktischen Anliegen führt beide, wenn auch aus unterschiedlichen Richtungen, zur Frage nach dem Verhältnis von individueller Freiheit und sozialer Ordnung. Ihre Soziologien schließen dabei in epistemologischer und methodologischer Hinsicht unmittelbar an Traditionen politischer Philosophie, besonders an Kants Moral- und Rechtsphilosophie, an, transformieren sie aber mit ihren zentralen Problemstellungen: 'Wie ist soziale Ordnung' bzw. 'wie ist individuelles Handeln möglich?' Der Versuch einer erfahrungswissenschaftlichen Bearbeitung dieser Problemstellung erfordert, das läßt sich bei Durkheim wie bei Weber gleichermaßen zeigen, die intellektuelle Distanzierung von natur- und vernunftrechtlichen Philosophien, welche die Gültigkeit universalistischer Normen in ihren Gesellschaftsmodellen a priori zu begründen beanspruchen.

Der empirischen Analyse von moralischen und juridischen Normen kommt daher in Durkheims und Webers Beschreibung und Erklärung der Moderne eine zentrale Bedeutung zu. Beide versuchen, die Entwicklungen der europäischen Gesellschaften als einen Prozeß grundlegenden sozialen Wandels zu interpretieren und in seiner Eigenart zu beurteilen. Wesentliche Elemente in dem von beiden entworfenen narrativen Schema sind dabei die Prozesse von Individualisierung, Pluralisierung und Säkularisierung, welche die Menschen traditionalen Lebenszusammenhängen entreißen und ihnen höhere Handlungsfreiheit zumuten. Durkheims und Webers explizite und implizite Analysen

---

herausgearbeitet; für ihn liegen auf dieser Ebene die »presuppositions« der Soziologie über das Verhältis von Handlungs- und Ordnungstheorie sowie von instrumentellen und normativen Dimensionen sozialer Ordnung vgl. z.B. Alexander 1982a: v.a. 2f., 122f. und 1987a). Die hier vorgenommene Unterscheidung entspricht allerdings am ehesten der Ebenendifferenzierung (»methodological«, »empirical«, »theoretical«), mit der Talcott Parsons in der *Structure of Social Action* [1937] die Klassiker rekonstruiert (Parsons 1968: 6-27). Auch Habermas operiert in seiner Rekonstruktion des Rationalitätsbegriffs klassischer Gesellschaftstheorien mit der Unterscheidung dreier analytischer Ebenen (Habermas 1981: 23). Während er jedoch aufgrund der sprachphilosophischen Orientierung seines Projekts die »metatheoretische« Ebene der Handlungs- und Rationalitätstheorie nicht nur von der »empirischen«, sondern auch von der »methodologischen« Ebene des Sinnverstehens unterscheidet, wird letztere hier der metatheoretischen Ebene zugerechnet.

von Gehalt, Genese und Funktion des Menschenrechtsethos und seiner Institutionalisierung im Nationalstaat sollen vor diesem Hintergrund im einzelnen rekonstruiert werden. Wenn die unabgegoltenen Potentiale bzw. die paradoxen Folgen einer Institutionalisierung der Menschenrechte von beiden unterschiedlich beurteilt werden, so spiegelt sich darin der eher reformoptimistische bzw. der tragisch-skeptische Charakter ihres jeweiligen narrativen Schemas der Modernisierung wider.

Auf der theoretischen Ebene schließlich sind Durkheim und Weber gleichermaßen darum bemüht, gegenüber utilitaristischen Gesellschaftstheorien die symbolischen bzw. kulturellen Dimensionen sozialer Ordnung zu erfassen. Die soziologische Transformation der zunächst ja politisch-philosophischen Frage nach dem Verhältnis von individueller Freiheit und sozialer Ordnung führt sie offensichtlich dazu, dem Begriff der Gesellschaft ein analytisches Kulturkonzept als zweite ordnungstheoretische Größe hinzuzufügen. Dieser Schritt ist offenbar die theoretische Folge der metatheoretischen Distanzierung von kulturellen Werten und mithin auch für die reflexive Haltung gegenüber der eigenen kulturellen Tradition, gerade auch gegenüber dem modernen Menschenrechtsethos verantwortlich. Die analytische Unterscheidung der ordnungstheoretischen Begriffe von Kultur und sozialer Struktur kann auch den Weg herausweisen aus der gerade bei Durkheim anzutreffenden nationalstaatlichen Verengung des soziologischen Begriffsapparats. Indem beide ihre ordnungstheoretischen Konzeptionen auf handlungstheoretische Grundlagen zu stellen beabsichtigen und dabei auf die Idee persönlicher Handlungsfreiheit rekurrieren, greifen Durkheim und Weber eine Kategorie auf, deren Herkunft aus der praktischen Philosophie, insbesondere aus der kantianischen Tradition, unverkennbar ist. Mit diesem universalistischen Konzept führen sie, das meine ich zeigen zu können, einen zentralen Wertbezugspunkt des modernen Menschenrechtsdiskurses in den theoretischen Bezugsrahmen ihrer Soziologie wieder ein. Aus der Architektonik ihrer Soziologie-Entwürfe lassen sich schließlich auch die praktischen Positionen der zwei Klassiker ableiten; im Rahmen der politischen Kontroversen ihrer Zeit erweisen sich beide als vehemente Verteidiger liberaler politischer Institutionen.

Mittels der methodischen Unterscheidung dieser drei Diskursebenen sowie unter Berücksichtigung ihrer praktisch-politischen Implikationen werden also Durkheims und Webers Soziologiekonzeptionen rekonstruiert. Um die Darstellung nicht von vornherein mit einer Vergleichsperspektive zu belasten und den je eigenen Interpretationsschwierigkeiten gerecht zu werden, soll dem Duktus der beiden Konzeptionen jeweils für sich nachgegangen werden. Die Darstellung von Durkheim (2.) wird also dessen metatheoretische Begründung einer disziplinären Soziologie als funktionalistisch vorgehender Moralwissenschaft, seine empirische Analyse arbeitsteiliger Gesellschaften und ihrer kulturellen Integration sowie seine stark von der Religionssoziologie her entwickelten handlungs- und ordnungstheoretischen Konzepte nachzeichnen. Gleiches gilt für die Darstellung von Weber (3.), dessen metatheoretischer Entwurf von Soziologie als verstehender, historisch orientierter Kulturwissenschaft mit seiner empirischen Analyse des okzidentalen Rationalisierungsprozesses sowie dessen paradoxen Folgen und seinen handlungs- und ordnungstheoretischen Begriffen, insbesondere seiner Charismatheorie in Beziehung zu setzen ist. Auf allen drei Diskursebenen wird jeweils die Thematik der Menschenrechte im Zentrum der Interpretation stehen. Abschließend werden im werkinterpretatorischen Vergleich die Parallen und Divergenzen der zwei Klassiker im Blick auf ihr Verhältnis zu den Menschenrechten diskutiert, wobei ich vor dem Hintergrund einiger weiterführender soziologieschichtlicher und systematischer Überlegungen ausblickartig Perspektiven einer reflexiven Soziologie der Menschenrechte andeuten will (4.).

2. Durkheims funktionalistische Soziologie der Menschenrechte

Von seinen frühesten Schriften bis in sein Spätwerk hinein beschäftigte Emile Durkheim das Problem, wie die Prinzipien der Französischen Revolution, die Werte der Freiheit, Gleichheit und Brüderlichkeit im Kontext der veränderten historischen Bedingungen des späten 19. Jahrhunderts aktualisiert werden könnten. Den revolutionären Prinzipien der *Déclaration des Droits de l'Homme et du Citoyen* von 1789, die zum Kernbestand des modernen Menschenrechtsethos gehören, verhoffte er dadurch Geltung zu verschaffen, daß sie zum Beobachtungsobjekt einer noch zu etablierenden wissenschaftlichen Disziplin, der Soziologie gemacht würden. Durkheims Begründung der Soziologie ist mit seiner kritischen Reflexion des normativen Gehalts der Menschenrechte aufs Engste verschränkt; gerade aus ihr gewinnt er die für seine Soziologiekonzeption zentrale Problemstellung, die Frage nach dem Verhältnis von individueller Autonomie und sozialer Ordnung.

Der Menschenrechtsdiskurs steht also gewissermaßen im Hintergrund von Durkheims Programm der Soziologie als Moralwissenschaft. Dieses Programm ist in der jüngeren soziologiegeschichtlichen Forschung sowohl hinsichtlich seiner ideengeschichtlichen Bezüge als auch hinsichtlich seines sozialen Kontextes in der Dritten Republik Frankreichs kontrovers diskutiert worden. Gegenüber einer zeitweise gerade im deutschsprachigen Raum verbreiteten Deutung von Durkheims Soziologie als bloßem Positivismus ist deren moralwissenschaftlicher Akzent jedoch mittlerweile allgemein akzeptiert.[15] Als wichtiger Bestandteil von Durkheims Moralsoziologie hat auch der »Kult des Individuums«, so seine eigene Bezeichnung für die Prinzipien der Französischen Revolution, größere Aufmerksamkeit erfahren. Die Wahrneh-

---

15 Vgl. Hall 1987; König, R. 1976; Müller 1983; Turner, S. 1993; Wallwork 1972.

mung von Durkheim als konservativem Kollektivisten ist dabei durch eine stärkere Rezeption auch der individualistischen Momente in seiner Theoriekonzeption korrigiert worden.[16] Meine Interpretation setzt an dieser Stelle an, wird aber explizit die Bezüge von Durkheims Soziologie zu Ideen des Menschenrechtsdiskurses, insbesondere zur kantianischen Philosophie, herausarbeiten und seine empirische Analyse des modernen Menschenrechtsethos nachzuvollziehen versuchen. Dabei will ich das Argument entwickeln, daß in Durkheims funktionalistischer Soziologie der philosophische Menschenrechtsdiskurs in reflexiver Gestalt fortgeführt wird.

Aufgrund der systematischen Zielsetzung meiner Argumentation, aber auch aufgrund der Kontinuität von Durkheims eigenem Interesse an den Prinzipien von 1789 wird die folgende Rekonstruktion der Durkheimschen Soziologie nicht primär von einer werkgeschichtlichen Chronologie, sondern von der eingangs entworfenen Unterscheidung unterschiedlicher Diskursebenen der sich im 19. Jahrhundert disziplinär konstituierenden Soziologie geleitet sein. Nichtsdestotrotz wird meine Interpretation die werkgeschichtliche Annahme einer Verschiebung sachlicher und theoretischer Akzentsetzungen in Durkheims Denken voraussetzen.[17] Zunächst werde ich Durkheims metatheo-

---

16 Die Rezeption von Durkheim als Kollektivisten erfolgte nicht zuletzt aufgrund der Bildung ideologischer Fronten innerhalb der Durkheimschule selbst, in deren Folge ihm recht bald zum Vorwurf gemacht wurde, eine »Philosophie ohne Subjekt« vertreten zu haben; vgl. Bourdieu und Passeron 1967: 169-72. Die Deutung von Durkheim als konservativem Kollektivisten hat einflußreich aber auch Robert A. Nisbet vertreten; am Beispiel von Durkheim meinte er nachweisen zu können, daß die Soziologie insgesamt nichts anderes als die erfahrungswissenschaftliche Transformation der konservativen Philosophie eines Edmund Burke oder eines Louis Gabriel Amboise de Bonald oder deren Kritik an der Französischen Revolution sei (und bleiben solle); vgl. Nisbet 1952: 174 und 1975: 9. Ganz abgesehen von ihrem ideologischen Gehalt hat diese Lesart allerdings angesichts der neueren soziologiegeschichtlichen Forschung an Plausibilität verloren; vgl. Giddens 1978: 9ff. und 1995a: 116; Müller 1986: 73, 99; Marske 1987: 13 und Vogt 1993: 89. Interessant sind indessen Versuche, Durkheims Moralsoziologie in Verbindung mit dem amerikanischen Kommunitarismus zu setzen, wie er etwa von Alasdair MacIntyre vertreten wird; vgl. dazu Hall 1991 sowie ausführlich Cladis 1992.

17 Im wesentlichen folge ich hier Hans-Peter Müllers behutsamer und überzeugender Analyse einer allmählichen Entwicklung von Durkheims Theoriebildung von einem »sozialökologischen« zu einem »kultursoziologischen« Ansatz (Müller 1983: 63). Bereits an dieser Stelle sei zumindest kurz auf die Problematik einer solchen Zweiteilung des Durkheimschen Werkes verwiesen. Parsons ging in seiner einflußreichen Durkheim-Interpretation in der *Structure* von vier werkgeschichtlichen Stadien aus, in denen ein frühes positivistisches Schema erst empirisch, dann theoretisch in den Ansatz einer voluntaristischen Handlungstheorie überführt worden sei, um schließlich im Spätwerk in eine Art Idealismus umzuschlagen (Parsons 1968: 304-7; vgl. auch Alexander 1982b: 159f., pass.). Dieser Interpretation ist vielfältig widersprochen worden; vgl. Pope 1973 und Cohen 1975 sowie die Replik von

retische Begründung von Soziologie als Moralwissenschaft und die damit zunächst verbundene Distanzierung vom philosophischen Menschenrechtsdiskurs darstellen (2.1.). In einem zweiten Schritt werde ich seine empirische Analyse der modernen Gesellschaft erläutern, in deren Rahmen seine Überlegungen zu Inhalt und Genese, vor allem aber zur Funktion der Menschenrechte und ihrer Institutionalisierung im säkularen und demokratischen Staat interpretiert werden sollen (2.2.). Im dritten Schritt folgt dann eine Analye der ordnungs- und handlungstheoretischen Logik von Durkheims Soziologie, wobei insbesondere auf ihre normativen Dimensionen eingegangen wird (2.3.). Daß Durkheims funktionalistische Soziologie mithin als reflexive Fortführung des Menschenrechtsdiskurses interpretiert werden kann, bestätigen schließlich auch Durkheims praktische Interventionen (2.4.).

2.1. Soziologie als Moralwissenschaft: Metatheoretische Grundlagen

'Wie ist soziale Ordnung möglich?' – in dieser Frage sah Talcott Parsons (1968: 307) Durkheims zentrale Problemstellung. Für Durkheim war die Frage nach sozialer Ordnung oder, um in seiner eigenen Terminologie zu bleiben, nach dem »lien social«, dem die individuellen Handlungen koordinierenden sozialen Band, indessen keine rein akademische Frage, sondern eine von unmittelbarer Praxisrelevanz, ergab sie sich doch aus seiner Wahrnehmung einer gesellschaftlichen Krise, in der sich die Dritte Republik Frankreichs seit ihrer Gründung 1871 permanent befand.[18] Das Scheitern wiederholter Verfassungs-

---

Parsons 1975a. Gegen Parsons sind die Kontinuität von Durkheims zentraler Problemstellung, wie sie aus seinem praktischem Anliegen resultiert, und die Flexibilität seiner Grundbegriffe ins Feld geführt worden (vgl. König, R. 1976: 313, 340; Giddens 1978: 82). Ebenso ist der Annahme einer Zweiteilung von Durkheims Werk, verbunden mit seiner meist in das Jahr 1895 datierten religionssoziologischen Wende (so Lukes 1973: 237ff. und jüngst Jones 1993), widersprochen und – zu Recht – auf Kontinuitäten seiner Beschäftigung mit Religion hingewiesen worden (Wallwork 1985). Dennoch können sachliche und theoretische Akzentverschiebungen, die, wie ich an entsprechender Stelle begründen werde, eng mit der Weiterentwicklung von Durkheims Religionstheorie verknüpft sind, nicht geleugnet werden.

18   Nur mit Blick auf diesen Praxisbezug läßt sich mit der Frage nach sozialer Ordnung bzw. nach dem »lien social« Durkheims Problemstellung angemessen erfassen. Wenn Parsons die Ordnungsfrage aus der politischen Philosophie Thomas Hobbes' herleitet, so nimmt er für

und Regierungsreformen und die aufgrund ökonomischer Instabilität verschärfte soziale Frage spiegelten für viele französische Intellektuelle, und so auch für Durkheim, die Probleme einer unvollständigen Verwirklichung der revolutionären Prinzipien von Freiheit, Gleichheit und Brüderlichkeit wider. Diese Krisenerscheinungen deutete Durkheim primär als eine Krise der Moral, die durch bloße ökonomische oder politische Reformen nur unzureichend zu bewältigen sei. Sie offenbarten für Durkheim zudem aber auch eine Krise der Wissenschaft. Insbesondere die Begründungsdiskurse der Philosophie sah er außerstande, die praktische Wirksamkeit ihrer normativen Theorien sozialer Ordnung zu garantieren und so zur Überwindung der moralischen Krise einen positiven Beitrag zu leisten. Es mußte daher eine Wissenschaft begründet werden, die aus der politischen Philosophie zwar die Ordnungsproblematik zu übernehmen, sie aber einer empirischen Untersuchung in einem geeigneten theoretischen Bezugsrahmen zuzuführen vermochte. Vorläufer einer solchen Wissenschaft erblickte Durkheim dabei vor allem in der deutschen Nationalökonomie, der Rechtswissenschaft und der Völkerpsychologie Wilhelm Wundts.[19] Diesem Bewußtsein einer moralischen und wissenschaftlichen Krise entsprang Durkheims Programm, die Soziologie als Wissenschaft der Moral zu begründen und institutionell zu etablieren. Dieses Programm traf sich mit den Reformbestrebungen republikanischer Bildungspolitiker und bestimmte daher weitgehend die institutionelle und intellektuelle Etablierung der Soziologie in Frankreich. Seine politische Position lag dabei ganz auf der Linie der republikanischen und antikatholischen Reformer, die – gegenüber der tiefen Spaltung zwischen restaurativen Bestrebungen der Rückkehr zum Ancien Régime einerseits und radikal-revolutionären Bewegungen andererseits – gerade die institutionelle Verwirklichung der Prinzipien von 1789 als nationales Anliegen betrachteten. Durkheims Versuch, diesem Anliegen durch die

---

Durkheim nicht nur einen falschen Referenzphilosophen in Anspruch, sondern verfehlt auch den Praxisbezug seiner Soziologie; vgl. dazu pointiert Giddens 1978: 82-83 und 1981: 100-5. Vgl. im folgenden auch König, R. 1976: 318-20; Müller 1983: 11-22.

19 In *La science positive de la morale en Allemagne* (1887), der Auswertung seines Deutschlandaufenthalts bespricht Durkheim insbesondere die Arbeiten der 'Kathedersozialisten' Gustav Schmoller und Adolf Wagner, deren Weiterführung in der 'Soziologie' von Albert Schäffle, die rechtswissenschaftlichen Ansätze von Rudolf Ihering und die Moraltheorien Wilhelm Wundts und Albert-Herrmann Posts; vgl. Durkheim 1995: 85-175 und dazu Lukes 1973: 86-95. Genau auf diese Ansätze läßt Durkheim in seinem Vorlesungszyklus *Cours de Science Sociale* [1887/88] in Bordeaux die Geschichte des Denkens über die Gesellschaft zulaufen (1981a: 96-100). Im folgenden beziehen sich alle Verweise ohne Namensangabe auf Schriften von Durkheim.

soziologische Ausbildung zukünftiger Lehrer und die pädagogische Implementierung einer säkularen Moral Rechnung zu tragen, ist ihm mit der Unterstützung dieser Bildungsreformer zumindest teilweise gelungen.[20]

Durkheims Soziologie implizierte also aufgrund ihrer Genese aus einem Krisenbewußtsein und aufgrund ihrer Entfaltung im Kontext republikanischer Reformbestrebungen einen unmittelbaren Theorie-Praxis-Nexus. Daß Durkheim sich dennoch weitgehend vom politischen Feld fernhielt und vielmehr auf das praxisorientierende Potential von Wissenschaft vertraute, erklärt sich aus der damals in Frankreich noch unterstellbaren Plausibilität eines rationalistischen Wissenschaftskonzepts. Sein Anliegen einer Institutionalisierung der Prinzipien von 1789 resultierte daher in der Begründung der Soziologie als rationalistischer Moralwissenschaft, in der die Ideen der Menschenrechte verobjektiviert bzw. soziologisiert wurden. Ausgehend von ihrer Verankerung in einer rationalistischen Epistemologie (2.1.1.) will ich im folgenden die Konstitution von Durkheims soziologischer Perspektive auf die Prinzipien von 1789 anhand der methodologischen Kritik an individualistischen und kollektivistischen Gesellschaftskonzeptionen, vor allem anhand der Kritik an vertrags- und naturrechtlichen Begründungen universalistischer Normen (2.1.2.) und anhand der soziologischen Transformation kantianischer Moralphilosophie (2.1.3.) nachzeichnen.

2.1.1. Rationalistische Wissenschaftstheorie

Durkheim stellt sich mit der Wissenschafts- und Erkenntnistheorie seiner frühen methodologischen Schriften ganz in die französische Tradition des Rationalismus.[21] Dieser Rationalismus basiert in Durkheims Lesart auf der grundle-

---

20 Zur intellektuellen und institutionellen Etablierung der Soziologie und deren sozialer Unterstützung in republikanischen und bildungsorientierten Kreisen vgl. allgemein die Beiträge in Besnard 1983; ferner Clark 1973: 162-95 und 1981 sowie Wagner, P. 1990: 73-9.

21 Zu Durkheims methodologischen Schriften gehören neben den *Règles de la méthode sociologique* (1895) insbesondere seine erste *thèse* von 1892 *Quid Secundatus politicae scientiae instituendae,* in der er Charles de Montesquieu als Vorläufer der Sozialwissenschaft untersucht, sowie der *Cours.* Unter den späteren methodologischen Arbeiten ist insbesondere die Auseinandersetzung mit dem Pragmatismus in einer Vorlesungsreihe von 1913/14 zu nennen. Zu Durkheims rationalistischer Wissenschaftstheorie vgl. ders. 1984: 87; 1973: 60; 1993: 11-3. So sehr hierin der Einfluß des Positivismus von Auguste Comte zu erkennen ist, so unmittelbar ist Durkheim jedoch auch von den französischen Neukantianern Emile Boutroux und Charles Renouvrier beeinflußt; vgl. Lukes 1973: 54-8.

genden Unterscheidung von »l'art« und »la science« bzw. von Handeln und Denken. Während Kunst sich auf Ereignisse in der Zukunft beziehe, ihre Aussagen somit aus allgemeinen Begriffen normativ deduziert würden und in einem direkten Handlungsbezug stünden, beschreibe Wissenschaft vergangene und gegenwärtige Realitäten induktiv und unabhängig von unmittelbaren Handlungserfordernissen (1953a: 31-5; 1981a: 28; 1993: 131-4). In wissenschaftstheoretischer Hinsicht geht Durkheim davon aus, daß sich jede wissenschaftliche Disziplin zunächst durch einen nur ihr eigenen Gegenstand konstituiert. Den Realitätsbezug einer Wissenschaft sieht er durch die Gegebenheit ihrer Objekte und deren Exteriorität gegenüber dem individuellen Bewußtsein, also durch eine gewisse Widerständigkeit gegenüber dem menschlichen Willen garantiert. Nicht nur durch einen eigenen Gegenstand, auch durch eine ihm entsprechende Methode ist Durkheim zufolge die Konstitution einer Wissenschaft bestimmt. Die dabei erhobene Forderung, daß die Methode einer Wissenschaft ihrem Gegenstand entsprechen solle, basiert auf der epistemologischen Voraussetzung, daß Erkenntnis der Wirklichkeit überhaupt möglich ist. Diese Voraussetzung sieht Durkheim deshalb als gegeben an, weil für ihn die Gültigkeit des Determinismus- und des Kausalitätsprinzip außer Frage steht (1984: 208). Die Zusammenhänge von Ursache und Wirkung haben für ihn den Charakter von Naturgesetzen, wobei der Nachweis von gesetzesartigen Kausalitätsbeziehungen mittels der wissenschaftlichen Methode der Induktion, d.h. durch kontrolliertes empirisches Beobachten der Realität erfolgen soll (1984: 124).

Mit dieser wissenschaftstheoretischen und epistemologischen Grundposition sind die Weichen für die metatheoretische Begründung der Soziologie gestellt: Sie erfordert den Nachweis der Existenz von »faits sociaux« – von sozialen Tatbeständen eigener Natur – und einer ihnen entsprechenden wissenschaftlichen Methode (1953a: 41f.; dt. 1981a: 95). Inwiefern nun genügen diese »faits sociaux« dem oben gestellten Kriterium der Exteriorität gegenüber dem individuellen Bewußtsein? Und inwieweit sind sie methodisch kontrollierter Erkenntnis zugänglich? Durkheim beantwortet diese Fragen, indem er eine Reihe von Annahmen des philosophischen Menschenrechtsdiskurses einer radikalen methodologischen Kritik unterwirft.

2.1.2. Methodologische Kritik des Menschenrechtsdiskurses

In den *Règles de la méthode sociologique* [1895], seiner methodologischen Programmschrift, geht Durkheim von der empirischen Einsicht aus, daß der eigentümliche Charakter bestimmter Phänomene, z.b. von Pflichten, von religiösen Glaubenssätzen, von Sprache oder Geld, weder biologisch oder physikalisch noch psychologisch zu erklären ist. Solche Phänomene zeichnen sich im wesentlichen durch zwei Merkmale aus: durch ihre Exteriorität bzw. ihren zwingenden Charakter und durch ihre von Individuen unabhängige Allgemeinheit. Zunächst führt Durkheim verschiedene Arten des Handelns, Denkens und Fühlens, die »extérieures« und »coercitives« sind, als Residualkategorie ein und bezeichnet sie als »sociaux«. Sie bilden den autonomen Gegenstand der Soziologie.[22] Sie sind aber, das ist das zweite Merkmal, durch die bloße Regelmäßigkeit von bestimmten Arten des Handelns, Denkens und Fühlens unter vielen Individuen nicht erschöpfend charakterisiert. Sie sind nämlich auch »générale«, besitzen also eine Realität sui generis, die sich in individuellen Handlungen nur unvollständig widerspiegelt und sich von deren Summe qualitativ unterscheidet (1984: 114). Der entscheidende Punkt, den Durkheim in seiner ersten methodologischen Regel formuliert, ist nun, daß diese sozialen Tatbestände wie natürliche Dinge, »comme des choses« zu betrachten sind (1984: 115; vgl. auch 1983: 20). Diese Regel mißachtet zu haben, ist für Durkheim der entscheidende Fehler des utilitaristischen Individualismus (a) und naturrechtlich fundierter Ordnungstheorien (b); ihre methodologischen Konsequenzen nicht gezogen zu haben, der des sozialen Realismus von Auguste Comte (c).

(a) Durkheims Kritik richtet sich zunächst gegen den ökonomischen Utilitarismus, wie er ihn v.a. bei Herbert Spencer vorfindet. Zwar erkenne er den gesetzesartigen Charakter sozialer Ordnung, der so zum Gegenstand wissenschaftlicher Betrachtung würde. Er operiere jedoch mit einem falschen Konzept sozialer Ordnung, da diese auf die bloße Kooperation von Individuen

---

22 Vgl. 1984: 107. Die Einführung der »faits sociaux« als Residualkategorie ist insgesamt charakteristisch für Durkheims Begründung der Soziologie; vgl. Parsons 1968: 352. *Le suicide* (1897), der als breit angelegter Nachweis der Existenz von sozialen Tatbeständen und damit der Objektivität der Soziologie gelesen werden kann, folgt derselben Logik. Im Buch I schließt Durkheim sukzessive die verschiedenen außergesellschaftlichen Faktoren als Explanans für Selbstmordraten aus, um daraus zu folgern, daß Selbstmordraten soziale Ursachen haben müssen (1983: 153); zu diesem für Durkheim typischen »argument by elimination« vgl. Lukes 1973: 31-3.

reduziert und nicht als Realität sui generis betrachtet würde. Gegen diesen methodologischen Individualismus führt Durkheim die folgenden drei Argumenten ins Feld. Erstens, wie er in seinem *Cours de Science Sociale* [1888] ausführt, bedeute die metatheoretische Annahme des Utilitarismus, nur Individuen seien als Realität der Beobachtung zugänglich, daß die ökonomischen Gesetze des sozialen Handelns nicht empirisch gewonnen, sondern logisch deduziert würden. Insofern erfülle der Utilitarismus nicht die Bedingungen positiver Wissenschaft (1981a: 31). Zweitens sei die abstrakte Konzeption freier und mit gleichen Rechten ausgestatteter Individuen, die der deduktiven Aufstellung von Gesetzmäßigkeiten sozialen Handelns zugrunde liegt, empirisch nicht haltbar, da konkrete Individuen immer sozial situiert seien (1981a: 31f.). Und drittens führt Durkheim in *De la division de travail social* [1893] gegen den methodologischen Individualismus als theoretisches Argument seine Kritik an der utilitaristischen Vertragstheorie an (1992: 256-84, 335-40, 434): Spencer und die utilitaristischen Ökonomen betrachteten den auf privaten Verträgen beruhenden freien Austausch als die einzige Form sozialer Bindung in differenzierten Gesellschaften. Bestünde aber das »lien social«, das soziale Band der Individuen untereinander tatsächlich nur in Tauschakten, dann könnte, so Durkheims Argument, die Existenz sozialer Ordnung nicht erklärt werden. Denn der vertragliche Tausch könnte nur einen kurzfristigen Interessenausgleich unter egoistischen Individuen herstellen, verschöbe also den latenten Konflikt der Interessen lediglich. Außerdem würden, wenn bei jedem Vertragsabschluß sämtliche Bedingungen des Vertrags ausgehandelt werden müßten, die Vertragspartner handlungsunfähig. Die Kooperation von Individuen durch private Verträge setze daher einen von den Individuen unabhängigen sozialen Faktor, nämlich die Institution des Vertragsrechts und deren kollektive Anerkennung voraus (1992: 266, 272). Genau diese vorvertraglichen Elemente des Vertrags könnten auf der Grundlage des methodischen Individualismus nicht erklärt werden. Gegenüber dem Utilitarismus bringt Durkheim also zunächst die Existenz des Sozialen mittels eines Emergenzarguments zur Geltung: Wenn sich Individuen assoziieren, entsteht etwas Neues, eine »schöpferische Synthese«, die dem Bewußtsein und dem Willen der Individuen gegenüber äußerlich ist.[23]

---

23 Das Emergenzargument, d.h. das Axiom, daß das Ganze sich von Summe seiner Teile qualitativ unterscheide, hat Durkheim offenbar von Renouvier, den terminus der »schöpferischen Synthese« aus Wundts Völkerpsychologie übernommen (Lukes 1973: 57).

(b) Die Einsicht in die Realität sui generis des sozialen Faktors findet Durkheims jedoch bereits im Begriff der »volonté générale«, wie ihn Rousseau in seiner politischen Philosophie entwickelt. Rousseau stützt sich dabei wie vor ihm Thomas Hobbes und Locke auf die Annahme eines Naturzustandes, aus dem die als willensfrei und mit gleichen Rechten begabt vorgestellten Individuen durch den Akt eines Gesellschaftsvertrags heraustreten. Den Übergang aus dem Naturzustand in den Gesellschaftszustand stellt er sich so vor, als würden alle Individuen ihre natürlichen Rechte an ein politisches Gemeinwesen abgeben und sie von ihm wieder verliehen bekommen, wodurch die partikularen und miteinander konfligierenden Interessen der Individuen in einem gemeinschaftlichen Willen aufgehoben würden. Der Souverän muß eine »volonté générale« zum Ausdruck bringen, die gleichsam über der Ebene partikularer Interessen, der »volonté de tous« liegt (Contr.soc. I 6: 38-40). Rousseaus philosophischen Entwurf, der ja zunächst die Frage der Legitimität politischer Herrschaft behandelt, sieht Durkheim als einen Vorläufer der Soziologie, weil in ihm das soziale Band nicht durch die einfache Bindung der Individuen untereinander, sondern durch deren Bindung an ein 'über' ihnen liegendes Kollektiv erklärt werde. Wie Durkheim in seiner Studie Le 'contrat social' de Rousseau erklärt, liegt für ihn der Begriff der »volonté générale« genau auf der konzeptuellen Ebene des Sozialen und besitzt deren emergente Merkmale der Exteriorität, des zwingenden Charakters und der Unpersönlichkeit.[24] Nun liegt Durkheim zufolge aber auch der Konstruktion von Rousseau wie allen naturrechtlich basierten Theorien des Gesellschaftsvertrags ein zentraler metatheoretischer Fehler zugrunde: Hobbes, Locke, Kant und Rousseau betrachten die Natur des empirischen Individuums als vorsozial und beurteilen die Gesellschaft entsprechend als Artefakt. Dann aber müßte die Exteriorität der Gesellschaft sich in direktem Zwang, also in Gewalt (Hobbes) oder in moralischer Kontrolle (Rousseau) äußern und könnte lediglich eine faktische Ordnung herstellen, die latent instabil wäre. Zwar ist für Durkheim ihr zwingender Charakter tatsächlich ein Merkmal der sozialen Tatbestände, aber er will ihn nicht als Produkt eines künstlichen Gebildes – des Leviathan oder des Volkssouveräns – sondern als natürliche Eigenschaft der Gesellschaft verstanden wissen. Rousseau hat seiner Ansicht nach zwar als einziger unter den politischen Philosophen eine Vorstellung von der Natürlichkeit der Gesell-

---

24 Vgl. 1953b: 148-71. Zu dieser Parallele vgl. auch Parsons 1968: 313; Lukes 1973: 282-8; Müller 1983: 35.

schaft, auch er vermag sie aber aufgrund einer atomistischen Anthropologie in seiner Konstruktion des Gesellschaftsvertrags nicht argumentativ einzuholen (vgl. dazu 1953b: 138, 140, 197).

Durkheim bezieht in seinem soziologischen Naturalismus also eine Frontstellung sowohl gegen den ökonomischen Utilitarismus als auch gegen Naturrechtstheorien, denen bei aller Verschiedenheit ihrer Gesellschaftsmodelle der metatheoretische Fehler einer atomistischen Anthropologie gemeinsam ist.[25] Diese beiden Traditionen der politischen Philosophie sind für Durkheim aber nichts anderes als Spielarten des modernen Menschenrechtsdiskurses.[26] In seinem 1890 erschienenen Aufsatz *Les principes de 1789 et la sociologie* (1970: 215-25) argumentiert er in Anlehnung an Th. Ferneuil (1889), daß jene Ideen sich als »eine Art bréviaire der Soziologie, zumindest einer bestimmten Soziologie« betrachten lassen und daß sie daher wissenschaftlicher Kritik ausgesetzt werden müssen:

»Sieht man in ihnen [den Prinzipien von 1789, M.K.] eine wissenschaftliche Lehre, so muß man sie als eine solche behandeln und folglich der kritischen Methode unterziehen, die allein der Wissenschaft entspricht. Man muß überprüfen, ob sie den Tatbeständen adäquat sind, die sie auszudrücken beanspruchen. Sie treten auf als eine Erklärung grundlegender sozialer Phänomene; legen sie wirklich von ihnen Rechenschaft ab? Ist es tatsächlich wahr, daß 'die Menschen frei und gleich an Rechten geboren werden und bleiben', daß 'die Freiheit darin besteht, alles tun zu können, was einem anderen nicht schadet', etc.? Um diese Fragen zu beantworten, kann man einzig und allein die Realität der Tatbestände mit den Formeln, welche sie angeblich beinhalten, konfrontieren.« (1970: 217, Üb. M.K.).[27]

Wie Durkheim in seiner Kritik des Utilitarismus und der Naturrechtstheorien zeigt, fällt die Antwort auf diese Fragen eindeutig negativ aus: Die absolute Autonomie des Individuums existiert in der Realität nicht, der wirkliche Mensch hat mit dem abstrakten Individuum nichts gemeinsam (ibid.). Die

---

25 Vgl. dazu die Argumentation in den *Règles* (1984: 200-4) und die explizite Kritik an Herbert Spencers und Kants Annahme natürlich gegebener Individualrechte in der *Physique des Droits et des Moeurs* (1991: 97). Diese doppelte Frontstellung gegen Vertrags- und Naturrechtstheorien ist im einzelnen von Müller (1983: 25-32) analysiert worden.

26 »Abstrahiert man nämlich die Prinzipien von 1789 von den zeitlichen und örtlichen Umständen, in denen sie entstanden sind, und legt ihren allgemeinen Geist frei, so erkennt man, daß sie noch immer den Großteil der französischen Moralisten und Ökonomen inspirieren. [...] Die einen wie die anderen reduzieren nämlich die Sozialwissenschaft auf eine bloße ideologische Analyse. Sie gehen aus von dem abstrakten Konzept des Individuums und entwickeln aus ihm ihre Aussagen« (1970: 219, Üb. M.K.).

27 Durkheim zitiert hier den Wortlaut von Art. I und IV der *Déclaration des droits de l'homme et du citoyen*; vgl. deren Abdruck in Gauchet 1989: i.

Annahme eines freien, autonomen und entweder materiell (Utilitarismus) oder moralisch (Kant, Rousseau) egoistischen Individuums ist für Durkheim daher lediglich ein wissenschaftlich nicht nachweisbarer »Glaubensartikel«.[28] Damit läßt sich festhalten, daß der Nachweis der Zwanghaftigkeit und der Natürlichkeit des sozialen Faktors sowie der Unterscheidung von Individuum und Gesellschaft, auf dem Durkheims metatheoretische Konstitution der Soziologie beruht, den normativen Gedanken der von Natur aus freien und mit gleichen Rechten begabten Individuen grundsätzlich aus den Angeln zu heben scheint.

(c) Durkheim bezieht in seinem soziologischen Naturalismus aber auch Front gegen den »sozialen Realismus«, gegen Gesellschaftstheorien also, welche die Gesellschaft als eine substantielle Realität betrachten, und denen gegenüber Durkheim wiederholt darauf verweist, daß Gesellschaft nur durch die Individuen existiert. In dieser Hinsicht kritisiert Durkheim auch Comte, obwohl er ihm die erstmalige Einsicht in die Natürlichkeit der Gesellschaft, verstanden als einer Realität sui generis, und daher zusammen mit dem Frühsozialisten Claude-Henri de Saint-Simon die Begründung einer positiven Soziologie zugesteht.[29] Wenngleich Comte den legitimen Anspruch erhoben habe, die emergenten Eigenschaften der Gesellschaft im Begriff des »universellen Konsensus« einer positiven Beobachtung zuzuführen, habe er ihn letztlich nicht einhalten können. Die drei Argumente, die Durkheim auf der metatheoretischen Ebene gegen Comte anführt, richten sich primär gegen dessen Evolutionstheorie. Das Drei-Stadien-Gesetz drücke erstens kein logisches Gesetz im Sinne einer Kausalbeziehung aus, sondern systematisiere lediglich eine historische Aussage (1984: 199-200). Zweitens greife Comte zur Erklärung der menschlichen Entwicklung auf nicht-soziale (nämlich psychische) Faktoren bzw. die menschliche Natur zurück (1984: 183). Vor allem aber sei drittens Comtes Vorstellung, die Menschheit als ganze sei das Subjekt einer als Fortschritt begriffenen Entwicklung und lasse sich gleichsam in einer fort-

---

28 Vgl. 1970: 221. Die Überlegung, daß das vorsoziale Individuum keine Rechte besitzt, übernimmt Durkheim (1995: 113f.) bereits früh vom deutschen Rechtshistoriker Ihering, den er für seine teleologische Handlungstheorie gleichwohl kritisiert; vgl. dazu Gephart 1993: 326-8.

29 Vgl. 1981a: 128; 1993: 16f. Mit seiner wissenschaftlichen Überbietung von Comtes »Soziologie« hat Durkheim maßgeblich zu deren akademischer Anerkennung beigetragen; die Soziologie wurde durch ihn von einem autonomen intellektuellen Feld zu einer eigenständigen akademischen Disziplin. Dazu und besonders zur erst nach 1870 einsetzenden Rezeption von Comte, die in zwei intellektuellen Traditionen, der historischen Epistemologie und der Durkheimschen Soziologie mündete, vgl. Heilbron 1995: 262-266.

laufenden Abfolge der Völker darstellen, bloß deduktiv gewonnen. Man müsse vielmehr gerade die Entwicklung partikularer Gesellschaften in ihrer Verschiedenheit beobachten (1901: 66; 1981a: 35f.; 1984: 118f.; 1992: 359). Durkheim wirft Comte also vor, in der methodologischen Durchführung seiner Soziologie letztlich den spekulativen Ideen der traditionellen Philosophie, insbesondere normativen Fortschrittskonzepten verhaftet geblieben zu sein. Die Comtesche Geschichtsphilosophie will Durkheim daher durch eine genuin soziologische, und zwar eine vergleichende Methode überbieten, die er in den *Règles* paradigmatisch entwirft. Die erste methodologische Regel der Soziologie lautete, wie gesagt, daß soziale Tatbestände wie objektive Dinge betrachtet werden müssen. Durkheim verwendet nun das Exterioritätskriterium in einem doppelten Sinne: Die sozialen Tatbestände sind nicht nur dem handelnden Individuum, sondern auch dem wissenschaftlichen Beobachter gegenüber äußerlich.[30] Aufgrund ihrer äußerlichen Merkmale lassen sich daher verschiedene soziale Tatbestände klassifizieren und in einem weiteren Schritt »soziale Typen« und »soziale Arten« aufstellen.[31] Die Erklärung der sozialen Tatbestände besteht dem Kausalitätsprinzip zufolge vorrangig darin, die ihnen vorgängigen (sozialen) Ursachen aufzuweisen und ihre (soziale) Funktion zu bestimmen (1984: 193). Der Nachweis für solche Kausalitätsbeziehungen aber kann allein durch die »méthode comparative«, d.h. gewissermaßen ein indirektes Experiment erbracht werden. Durkheim formuliert an dieser Stelle zunächst ein statistisches Prinzip der Kovarianz, das er vor allem in *Le Suicide* [1897] zur Anwendung bringt (1984: 209). Doch die vergleichende Methode ist letztlich tiefer angesetzt: Um die bestimmenden Ursachen und Funktionen einer sozialen Institution erheben zu können, bedarf es nach Durkheim nämlich eines Vergleichs der Kovarianzen bei verschiedenen Exemplaren unterschiedlicher sozialer Typen unter Berücksichtigung ihres jeweiligen Entwicklungsstandes (1984: 213-7).

---

30 Vgl. 1984: 125, 139. Diese unsaubere Unterscheidung zwischen Akteur- und Beobachterperspektive resultiert aus der etwas naiven Epistemologie Durkheims, die ein Faktum, also eine Aussage über ein Phänomen, mit dem Phänomen selbst gleichsetzt. Sie resultiert z.B. in der eigenartigen Vorstellung, eine Rechtsnorm sei durch einen Beobachter unmittelbar erfaßbar; vgl. dazu z.B. Parsons 1968: 41, 346 und Müller 1983: 70-2.
31 Vgl. 1984: 165-75. Da diese grundlegende Differenz verschiedener sozialer Typen und Arten erstmals von Montesquieu in seinem *L'Esprit des Lois* wissenschaftlich analysiert worden sei, betrachtet Durkheim ihn als Vorläufer der Soziologie und ihrer vergleichenden Methode (1953a: 126; vgl. auch 1981a: 44).

Durkheims metatheoretische Konstitution einer eigenen soziologischen Methode unterwirft alle sozialen Tatbestände, gerade auch moralische Normen, einer Beobachtung zweiter Ordnung und hebt dadurch ihr Kontingenz hervor. Gerade seine programmatische Begründung einer komparativen Perspektive als methodologischer Grundlage der Soziologie bringt ein überaus deutliches Bewußtsein um soziale und kulturelle Differenz und mithin um die Fraglichkeit des eigenen Erfahrungskontextes zum Ausdruck. Für Durkheim sind es insbesondere die Werte der Französischen Revolution, deren Institutionalisierung in den Krisenerfahrungen der Dritten Republik fraglich geworden ist, und so ist es naheliegend, auch sie einer vergleichenden soziologischen Analyse zu unterziehen. Die »doctrine révolutionnaire« der Menschenrechte, die ja aufgrund des Emergenzarguments die Grundlage der Soziologie nicht sein kann, wird damit selbst zu einem »fait social de la plus haute importance« (1970: 217), dessen Ursachen und Funktionen wissenschaftlich erklärt werden müssen:

»Zugestanden, daß die Prinzipien von 1789 als theoretische Aussagen definitiv widerlegt sind, sie dauern fort als 'faits sociaux', als Ausdruck des Geisteszustands einer Zeit und einer Gesellschaft. Um sie unter diesem Blickwinkel zu beurteilen, genügt es nicht mehr, den Wortlaut der Formeln auf seine objektive Wahrheit hin zu untersuchen; davon muß man, im Gegenteil, abstrahieren, um die Bedürfnisse auszumachen, von denen sie herrühren und die sie zusammenfassen, und diese letzteren sind es, über die man zu urteilen hat.« (ibid., Üb. M.K.).

Die Prinzipien von 1789 noch nicht hinreichend zum Untersuchungsobjekt der Soziologie gemacht, sondern bloß ihren sozialtheoretischen Gehalt kritisiert zu haben, ist daher Durkheims zentraler Vorwurf an Ferneuil (1970: 223f.). Die Verobjektivierung der Prinzipien von 1789 und die damit verbundene reflexive Wende gegenüber dem philosophischem Menschenrechtsdiskurs sind indessen nicht nur zufällige Begleiterscheinungen der Konstitution von Soziologie als wissenschaftlicher Disziplin, sie folgen bei Durkheim konsequent aus deren moralwissenschaftlicher Ausrichtung.

2.1.3. Moralsoziologie als »soziologischer Kantianismus«

Im Rahmen seiner metatheoretischen Begründung der Soziologie hat Durkheim das Soziale zunächst lediglich als Residualkategorie eingeführt, nämlich als dem Individuum äußerliche, es beschränkende und allgemeine Faktoren, die gleichwohl weder biologischer noch psychologischer Natur sind und deren Realität durch das Emergenzargument nachgewiesen wurde. Durkheim sieht, daß damit der Gegenstandsbereich der zu begründenden Soziologie aber bei weitem nicht hinreichend charakterisiert ist, da sehr unterschiedliche Phänomene die Kriterien der sozialen Tatbestände erfüllen. Die Formen des Erlebens und Handelns, die Durkheim als »faits sociaux« bezeichnet, können erstens in unterschiedlichen Graden zwingend sein; Glaubensüberzeugungen sind weniger streng erzwungen als moralische Normen, und diese wiederum weniger als juridische Regeln. Und entsprechend unterteilt Durkheim im Entwurf seines Forschungsprogramms im *Cours* die Soziologie bereichsspezifisch in die Disziplinen von Sozialpsychologie, Wissenschaft der Moral und Rechtswissenschaft und politischer Ökonomie (1981a). Die damit erfaßten Formen des Erlebens und Handelns stellen aber zweitens nur eine »physiologische« Ordnung dar, die immer auch eine »morphologische« Grundlage besitzt (1984: 112f.). Unter den sozialen Tatbeständen morphologischer Art werden von Durkheim diejenigen äußerlichen, zwingenden und allgemeinen Faktoren, wie die Dichte einer Bevölkerung, ihre Verteilung und ihr Wachstum, Verkehrswege, Architektur u.ä., subsummiert, die als bereits habitualisierte Handlungen, als Strukturen begriffen werden können. Das Verhältnis dieser zwei Bestimmungen des Sozialen zueinander verändert sich im Laufe von Durkheims theoretischer Entwicklung in signifikanter Weise.[32]

In seiner ersten werkgeschichtlichen Phase operiert Durkheim, wohl aufgrund einer engen Fassung des Exterioritätskriteriums, mit einer Theorie der Abhängigkeit kultureller, v.a. moralischer und legaler Tatbestände von der ihnen zugrundeliegenden morphologischen Struktur. Da diese »äußerlich«, d.h. der objektiven Beobachtung unmittelbar gegeben ist, dient sie zunächst als Anhaltspunkt für die Aufstellung sozialer Typen. In der *Division* und den *Règles* etwa bildet Durkheim seine soziale Typologie auf der Basis einer formalen Permutation einfacher, d.h. »monosegmentärer« Gesellschaften (1984: 169-73; 1992: 229, 248). Darüberhinaus stehen morphologische Faktoren,

---

32 An dieser Stelle sollen einige werkgeschichtliche Gesichtspunkte eingeführt werden, auf die im Laufe der weiteren Argumentation zurückgegriffen wird. Daher müssen bereits hier zentrale ordnungstheoretische Konzepte von Durkheim erläutert werden, zu denen die »Morphologie« und »Physiologie« und insbesondere seine Konzeption von Moralität gehören. Zu der Bedeutung der »sozialen Morphologie« in Durkheims Soziologie allgemein vgl. insbesondere Andrews 1993.

insbesondere die quantitativen Veränderungen einer Bevölkerung, d.h. die »materielle Dichte« und das »soziale Volumen«, und physiologische Phänomene in einem kausalen Abhängigkeitsverhältnis zueinander (1984: 176-82, 194-201). Nun bedeutet diese epistemologische und kausal-logische Privilegierung der morphologischen Struktur keinesfalls, daß moralische Phänomene für Durkheim nicht von Interesse wären; im Gegenteil, auf ihre wissenschaftliche Erfassung konzentriert sich ja bereits in seinen frühesten programmatischen Schriften das gesamte Anliegen der Soziologie (1981a: 47-9; 1995: 172-5). Allerdings lassen sie sich auf gesellschaftliche Strukturen zurückführen, die den Individuen unbewußt sind. Dieser Ansatz impliziert, daß moralische Phänomene nicht nur mittels der vergleichenden Methode kontingent gesetzt, sondern auch beinahe reduktionistisch auf morphologische Strukturen zurückgeführt werden. In den *Principes* klingt dieser Aspekt an, wenn Durkheim die Menschenrechte aus einem grundlegenden Strukturwandel ableitet, den er dann in der *Division* im einzelnen analysieren wird.

»Übrigens haben sie [die Prinzipien von 1789, M.K.] die Zeiten überdauert und sich weit über das Land hinaus verbreitet, in dem sie ihren Ursprung hatten. Ein ansehnlicher Teil Europas hat an sie geglaubt und tut es noch. Sie sind daher nicht von zufälligen und lokalen Umständen abhängig, sondern von einem allgemeinen Wandel, der sich in der Struktur der europäischen Gesellschaften vollzogen hat.« (1970: 224, Üb. M.K.).

In der zweiten werkgeschichtlichen Phase formuliert Durkheim seine Konzeption der sozialen Tatbestände institutionstheoretisch um. Die Soziologie sei, so erläutert er im zweiten Vorwort zu den *Règles*, die wissenschaftliche Analyse von Institutionen, unter denen er »alle Glaubensvorstellungen und durch die Gesellschaft festgesetzten Verhaltensweisen«, also physiologische Faktoren versteht (1984: 100). Damit wird das Kriterium der Exteriorität und des Zwangs, das die sozialen Tatbestände auszeichnet, genauer, nämlich als soziale Obligation bestimmt, während die »soziale Morphologie« als Teilgebiet der Soziologie zwar ausgebaut wird, ihren epistemologischen und kausallogischen Vorrang jedoch verliert. Diese Präzisierung des Begriffs der »faits sociaux« gewinnt Durkheim in seinen späteren Schriften insbesondere aus einer Analyse des obligatorischen Charakters der Moral. Nun versteht Durkheim seinen programmatischer Entwurf der Soziologie als Moralwissenschaft explizit als eine erfahrungswissenschaftliche Transformation der Transzendentalphilosophie Kants. Dies klingt vor allem im Titel seiner *Physique des*

Droits et des Moeurs[33] an, die kritisch an Kants *Metaphysik der Sitten* anschließt. Durkheims Soziologie ist daher zu Recht als »soziologischer Kantianismus« bezeichnet worden.[34] Aufgrund ihrer Bedeutung für Durkheims und im übrigen auch für Webers Soziologie sollen an dieser Stelle daher einige Aspekte von Kants Moral- und Rechtsphilosophie, die für den modernen Menschenrechtsdiskurs prägend gewesen sind, rekapituliert werden.

Von der Natur, deren Determiniertheit Kant in seiner transzendentalen Begründung naturwissenschaftlicher Erkenntnis unterstellt, unterscheiden sich moralische Normen dadurch, daß sie die Freiheit des handelnden Subjekts voraussetzen. Wie läßt sich angesichts der Freiheit, d.h. der Nicht-Determiniertheit von Handlungen aber der verpflichtende Charakter von moralischen Normen erklären? In der *Grundlegung zur Metaphysik der Sitten* (1785) versucht Kant, den Charakter moralischer Verpflichtung mit Hilfe des Begriffs des kategorischen Imperativs näher zu bestimmen. Ausgehend von dem Begriff der Handlung als freier und vernünftiger Regelbefolgung unterscheidet Kant zwischen Handlungen, bei denen die Wahl der Handlungsmittel in einer »analytischen« Beziehung zur Handlungsintention steht, und solchen, bei denen die Handlung mit dem Willen des Handelnden »synthetisch« verknüpft ist.[35] Die Regelbefolgung beruht daher im ersten Fall auf hypothetischen Imperativen, im zweiten hingegen auf einem kategorischen Imperativ, dessen notwendige Voraussetzung die Idee der Freiheit vernünftiger Wesen ist. Der Inhalt des kategorischen Imperativs besteht darin, derjenigen Maxime gemäß handeln zu sollen, deren Universalisierung zu einem allgemeinen Ge-

---

33 So der Titel des zwischen 1896 und 1915 mehrmals gehaltenen Vorlesungszyklus, der außer den zwei Kantschen Elementen der »universellen Moral«, den Pflichten gegenüber sich selbst und gegenüber einem anderen, den »moralischen Partikularismus« von Familien-, Staats- und Berufsgruppenmoral analysiert. Erhalten sind von diesen Vorlesungen lediglich die Teile über die Berufsmoral, die staatsbürgerlichen Pflichten und die universellen Pflichten gegenüber anderen Menschen (1991: 11-5). So auch der Titel, den Durkheim seiner Moralwissenschaft im Fragment *Introduction à la morale* von 1920 zuweist (1986a: 48).

34 Vgl. Müller 1986: 74. Bereits der Durkheim-Schüler Célestin Bouglé bemerkte: »Der '*Durkheimisme*' ist noch immer '*Kantianisme*', nur revidiert und vervollständigt durch den '*Comtisme*'« (zitiert nach Lukes 1973: 54, Üb. M.K.). Den kantianischen Kern von Durkheims Soziologie verkennt man, wenn man sie im Horizont des konservativen Diskurs des 19. Jahrhunderts deutet und damit nur ihre vordergründige Kritik an Kants moralischem Universalismus in den Blick bekommt; wie z.B. Nisbet 1975: 190-191.

35 Zu Kants ethisch begründetem Begriff des menschlichen Handelns, der insbesondere die Handlungsfreiheit des Menschen zu erfassen versucht, vgl. im Horizont der Geschichte des philosophischen Handlungsbegriffs Schöllgen 1984: 17-23.

setz man qua Vernunft wollen kann (AA IV: 413-421). In der Formulierung des praktischen Imperativs präzisiert Kant diese Maxime folgendermaßen: »Handle so, daß du die Menschheit sowohl in deiner Person, als in der Person eines jeden andern jederzeit zugleich als Zweck, niemals bloß als Mittel brauchest« (AA IV: 429). Damit formuliert Kant eine formale, abstrakte und prozedurale Ethik, in der Moralität durch das auf der Vernunft des autonomen Subjekts basierende Verfahren der Universalisierung handlungsleitender Normen begründet wird.

In seiner *Metaphysik der Sitten* (1797) verankert Kant auch Legalität in den Prinzipien von Handlungsfreiheit und Vernunft und bestimmt sowohl für den Bereich des Privatrechts (Eigentum, Vertrag) als auch den des öffentlichen Rechts (Staats-, Völker-, Weltbürgerrecht) die formalen und abstrakten Prinzipien einer »Freiheitsgesetzgebung«, in der die Übereinstimmung eines jeden mit der Freiheit eines anderen gewährleistet ist.[36] Dabei basiert Kants Rechtsphilosophie letztlich auf der epistemologischen Unterscheidung der dem erkennenden Subjekt zugänglichen »Erscheinung« vom »Ding an sich«, durch die impliziert ist, daß die Existenz »richtiger« Normen gedacht werden, daß also Recht nicht nur von Gewalt, sondern, wie Kant gegenüber Hobbes herausstellt (z.B. AA VII: 289-306), auch von Unrecht unterschieden werden kann (AA VI: 229-30). Im Rahmen dieser transzendentalen Begründung von Moralität und Legalität im Freiheits- und Vernunftsprinzip hat Kant auch die Menschenrechte, genauer das »Recht der Menschheit« auf »äußere Freiheit« zu begründen vermocht.[37]

In welcher Weise greift nun Durkheim Kants Überlegungen in seiner Soziologie auf? In dem erstmals 1906 veröffentlichten Text *La détermination du fait moral* (1976: 84-136) übernimmt Durkheim zunächst Kants Initialdefinition moralischer Normen als »synthetische« Verhaltensregeln, präzisiert sie aber mit Hilfe des Kriteriums der Konsequenzen eines Regelverstosses. Während die Verletzung »technischer« Regeln von sich aus bestimmte Konsequenzen nach sich ziehe, die Handlung mit der Folge analytisch verknüpft sei, seien »moralische« Regeln durch eine synthetische Verknüpfung einer

---

36 Vgl. zu Kants Rechtsphilosophie v.a. Küsters 1988 und Kersting 1993.
37 Kants Universalisierungs-Gedanke ist für Begründung der Menschenrechte ohne Zweifel konstitutiv; vgl. Bielefeldt 1998: 45-79; Brugger 1980: 250-308 und König, S. 1994: 186-294. Wolfgang Kersting macht darauf aufmerksam, daß es für Kant letztlich nur *ein* transzendental begründbares »Menschenrecht«, das Recht auf äußere Freiheit nämlich gebe, aus dem positive Grundrechte erst hergeleitet würden; vgl. Kersting 1993: 198-212.

Handlung mit der Konsequenz bei Nichtbeachtung gekennzeichnet (1976: 93f.). Dieses synthetische Band werde aber nicht durch eine transzendentale Annahme, sondern durch das empirische Faktum der Sanktion hergestellt. Der obligatorische Charakter moralischer Normen – ihr erstes definitorisches Merkmal – liegt also für Durkheim darin begründet, daß sie sanktioniert sind (1976: 94; 1991: 10f.; 1992: 99, 111). Während rechtliche Normen durch organisatorische Instanzen sanktioniert und kodifiziert sind, ist die Sanktion moralischer Normen diffus und daher methodisch schwieriger zu erheben (1992: 116); diese können daher nur vermittels einer Analyse von rechtlicher Normen wissenschaftlich untersucht werden.[38] Der Pflichtcharakter moralischer und juridischer Normen kann jedoch für Durkheim nur durch die in ihnen zur Darstellung gebrachte moralische Autorität der über den Individuen stehenden Gesellschaft erklärt werden. Damit tendiert Durkheim zu einer Gleichsetzung von moralischer und sozialer Obligation, zu einer Identifikation von Moral und Gesellschaft.[39] Sie wird unterstrichen durch das zweite Merkmal moralischer Normen, das Durkheim aufgrund der Einsichten aus seinen späteren religionssoziologischen Studien dem Merkmal der Obligation hinzufügt und mit dem er über Kants Philosophie deutlich hinausgreift. Moralische Normen würden von Individuen nicht nur als obligatorisch, sondern auch als erstrebenswert angesehen. Dieser Doppelcharakter der moralischen Wirklichkeit, Obligation und Attraktivität, die Pflicht und das Gute in sich zu vereinen, entspricht bei Durkheim dem Begriff des Heiligen, gegenüber dem Respekt und Liebe erwiesen wird. Das Objekt von Respekt und Liebe kann für Durkheim wiederum nur die Gesellschaft sein, denn sie ist die einzige mentale Realität, die das Einzelbewußtsein transzendiert (1976: 86, 99-101, 111).

Das Programm seiner Moralsoziologie weist bereits darauf hin, daß eine soziologische Theorie der Menschenrechte gerade deren sakralen Charakter zu berücksichtigen haben wird. Und so stellt Durkheim bereits in den *Principes* fest:

---

38 Insofern ist Gepharts Interpretation von Durkheims Gesellschaftstheorie *als* Rechtssoziologie (Gephart 1993: 321-418) m.E. etwas überspitzt. Zwar nimmt die rechtssoziologische Analyse eine privilegierte methodische Stellung ein, sie ist aber, wie insbesondere Robert T. Hall gezeigt hat, dem Programm der Soziologie als Moralwissenschaft zugeordnet (Hall 1987: 6, 212).

39 Vgl. dazu Parsons 1968: 391; Müller 1983: 80-1; Gephart 1993: 414; Firsching 1994: 69.

»Ihre Autorität gewinnen sie [die Prinzipien von 1789, M.K.] nicht daher, daß sie mit der Realität übereinstimmen, sondern daher daß sie nationalen Bestrebungen entsprechen. Man glaubt an sie nicht wie an Lehrsätze, sondern wie an Glaubensartikel. Sie sind weder von der Wissenschaft noch für sie gemacht worden; sondern sie resultieren aus der Praxis des Lebens selbst. In einem Wort, sie sind eine Religion, die ihre Märtyrer und ihre Apostel hatte, die nachhaltig die Massen ergriffen hat und die entschiedenermaßen große Dinge hat entstehen lassen.« (1970: 216, Üb. M.K.).

Unabhängig von der theoretischen und sachlichen Akzentverlagerung seiner Soziologie von sozialstrukturellen zu kulturellen Faktoren, so läßt sich zusammenfassen, entwirft Durkheim angesichts der Wahrnehmung einer gesellschaftlichen Krise die Soziologie als Wissenschaft der Moral, deren Grundzug es ist, moralische (und juridische) Normen aus einer objektivierenden Perspektive zu beobachten. Durch sie meint er, auch die wissenschaftliche Krise überwunden zu haben, die in der Unfähigkeit der traditionellen Philosophie bestand, die Geltung ihrer a priori aufgestellten Maximen und der aus ihnen deduzierten Moral zu garantieren. Dieser Moral der »Moralisten« stellt er die alltäglich praktizierte Moral gegenüber, deren Gehalt und deren Funktion der methodisch kontrollierten Beobachtung durch die Soziologie zugänglich sei (1976: 84, 91; 1986b: 34; 1995: 161-6). Diese Beobachterperspektive konstituiert sich bei Durkheim dadurch, daß er zunächst eine Realität sui generis des Sozialen behauptet, aufgrund derer er vertragstheoretische und naturrechtliche Ordnungstheorien zurückweist, und daß er das Soziale mittels des Kriteriums der Obligation tendenziell mit Normativität gleichsetzt. Die objektivierende Beobachtung und die Methode des funktionalen Vergleichs setzen moralische Normen radikal kontingent; der Vielfalt der Gesellschaften und ihrer Entwicklungsstufen entspricht eine Vielfalt partikularer Moralsysteme. Durkheims metatheoretische Begründung einer funktionalistischen Soziologie als Wissenschaft der Moral resultiert also insofern in einem kulturellen Relativismus, als die Gültigkeit universalistischer Normen von der Soziologie zumindest auf der metatheoretischen Ebene nicht mehr vorausgesetzt werden kann.[40] Ausdrückliches Ziel von Durkheims Moralwissenschaft ist dabei gerade die Soziologisierung der Prinzipien von 1789, also zentraler Ideen des modernen Menschenrechtsdiskurses.

---

40 Der relativistische Zug von Durkheims Moralwissenschaft ist von zeitgenössischen Kritikern aber auch von späteren Interpreten wiederholt herausgestellt worden; vgl. auch Parsons 1968: 371f.; Müller 1986: 76; Hall 1987: 183-7.

Für Bryan S. Turner liegt hierin der Grund, warum Durkheims Soziologie eine Analyse der Menschenrechte prinzipiell ausgeschlossen haben soll (Turner, B. 1993a: 164-8). Daß diese Schlußfolgerung übereilt ist, daß gerade die Konstitution einer Beobachterperspektive auch der Distanzierung von partikularistischen Ausprägungen von Moral dient und in reflexiver Wendung einen moralischen Universalismus zur Geltung bringt, kann m.E. eine Analyse der empirischen und theoretischen Diskursebenen von Durkheims funktionalistischer Soziologie zeigen.

2.2. Die Funktion der Menschenrechte in der Moderne

Neben der Konstitution einer erfahrungswissenschaftlichen Perspektive auf das Verhältnis von individuellem Handeln und sozialer Ordnung ist für den soziologischen Diskurs der Moderne charakteristisch, daß er zeitdiagnostische Beschreibungen generiert, die auf »asymmetrischen Gegenbegriffen« basieren. Durch deren Temporalisierung lassen sich narrative Schemata formulieren, welche die Besonderheit der europäischen Moderne als Ergebnis eines revolutionären oder evolutionären Ausgangs aus der Tradition charakterisieren. In dieser Hinsicht folgt der soziologische Diskurs ganz der vordisziplinären Sozialtheorie, in der, wie begriffsgeschichtliche und diskursanalytische Forschungen zeigen, Erfahrungsraum und Erwartungshorizont zunehmend auseinandergetreten sind (Koselleck 1973 und 1979: v.a. 211-59; Wittrock 1999). Unter diesen asymmetrischen Gegenbegriffe nimmt für die Soziologie – neben Ferdinand Tönnies' Gegenüberstellung von »Gemeinschaft« und »Gesellschaft« (Tönnies 1979) – Durkheims Unterscheidung von »mechanischer« und »organischer Solidarität«, die in er in seinem Buch *De la division de travail social* von 1893 entwickelt, eine besonders prominente Stellung ein.

Das Anliegen, die moralische und wissenschaftliche Krise der Dritten Republik zu begreifen und mittels der neu begründeten Soziologie als Moralwissenschaft zu überwinden, führte Durkheim in der *Division* dazu, das wohl bedeutendste empirische Thema der vordisziplinären Sozialtheorie, die Erklärung und Beurteilung der Arbeitsteilung, aufzugreifen. Dieses Thema war unmittelbar mit Durkheims zentraler Problemstellung verknüpft, da die soziologische Analyse differenzierter Gesellschaften die scheinbare Antinomie einer gleichzeitigen Steigerung von individueller Freiheit und sozialer Solidarität bzw. Integration auflösen sollte.[41] Die *Division* war für ihn insofern von praktischer Relevanz, weil sie Aufschluß darüber geben sollte, ob soziale Arbeitsteilung als moralische Verhaltensregel anzuerkennen sei oder nicht (1992: 82, 90). Durkheims Antwort auf diese Frage lautet, die Arbeitsteilung sei eine »Sozial- und Moralordnung sui generis«, sie anzuerkennen eine moralische Pflicht (1992: 108, 472). Insofern ist die *Division* als Apologie der Arbeitsteilung angelegt und gewinnt ihr Profil aus der Polemik gegen andere dominante Differenzierungstheorien; Durkheim betont, daß Arbeitsteilung ein soziales Band schafft, das – gegen Spencer – weder auf einem bloßen Interessenausgleich beruht, noch – gegen Tönnies – staatlicher Repression bedarf, sondern in einer spontanen Solidarität besteht, die allerdings – gegen Comte – gleichzeitig auch Prozesse der Individualisierung und der moralischen Pluralisierung ermöglicht.[42] Daß Durkheim sich in der *Division* in etliche argumentative Widersprüche verstrickt, ist vielfach diagnostiziert worden. Im folgenden interessiert die *Division* daher nur insofern, als sie das grundlegende narrative Schema für Durkheims Beschreibung der modernen Gesellschaft bereitstellt (2.2.1). Im Mittelpunkt meiner Interpretation von Durkheims empirischer Analyse der Moderne stehen dagegen spätere Schriften, die Ansätze einer

---

41 Mit der Semantik der »solidarité sociale« steht Durkheim zwar unübersehbar im Kontext der Bewegung des »Solidarismus« der Dritten Republik, der unter Léon Bourgeois, Premierminister von 1895-96, zur offiziellen Reformphilosophie avancierte (vgl. Hayward 1961), er verwendet den Begriff der »solidarité sociale« aber in einem technischen Sinn, synonym zu »cohésion sociale«, »lien social« oder, wie man heute sagen würde, Integration (1953a: 64f., 70; dt. 1981a: 106, 108; 1992: 111). Die semantische Bevorzugung des mit moralischen Konnotationen besetzten Begriffs der »division de travail« gegenüber dem geläufigeren und auch für Durkheims theoretische Absichten präziseren Begriff der »différentiation«, die Durkheim als desintegrative Pathologie bezeichnet (1992: 421), erklärt sich wohl aus eben dieser praktischen Orientierung. Um der sachlichen Präzision willen werden daher im folgenden »Arbeitsteilung« und »Differenzierung« synonym verwendet, wobei man sich im übrigen auch auf Durkheims eigene Semantik in seinen späteren Werken stützen kann (z.B. 1991: 18).

42 Zu dieser dreifachen Frontstellung gegen Spencer, Tönnies und Comte vgl. Lukes 1973: 140-7. Im Mittelpunkt steht für Durkheim dabei die Spencer-Kritik, gegenüber der die Kritik an Ferdinand Tönnies eher implizit enthalten ist. Diese hat Durkheim bereits zuvor in seiner zwei Jahre nach deren Erstveröffentlichung erschienenen Rezension von *Gemeinschaft und Gesellschaft* (Tönnies 1979) formuliert, wobei er sich weniger auf die Gegenüberstellung zweier sozialer Typen als vielmehr auf Tönnies' Konzept von »Gesellschaft« als einem vollständig atomisierten, nur staatlich noch zu integrierenden Gebilde bezog (1995: 217-25, hier 224). Die Comte-Kritik schließlich ist deshalb aufschlußreich, weil sie gewissermaßen eine soziologische Verteidigung von Individualisierung darstellt (Marske 1987: 5-10). Zum apologetischen Charakter der *Division* insgesamt vgl. v.a. Tyrell 1985: 183-93 und zu ihren Widersprüchen z.B. Alexander 1982b: 155f.

Deutung des Menschenrechtsethos als kulturell integrativen Wertesystems (2.2.2.) und einer normativ gehaltvollen Analyse seiner Institutionalisierung im säkularen demokratischen Staat erkennen lassen (2.2.3.).

2.2.1. Arbeitsteilung und das unabgeschlossene Projekt der Moderne

Das narrative Schema von Durkheims Beschreibung der modernen Gesellschaft basiert auf einer dichotomischen Unterscheidung von zwei Typen sozialer Solidarität, die sich bereits in der *Montesquieu*-Schrift von 1892 formuliert finden. Während im Falle des ersten, auf der Ähnlichkeit der Individuen beruhenden Typus die soziale Solidarität in der vollständigen Identifikation der Individuen mit der »âme sociale« bestehe, resultiere sie im Falle des zweiten, auf ihrer Differenz basierenden sozialen Typus unmittelbar aus der »division du travail«, d.h. aus der Differenzierung und Interdependenz privater Interessengruppen.[43] In der *Division* liest Durkheim, ganz auf der Linie des rechtssoziologischen Zuschnitts seiner Methodologie, den ersten Typus sozialer Solidarität am Indikator der strafrechtlichen Normen ab. Die spezifische Sanktionsform der Strafe deutet er als leidenschaftliche, allgemeine und organisierte Reaktion auf die Verletzung kollektiver Gefühle und Überzeugungen. Das »repressive Recht« ist daher mit einem umfangreichen, intensiven und bestimmten »Kollektivbewußtsein« korreliert. Da die Intensität kollektiver Bewußtseinszustände im religiösen Glauben besonders ausgeprägt sei, vermutet Durkheim, das repressive Recht und mit ihm das Kollektivbewußtsein seien religiösen Ursprungs. Die den strafrechtlichen Normen entsprechende »mechanische Solidarität« bestehe also darin, daß alle Individuen durch die Gleichartigkeit ihrer Bewußtseinszustände direkt an die über ihnen liegende Gesellschaft gebunden seien (1992: 118-61). Demgegenüber bestimmt Durkheim die »organische Solidarität« als die durch soziale Arbeitsteilung hervorgerufene Bindung funktional aufeinander angewiesener Individuen aneinander. Als Indikatoren für diese Form sozialer Solidarität stützt sich Durkheim auf rechtliche Normen des Handelsgesetzes sowie des Prozeß-, Verwaltungs-

---

43 Vgl. 1953a: 55-73; dt. 1981a: 102-10. In dieser Hinsicht sieht sich Durkheim durchaus in Übereinstimmung mit Tönnies' Charakterisierung von »Gemeinschaft« und »Gesellschaft«; vgl. 1995: 224. Zu seinem Verhältnis zu Tönnies und zur frühen deutschen Soziologie insgesamt vgl. Gephart 1982.

und Verfassungsrechts, die reziproke Kooperationsverhältnisse in ausdifferenzierten Funktionsbereichen wiederherstellen sollen. Die Sanktionsform dieses »restitutiven Rechts« basiere nicht auf einem starken Kollektivbewußtsein, das sich in der Strafe des Verbrechens emotional entlade, sondern bestehe in einer Renormalisierung sozialer Interaktionsverhältnisse.

Diese dichotomische Unterscheidung sozialer Typen, die er, wenn auch in unterschiedlichen terminologischen Fassungen, bis in sein Spätwerk beibehält, temporalisiert Durkheim in einem narrativen Schema, das auf das Selbstverständnis der modernen Gesellschaft zugeschnitten sein soll. Sie ist für ihn das Ergebnis eines fundamentalen sozialevolutionären Wandels, in dessen Verlauf der Mechanismus mechanischer Solidarität auf den der organischen Solidarität umgestellt wird (1992: 200-55). Weil die organische gegenüber der mechanischen Solidarität die Spezialisierung von Individuen auf berufliche Funktionen voraussetze, beschreibt Durkheim diesen Wandel ferner als Entbindung individueller Handlungsautonomie aus einem allgemein verpflichtenden Kollektivbewußtsein, also als Individualisierung. Da aber Umfang, Intensität und Bestimmtheit des Kollektivbewußtseins in religiös bestimmten Gesellschaften maximal seien, setze Individualisierung wiederum einen Prozeß der Säkularisierung voraus. In einem breit angelegten historischen Vergleich der Rechtskodizes des antiken Israels, Griechenlands und Roms, der frühen christlichen und der modernen europäischen Gesellschaften versucht Durkheim zu belegen, daß die Säkularisierung juridischer Normen einen allgemeinen Funktionsverlust der Religion als des Kernbestandteils des Kollektivbewußtseins widerspiegelt, dessen Kehrseite eben der Autonomiegewinn des Individuums ist.[44]

Diesen evolutionären Wandel von Solidaritätsformen bezieht Durkheim direkt auf die Entwicklung von sozialstrukturellen Typen. Während »einfachere Gesellschaften« segmentär organisiert, d.h. in gleichartige, aber relativ autonome Klans untergliedert seien und ein entsprechend starkes Kollektivbewußtsein besäßen, bestehe die Sozialstruktur »höherer Gesellschaften« aus

---

44 Vgl. 1992: 224. Als Beispiel für das religiös-repressive Recht, bzw. den Typus einer »primitiven«, über die »conscience collective« integrierten religiösen Gesellschaft zieht Durkheim häufig den Pentateuch, bzw. das Judentum heran (vgl. z.B. 1901: 72; 1992: 190-2). In *Suicide* fungiert das Judentum, sozusagen die »primitive« Gemeinschaft in der Moderne, in ähnlicher Weise als Kontrastfolie für den Individualismus und Universalismus der Moderne (1983: 166, 171, 180). Es mag sein, daß Durkheim, aus einer Rabbinerfamilie stammend, in seiner Interpretation des Judentums (und von Religion allgemein) seine biographische Abwendung vom Judentum reflektierte; vgl. Lukes 1973: 44-45 und Prades 1987: 298-306.

einem System differenzierter »Organe« mit je spezifischen Funktionen (1992: 237). Aus der Akteursperspektive betrachtet, entspricht dieser Sozialstruktur die moralische Orientierung an einem spezialisierten Berufsethos. In der Beobachterperspektive hingegen erscheint die Differenzierung und Spezialisierung von Aufgaben als Pluralisierung moralischer Normen. Die Koordination der Handlungen von Individuen mit pluralen moralischen Orientierungen aber sieht Durkheim durch die bloße Vertragssolidarität gewährleistet, deren genuin moralischen Charakter er durch sein Vertragsargument bestätigt wissen will. Durkheim meint also hinreichend nachweisen zu können, daß erstens die Funktion der Arbeitsteilung der Funktion der Moral entspricht und zweitens die Entstehung der modernen Gesellschaft auch eine moralische Transformation nach sich zieht (1992: 283-6). Als deren zentrale Merkmale gibt er die Prozesse der Säkularisierung, der Individualisierung und der Pluralisierung an.

Zur Erklärung dieses moralischen Wandels zieht Durkheim im zweiten Buch der *Division* die morphologischen Kausalfaktoren von materieller Dichte und sozialem Volumen heran.[45] Erst wenn die segmentäre Organisationsform aufgebrochen wird, wenn also zwischen den einzelnen sozialen Segmenten Kommunikation entsteht, kann sich eine arbeitsteilige Organisationsform ausbilden (1992: 315). Ein äußerlicher Indikator für die Zunahme solcher Kontakte, die Durkheim als »dynamische oder moralische Dichte« bezeichnet, ist die Veränderung der materiellen Dichte einer Gesellschaft, d.h. die Konzentration einer Population, Urbanisierung und der Ausbau der Zahl von Kommunikations- und Verkehrswegen. Dieser Faktor wird unterstützt durch die Veränderung des sozialen Volumens, d.h. durch das numerische Wachstum einer Population. Um den dabei wirksamen Kausalmechanismus zu bestimmen, greift Durkheim auf das darwinistische Modell einer Verschärfung des »Überlebenskampfes« zurück, der nur durch arbeitsteilige Spezialisierung pazifiziert werden kann.[46]

---

45 Dabei bewegt sich Durkheim ganz im Horizont des vordisziplinären sozialwissenschaftlichen Diskurses des 19. Jahrhunderts, in dem seit Thomas Robert Malthus, aber auch bei Karl Marx und bei Spencer Populationsveränderungen als Kausalfaktoren für soziale Differenzierung angesehen wurden; vgl. Müller und Schmid 1992: 484-8.

46 Vgl. 1992: 325-35. Dieser sozialstrukturellen Erklärung der Differenzierung liegt im übrigen ein weiteres kritisches Argument gegen den individualistischen Utilitarismus zugrunde. Dieser ist für Durkheim nicht nur aufgrund seiner metatheoretischen Voraussetzungen zu einer Fehlinterpretation der vertraglichen Solidarität gezwungen, er kann auch die Genese der funktionalen Differenzierung nur durch die Annahme individueller Motivation zu unbegrenzter Glücksvermehrung erklären. Diese Erklärung müsse aber scheitern, da das auto-

Genau diese morphologisch-strukturelle Erklärung, die durch kulturelle Nebenfaktoren bloß ergänzt wird, führt aber zu den oftmals bemerkten Widersprüchen in Durkheims Argumentation. Denn trotz der Wirksamkeit der morphologischen Faktoren entsteht aus der sozialen Differenzierung faktisch keine organische Solidarität. Durkheim verweist in dieser Hinsicht auf empirische Phänomene wie wirtschaftliche Instabilität, soziale Ungleichheit und aus ihr resultierende Klassenkämpfe und individuelle Erfahrungen von Sinnlosigkeit, die als Krisenerscheinungen moderner Gesellschaften zu identifizieren Durkheim nicht umhin kann. Ökonomische Rückständigkeit, die soziale Frage und moralische Unsicherheiten stellen ja genau den Erfahrungshintergrund von Durkheims Krisenbewußtsein dar. Er kann sie aber nicht wie Comte (und Tönnies) als Verlust gemeinschaftlicher Moral beklagen, da er ja der Solidarität der Arbeitsteilung gerade einen sui generis-Charakter bescheinigen will (1992: 433). Stattdessen beschreibt er diese Phänomene als »Pathologien« der Arbeitsteilung, als Formen von Regellosigkeit (»Anomie«), erzwungener Überregulierung oder einer falsch koordinierten Regulierung. Sie sollen hauptsächlich daher rühren, daß die Entwicklung organischer Solidarität mit der Geschwindigkeit des strukturellen Wandels nicht mitzuhalten vermocht hätte, da sie entweder – im Falle der Anomie – die Lücke der verschwundenen mechanischen Solidarität noch nicht ausgefüllt, oder – im Falle der »erzwungenen Arbeitsteilung« – Restbestände traditionaler Ungleichheiten noch nicht verdrängt hätte. Am Ende der *Division* steht somit der soziologisch nicht mehr begründete Appell: »Unsere erste Pflicht besteht heute darin, uns eine neue Moral zu bilden« (1992: 480). Die ungelösten Probleme der Beschreibung und Erklärung der krisenhaften Erscheinungen funktionaler Differenzierung sind Katalysatoren für die Weiterentwicklung von Durkheims Soziologie. In ihrer Folge interpretiert er die Krisenerscheinungen moderner Gesellschaften als unvollendete Institutionalisierung ihrer bereits entstandenen kulturellen Grundlagen. Diese Grundlagen sieht er in den Werten von 1789, also in dem durch die Proklamierung der Menschenrechte aufgespannten normativen Erwartungshorizont der Moderne als einem noch unabgeschlossenen Projekt.

---

nome und gleichwohl mit anderen solidarische Individuum erst das Produkt des zu analysierenden sozialstrukturellen Wandels sei (1992: 289-313).

2.2.2. Kult des Individuums

In seiner zweiten werkgeschichtlichen Phase baut Durkheim einen Gedanken aus, der bereits in der *Division* anklingt, den er aber aufgrund theoretischer Probleme dort noch nicht hatte konsequent entwickeln können: Auch die moderne Gesellschaft soll ein Kollektivbewußtsein besitzen, das sich von demjenigen vormoderner Gesellschaften allerdings durch einen spezifischen Inhalt deutlich unterscheidet. Das Kollektivbewußtsein der modernen Gesellschaft soll sich nämlich auf die Werte eines universalistischen Individualismus erstrecken, den Durkheim als »Kult des Individuums« bezeichnet. In seiner Analyse des Gehalts (a), der Funktion (b) und der Genese (c) dieses universalistischen Individualismus interpretiert Durkheim, wie ich im folgenden zeigen will, das moderne Menschenrechtsethos als Bestandteil eines gemeinschaftlich geteilten Systems kultureller Werte.

(a) Bereits in der *Division* hatte Durkheim konstatiert, daß die beobachtbaren Veränderungen in Umfang, Intensität und Bestimmtheit des Kollektivbewußtseins die Entstehung des Kults des Individuums bewirken. Die evolutionären Prozesse von Individualisierung, Säkularisierung und moralischer Pluralisierung bedeuteten für ihn zwar eine Reduzierung des Umfangs, durchaus aber nicht das vollständige Verschwinden eines intensiven, wenn auch relativ unbestimmten Kollektivbewußtseins.

»Allein, es [das gemeinsame Bewußtsein, M.K.] besteht mehr und mehr aus sehr allgemeinen und sehr unbestimmten Denk- und Empfindungsweisen, die Platz schaffen für eine ständig wachsende Vielfalt von individuellen Meinungsverschiedenheiten. Sehr wohl gibt es einen Bereich, wo es sich gefestigt und präzisiert hat: dort, wo es das Individuum im Auge hat. In dem Maß, in dem alle anderen Überzeugungen und Praktiken einen immer weniger religiösen Charakter annehmen, wird das Individuum der Gegenstand einer Art von Religion. Wir haben für die Würde der Person einen Kult, der, wie jeder starke Kult, bereits seinen Aberglauben aufweist.« (1992: 227).

Das Individuum, so Durkheim, werde dadurch aus der sozialen Kontrolle durch partikulare, religiöse Traditionen herausgelöst, daß der abstrakte Begriff des »Menschseins« bzw. der »Menschheit« zur Grundlage kollektiver Repräsentationen wird.[47] In seinen späteren Schriften präzisiert Durkheim den Ge-

---

47 »Zum Beispiel ersetzt der Begriff des Menschen im Recht, in der Moral, in der Religion den des Römers, der konkreter und dem allgemeinen Wissen weniger gut einpaßbar ist« (1992: 351). Überlegungen zur entstehenden Semantik der 'Menschheit' finden sich auch in Durk-

halt dieses universalistischen Kults des Individuums in bezug auf seine religiösen, juridisch-moralischen und kognitiven Aspekte.

Im Zusammenhang mit seiner Diskussion des Selbstmordverbots in modernen Gesellschaften stellt Durkheim im *Suicide* den religiösen Charakter dieses Kults heraus. Zwar zeige die weite Verbreitung des Selbstmordverbots in sogenannten primitiven, in den griechisch-lateinischen, christlichen und islamischen Gesellschaften, daß er Teil einer menschheitlichen Moral sei. Daß es sich jedoch erst in modernen Gesellschaften auch auf den »altruistischen Selbstmord«, d.h. auf die Selbstopferung für das Kollektiv erstreckt, deute aber darauf hin, daß die Personalität des Menschen erst in ihnen zu etwas »Heiligem par excellence« geworden sei (1983: 381-97; vgl. auch 1958: 436; 1976: 112; 1991: 84), daß erst hier

»[...] der Mensch eine Art *Würde* erworben [hat], die ihn über sich selbst und über die Gesellschaft erhebt. Wenn er nicht durch sein Verhalten dieser Menschenrechte unwürdig geworden ist und sie dadurch verloren hat, scheint er auf irgendeine Art und Weise jener Natur sui generis teilhaftig zu werden, die jede Religion ihren Göttern zuerkennt und die diese für alles Sterbliche unnahbar machte. Er steht unter dem Zeichen der Religiosität; der Mensch ist für seine Mitmenschen zu einem Gott geworden. Darum kommt uns jedes Attentat auf ihn wie eine Gotteslästerung vor. Und der Selbstmord ist eines dieser Attentate.« (1983: 391, Hv. M.K.).

Indem Durkheim die Transzendenz des Menschen auf die Autorität der arbeitsteiligen Gesellschaft, deren Endzweck die Verwirklichung der Humanität des Menschen sei, zurückführt, gibt er Kants kategorischem Imperativ implizit eine soziologische Interpretation.[48]

Im Kontext seiner rechtssoziologischen Analyse universalistischer Verhaltensregeln beschreibt Durkheim vor allem in der *Physique* die Konkretion der Sakralisierung des Individuums in den moralischen Prinzipien des Respekts vor dem menschlichem Leben, der individuellen Freiheit und der Gerechtigkeit, die er wiederum an den juridischen Normen des modernen Straf-, Ei-

---

heims späteren Schriften (1976: 106; 1986a: 63; 1991: 109, 159); zu einer Aktualisierung dieses Gedankens vgl. Stichweh 1994.

48 Aus dem kategorischen Imperativ hatte auch Kant unmittelbar das Selbstmordverbot abgeleitet (AA IV: 429; AA VI: 422-4). Auf die »Kantsche Formel« des Respekts der menschlichen Persönlichkeit als Aspekt des »Kults des Individuums« verweist Durkheim an mehreren Stellen (z.B. 1992: 470). Auch den Begriff der »Heiligkeit« der Person zur Bezeichnung der Menschenwürde übernimmt Durkheim aus Kants *Grundlegung* (AA IV: 435).

gentums-, und Vertragsrechts abliest.[49] Der Respekt vor dem menschlichen Leben spiegelt sich für Durkheim einerseits in der zentralen Bedeutung des Tötungsverbots im modernen Strafrecht (1991: 159-70), andererseits in der Ersetzung der körperlichen Repression als Strafform durch den Freiheitsentzug wider, die er in Anknüpfung an die Thematik der *Division* in seinem Aufsatz *Deux lois de l'évolution pénale* (1901) nachzuweisen versucht.[50] Den rechtlich verbrieften Schutz individuellen Eigentums, das Durkheim wiederum als Recht eines Subjekts definiert, andere individuelle oder kollektive Subjekte von der Nutzung einer bestimmte Sache auszuschließen, interpretiert er als die Grundbedingung für individuelle Freiheit bzw. als »materielle Voraussetzung für den Kult des Individuums«.[51] Und im modernen Vertragsrecht, dessen rechtlich sanktioniertes Prinzip die konsensuelle Herstellung eines reziproken Verpflichtungsverhältnisses durch zwei freie Vertragsparteien sei, sieht Durkheim den moralischen Wert der Gerechtigkeit angelegt. Dessen rechtliche Institutionalisierung in Gestalt »objektiv gerechter Verträge«, die nicht nur die Freiheit der Individuen bei Vertragsabschluß, sondern auch ihre tatsächliche Chancengleichheit voraussetzen, sei zwar wegen des Fortbestehens des Erbrechts noch nicht abgeschlossen, aufgrund der bereits ausgebildeten Sensibilität des moralischen Bewußtseins für die Ungerechtigkeit von »Ausbeutung« in modernen Gesellschaften aber zunehmend erforderlich.[52]

Schließlich stellt Durkheim schon in der *Division* (1992: 98), insbesondere aber in späteren wissenssoziologischen Argumentationszusammenhängen das Prinzip der Autonomie der menschlichen Vernunft, wie es sich im Rationalismus der neuzeitlichen Wissenschaften und dem Recht auf »freie Kritik«

---

49 Durkheim selbst spricht in diesem Zusammenhang von der Achtung vor »Leben«, »Eigentum« und »Ehre« (1991: 156). Zu Durkheims Rechtssoziologie vgl. hier und an den entsprechenden Stellen Lukes 1973: 255-76, Gephart 1993: 321-418 sowie Vogt 1993.

50 Parallelen zu Michel Foucaults Analyse des Strafens sind – trotz der anderen Bewertung des neuzeitlichen Freiheitsentzugs – unübersehbar; vgl. dazu Cladis 1999.

51 1991: 239. Die Definition des Eigentumsbegriffs als »synthetische« Verknüpfung einer Subjekts mit einer Sache durch ein soziales, moralisches Band (1991: 171-201, v.a. 200) gewinnt Durkheim wieder aus einer kritischen Auseinandersetzung mit Kants Herleitung des Eigentums aus dem freien Willensentschluß der Inbesitznahme in der *Metaphysik* (AA VI: 245-60).

52 Schon in der *Division* äußert Durkheim beiläufig den Gedanken, daß »der Vertrag auch gerecht sein (muß)«; (1992: 453). Im Hintergrund steht hier wie auch in der *Physique* die nicht näher begründete Annahme, daß bei einer spontanen Arbeitsteilung die sozialen Ungleichheiten den natürlichen Unterschieden individueller Fähigkeiten genau entsprechen müßten (1991: 302; 1992: 446). Der »Konsensualvertrag« wird also in den »objektiv gerechten Vertrag« als Realisierung des Prinzips der Egalität transformiert (1991: 270-98).

46

(1981b: 294) konkretisiere, als den kognitiven Aspekt des kulturellen Werte-systems moderner Gesellschaft dar. Dabei ist es Durkheim allerdings wichtig zu betonen, daß dies nur einer unter mehreren Aspekten des Kult des Individuums ist. Für ihn »ist der Rationalismus nur eine Seite des Individualismus. Es ist die intellektuelle Seite.« (1973: 67).

(b) In der Revision seiner Einschätzung bezüglich der Funktion des Kults des Individuums liegt der deutlichste Wandel von Durkheims Analyse der modernen Gesellschaft. In der *Division* argumentiert er noch, moderne Gesell-schaften besäßen zwar einen Restbestand an Kollektivbewußtsein, da aber das Objekt, auf das sich der gemeinschaftliche Konsens richtet, das Individuum selbst sei, könne der Kult des Individuums keine sozialen Bindungen erzeu-gen.[53] Bereits im *Suicide* wird der Kult des Individuums nun aber zum we-sentlichen Bestandteil des gemeinschaftlich geteilten Wertesystems moderner Gesellschaften, dem als Mechanismus der Koordination individueller Hand-lungsorientierungen die Funktion der Integration zukommt. Sehr deutlich unterscheidet Durkheim ihn von dem »egoistischen Individualismus«, den er als Symptom der Auflösung sozialer Bindungen betrachtet. Denn er betont, daß kollektive Vorstellungen einer »idealen Humanität« die Individuen »in einer einzigen Ideenwelt« zusammenbrächten (1983: 395). Die moderne Ge-sellschaft zeichnet sich also für Durkheim in seiner zweiten werkgeschichtli-chen Phase durch die spezifischen Charakteristika ihres Wertesystems, näm-lich durch die dem universalistischen Individualismus inhärenten Prinzipien von Säkularismus, Universalismus und Rationalismus aus, auch in ihr wird aber die Funktion kultureller Integration erfüllt.[54]

---

53 »Wenn er [der Kult des Individuums, M.K.] außerdem insoweit gemeinsam ist, als er von der Gemeinschaft geteilt wird, ist er durch sein Objekt doch individuell. Auch wenn er den Willen aller auf ein gleiches Ziel richtet, so wird damit dieses Ziel kein soziales. Er stellt al-so eine *völlige Ausnahmesituation im Kollektivbewußtsein* dar. Er zieht seine Kraft zwar aus der Gesellschaft, aber er bindet uns nicht an sie, sondern an uns selbst. Folglich bildet er *kein echtes soziale Band.*« (1992: 227f., Hv. M.K.).

54 Wie später erläutert wird, bezieht sich kulturelle Integration in der hier gewählten Termi-nologie auf die Reproduktion sozialer Bindungen durch den Bezug auf kulturelle Werte, während strukturelle Integration die handlungskoordinierenden Effekte aufeinander abge-stimmter gesellschaftlicher Institutionen bezeichnet. Beides seien Varianten »sozialer« im Gegensatz zu »systemischer« Integration im Sinne der einflußreichen Unterscheidung von David Lockwood (1964), mit deren Hilfe Müller Durkheims Ordnungstheorie zu reformu-lieren versucht hat; vgl. Müller 1983: 107-15 und aus einer ähnlichen Perspektive Habermas 1981 II: 173-9. Die hier gewählte Terminologie schließt an die strenge Unter-scheidung zwischen den analytischen Konzepten von Kultur und Struktur und der konkreten

(c) Eine ähnliche Revision vollzieht Durkheim in seiner Analyse der Genese des Kults des Individuums. In der *Division* berücksichtigt er zwar im Rahmen seiner Analyse kausaler Nebenfaktoren für die funktionale Differenzierung durchaus auch kulturelle Hintergründe. Wie seine religionsgeschichtliche Analyse zeigt, bestehen diese Faktoren erstens in einer zunehmenden Transzendierung des Göttlichen, zweitens in der Universalisierung juridischer und moralischer Prinzipien und drittens in der Rationalisierung der gemeinsamen kognitiven Wissensbestände, die er als Indikatoren für die Abnahme von Umfang, Bestimmtheit und Intensität des Kollektivbewußtseins wertet (1992: 217). Doch führt Durkheim diese Prozesse der Verallgemeinerung des Kollektivbewußtseins und die mit ihr einhergehende Sakralisierung des Individuums zunächst noch unmittelbar auf die morphologischen Veränderungen von Dichte und Volumen der Gesellschaft zurück; sie erzeugen die faktische Individualisierung, die erst durch einen Prozeß der Habitualisierung die rechtlich-moralischen Dimensionen des Kults des Individuums bzw. den universalistischen Individualismus als normatives Muster produziert.[55] Infolge der noch zu erläuternden theoretischen Einsichten seiner zweiten Werkphase hebt Durkheim diese monokausale Rückführung des universalistischen Individualismus auf strukturelle Prozesse auf und berücksichtigt zunehmend die Eigenständigkeit seiner kultureller Entstehungsfaktoren.

Die Transzendierung religiöser Gottesbilder führt Durkheim in seinen religionssoziologischen Schriften nur in sehr groben Zügen aus, da er sich in ihnen primär mit ethnologischen Forschungen zu »primitiver« Religion befaßt. Über die knappe Feststellung einer bereits in ihnen angelegten Entwicklung zum »religiösen Universalismus«, die in der christlichen Vorstellung eines Gottes der Menschheit lediglich ihren Höhepunkt gefunden habe, reicht seine Analyse daher nicht hinaus. Sie wird ergänzt durch die Annahme der Entstehung der Sakralisierung des Individuums aus den religiösen Ideen der Seele und des Geistes (1981b: 327-401, 569-71).

Ebene sozio-kultureller Interaktion an, wie sie von Margaret Archer (1996), aber auch anderen Vertretern der neueren Kultursoziologie getroffen wird.

55 Vgl. 1992: 351, 360-4. Der Mechanismus der Habitualisierung, demzufolge nach und nach das »Faktum zum Recht« werde, ist eine der wenigen Angaben, die Durkheim zur genauen Entstehung der »organischen Solidarität« macht. Durkheim erläutert den normalen Prozeß der Verfestigung von Gewohnheiten zu Verhaltensregeln in seiner Diskussion der ersten pathologischen Form der Arbeitsteilung, der Anomie (1992: 435); dazu Müller 1983: 132.

Um so detaillierter ist indessen seine rechtssoziologische Analyse der Universalisierung juridisch-moralischer Normen des Straf-, Eigentums- und Vertragsrechts. In bezug auf die Herkunft des modernen Strafrechts interpretiert Durkheim die frühchristliche Praxis der zeitweiligen Verhaftung als einen ersten, die Ideen von individueller Verantwortbarkeit und Würde des Menschen als einen zweiten kulturellen Faktor für die Entstehung des Freiheitsentzug als spezifischer Strafform moderner Gesellschaften.[56] Das moderne, individuelle Eigentumsrecht interpretiert er in der *Physique* gar als Transformation archaisch-religiöser Vorstellungen der kollektiven Aneignung von Grundeigentum durch seine Tabuisierung in Ritualen der Grenzziehung. Der Übergang vom Kollektiveigentum zum individuellen Eigentumsrecht setze zwar erst aufgrund struktureller Veränderungen ein, nämlich aufgrund der Entstehung patriarchaler Gewalt und der Entwicklung des Eigentums an beweglicher Habe durch neue wirtschaftliche Formen von Produktion und Handel, stütze sich aber weiterhin auf die Besitzer und Besitz verbindende Kraft religiöser Symbolisierung.[57] Auch die kulturelle Genealogie des modernen Vertragsrechts verfolgt Durkheim schließlich bis zum archaischen »blood covenant« zurück. Während in ihm sowie im römischen, germanischen und altfranzösischen »Realvertrag« die bindende Kraft des Vertrags ausschließlich über den religiösen Status der Personen und der ausgetauschten Sachen hergestellt werden, sei sie im »formellen Vertrag« auf die sprachlich artikulierte Willensübereinstimmung der Vertragsparteien übergegangen, die durch religiöse Rituale lediglich unterstützt werde. Unter dem Einfluß der christlichen Kirche sei der rituelle und formalistische Aspekt der Verträge schließlich fortgefallen,

---

56 Zugespitzt formuliert Durkheim daher in den *Deux lois*: »Nur in christlichen Gesellschaften hat sich daher das Gefängnis seine volle Entwicklung genommen.« (1901: 79, Üb. M.K.). Das Erklärungsmodell in den *Deux lois* ist zwar weitaus komplexer, sein Grundargument, die Genese des Freiheitsentzugs stehe in einem unmittelbaren Zusammenhang mit der Genese des »Kults des Individuums« ist aber deutlich zu erkennen.
57 Vgl. 1991: 204-36. Nachdem Durkheim das Eigentum als alleiniges Nutzungsrecht definiert hat, dessen Wirkung dem Tabu zunächst nur entspreche, entwickelt er in Auseinandersetzung mit der Theorie des Grundeigentums des Althistorikers Numa D. Fustel de Coulanges die weitergehende Behauptung, »daß der Ursprung des Eigentums in der Natur bestimmter religiöser Glaubensvorstellungen zu finden sein muß« (1991: 202). Zu Fustel de Coulanges' Einfluß auf Durkheims Religionstheorie vgl. v.a. Jones 1993.

so daß die bindende Wirkung reziprok ausgehandelter Verpflichtung im »Konsensualvertrag« habe voll zur Geltung gebracht werden können.[58]

Die kulturellen Hintergründe der Rationalisierung kognitiver Wissensbestände und ihrer pädagogischen Vermittlung schließlich analysiert Durkheim in seinen historischen Studien zu *L'Evolution pédagogique en France*.[59] Ihr Grundargument besteht erstens darin, daß das Schema moderner, intellektueller Erziehung seinen kulturellen Ursprung in der christlichen Idee der Seele als auszubildender, dauerhafter »habitus« und ihrer institutionellen Umsetzung in der erstmaligen Gründung von Schulen habe (1977: 30f., 91). Zweitens aber sei in der christlichen Konzeption des Unterrichts bereits ein Prinzip der Laizität angelegt gewesen, das sich über die scholastische und die humanistische Periode (16.-18. Jh.) bis in die nachrevolutionäre Epoche Frankreichs allmählich durchgesetzt habe. Während in der scholastischen Periode (12.-14. Jh.) die logische Bildung in den gerade entstandenen Universitäten erst die vorwissenschaftlichen Grundlagen für den Rationalismus gelegt habe, sei dieser in der Renaissance im Rahmen des Humanismus bereits zu hoher Blüte gelangt und habe in den experimentellen Naturwissenschaften seine volle Wirkung entfaltet.[60] Erziehung als Vorbereitung für einen weltlichen Beruf verstanden zu haben, sei dabei insbesondere der Beitrag des Protestantismus gewesen, dessen wesentliches Merkmal, den Geist »freier Forschung« zu fördern, Durkheim bereits im *Suicide* als Folge von Enttraditionalisierung und Ursache des egoistischen Selbstmords bestimmt hatte (1977: 262; 1983: 162-85).

In den Werten der Würde des Menschen, des Rechts auf Leben, Freiheit und Gleichheit und ihrer Verankerung in der Autonomie der menschlichen Vernunft sieht Durkheim also Bestandteile eines kulturellen Systems, das unter geeigneten strukturellen Bedingungen zur Reproduktion sozialer Bindungen in moderner Gesellschaft beitragen kann, dessen Funktion also kulturelle Integration ist. Die Genese dieses Kults des Individuums erklärt er in

---

58 Vgl. 1991: 242-86. Habermas hat diese Entwicklung als »Versprachlichung des Sakralen« interpretiert und zum Kern seiner Rekonstruktion des Formwandels sozialer Integration gemacht; vgl. Habermas 1981 1: 118-69 und kritisch dazu Gephart 1993: 410.

59 Es handelt sich hierbei um einen Vorlesungszyklus, den Durkheim zwischen 1904 und 1913 wiederholt an der ENS gehalten hat und in dem er kulturellen Faktoren sozialen Wandels besondere Aufmerksamkeit schenkt; dazu vgl. Lukes 1973: 386.

60 Vgl. 1977: 242-55, 197-323. In den *Formes élémentaires* führt Durkheim die Entstehung der Naturwissenschaften darüberhinaus auf die Profanisierung der materiellen Welt durch das Christentum zurück (1981: 574).

ihrer religiösen, juridisch-moralischen und kognitiven Dimension aus der Säkularisierung kultureller Werte, die allerdings bereits im Christentum angelegt sein soll. In welchem Zusammenhang steht diese Analyse des kulturell integrierenden Menschenrechtsethos aber nun zu Durkheims in der *Division* formulierten Krisendiagnose?

2.2.3. Institutionen der Freiheit im säkularen, demokratischen Staat

Vor dem Hintergrund seiner Analyse des kulturell integrierenden Wertesystems der Moderne stellen sich die Pathologien aus der *Division* für Durkheim in einem neuen Licht, nämlich als Diskrepanzen zwischen kultureller und struktureller Ordnung der modernen Gesellschaft dar. Damit ist die theoretische Einsicht verbunden, daß mit der Existenz eines gemeinschaftlich geteilten kulturellen Wertesystems nicht notwendigerweise auch die strukturelle Integration der Gesellschaft gegeben ist. Durkheim deutet die Krisenerscheinungen der Moderne daher als defizitäre Institutionalisierung des universalistischen Individualismus, gewissermaßen als ein Auseinandertreten von Erwartungshorizont und historischen Erfahrungen der Moderne. Dieses Krisenbewußtsein resultiert bei Durkheim aber in der Formulierung einer normativen Theorie, die Bedingungen für die vollständige Institutionalisierung des universalistischen Individualismus der Moderne angeben soll. Durkheim entwirft in diesem Zusammenhang eine politische Soziologie, die einen besonderen Akzent auf die institutionellen Garantien der Menschenrechte im säkularen, demokratischen Nationalstaat setzt (a), und ein sozio-ökonomisches Reformprojekt, das auf die Wiederbelebung intermediärer Korporationen zielt (b).

(a) In seiner politischen Soziologie gibt Durkheim der Lösung seiner zentralen Problemstellung, der Frage nach dem Verhältnis individueller Handlungsfreiheit und sozialer Ordnung, eine institutionentheoretische Wendung. In ihrem Zentrum eine Analyse des modernen Nationalstaates.[61] Wie er in *Le Socialisme* [1895/96] erläutert, sind Individualismus und Staatsdenken schon

---

61 Nachdem Durkheim lange Zeit das Versäumnis vorgeworfen wurde, keine politische Soziologie ausgearbeitet zu haben, sind zumindest Ansätze zu einer solchen auf der Grundlage der *Physique* und dem posthum veröffentlichten Vorlesungsfragment *L'Etat* deutlich herausgearbeitet worden; vgl. dazu insbesondere die Beiträge von Prager 1981; Chamboredon 1984; Vogt 1993 und Müller 1993.

auf der Ebene kultureller Werte miteinander verknüpft, da beide gemeinsam die Grundprinzipien der französischen Revolution darstellen.

»Sie [die fundamentalen Prinzipien von 1789] sind das Ergebnis der doppelten Bewegung, von der die Revolution ausgegangen ist: die individualistische und die etatistische Bewegung. Die erste hatte das Bewußtsein zur Folge, daß der Ort der Individuen im politischen Körper ausschließlich von ihrem persönlichen Wert bestimmt werden sollte, daß folglich alle auf Tradition beruhenden Ungleichheiten als ungerecht zurückgewiesen werden sollten. Die zweite hatte die Konsequenz, daß die daher für notwendig erachteten Reformen als realisierbar angesehen wurden, weil der Staat als natürliches Instrument ihrer Verwirklichung begriffen wurde. Daher entsprechen die eine und die andere einander genau in dem Sinne, daß je stärker der Staat sich konstituiert, er sich desto höher über alle Individuen jeglicher Klasse und Herkunft erhebt, und ihm gegenüber die Individuen als völlig gleich erscheinen.« (1971: 61f., Üb. M.K.)[62]

Ein zentrales Argument seiner politischen Soziologie ist daher, daß nur der Staat die Institutionalisierung des Kults des Individuums garantieren könne. In der *Division* hatte Durkheim den Staat noch einerseits als zentrales Steuerungsorgan differenzierter Gesellschaften, andererseits als ein von der sozialen Solidarität unabhängiges Organ betrachtet (1992: 276-83; 429). In der *Physique* nun präzisiert er diesen ungeklärten Staatsbegriff, indem er ihn in einem ersten Schritt mit dem Begriff der »politischen Gesellschaft« koordiniert, die sich primär durch die Verbreitung unreflektierter und diffuser Kollektivvorstellungen auszeichnet.[63] Gegenüber der politischen Gesellschaft konzeptionalisiert Durkheim den Staat als souveräne, gesetzgebende Gewalt, als ein »spezielles Organ«, dessen Funktion die Entwicklung von kollektiven Vorstellungen sei, die »ein höheres Maß an Bewußtheit und Reflexion« besäßen (1991: 75; vgl. auch 1958: 434). Der Staat, so die formale Definition, »besteht aus einer speziellen Gruppe von Funktionsträgern sui generis, in deren Schoß Vorstellungen und Willensakte entwickelt werden, die für die Gemeinschaft

---

62 Im Kontext seiner wissenssoziologischen Analyse des Sozialismus interessiert Durkheim dieser Aspekt insofern, als er die Säkularisierung und Zentralisierung des Staates gemeinsam mit dem Industrialismus und der Bedeutung der Ökonomie als eine Voraussetzung für die Entstehung der sozialistischen Idee betrachtet, die gesamten ökonomischen Funktionen dem Staat zu unterstellen; vgl. 1971: 49, 57 sowie den Aufsatz *Internationalisme et lutte des classes*, 1970: 282-292, hier 289.

63 Durkheim definiert »[...] die politische Gesellschaft als eine Gesellschaft, die aus einer mehr oder weniger großen Zahl derselben Autorität unterworfener sozialer Untergruppen zusammengesetzt ist und dabei selbst keiner dauerhaft konstituierten Autorität unterliegt« (1991: 68).

bindende Kraft haben, obwohl sie nicht das Werk der Gemeinschaft sind« (1991: 74).

Den modernen Staat charakterisiert Durkheim nun erstens durch die Säkularität seiner Ziele; die vormoderne religiöse Überhöhung des Politischen im »Kult des Staates«, die der Hegelschen und anderen restaurativen Staatstheorien zugrunde liege und mit der Tendenz zur außenpolitischen Machtsteigerung einherginge, sei durch den Kult des Individuums überwunden worden. Zweitens kennzeichnet er ihn sowohl gegenüber dem ökonomischen Utilitarismus (Spencer) als auch gegenüber der naturrechtlichen Tradition (Kant, Rousseau), in denen die Funktion des Staates auf den Schutz natürlich gegebener Individualrechte reduziert würde, durch die Vergrößerung seines innenpolitischen Einflußbereichs (1991: 76-81). Beide Aspekte geben die Richtung für die Lösung des Problems der Gleichzeitigkeit einer Steigerung von Individualität und Sozialität auf der Ebene sozialer Organisation an (1991: 85). Sie besteht darin, daß erst durch den modernen Staat die Werte sowohl der Freiheit als auch der Gleichheit institutionell verankert würden.

»So scheint die Geschichte zu beweisen, daß der Staat nicht dazu geschaffen wurde und nicht bloß die Aufgabe hat, dafür zu sorgen, daß das Individuum nicht in der Ausübung seiner natürlichen Rechte behindert wird; vielmehr bringt der Staat erst diese Rechte hervor, organisiert und verwirklicht sie.« (1991: 89) »In komplexen Gesellschaften ist er [der Staat] das notwendige Instrument durch das sich die Egalität und folglich die Gerechtigkeit realisiert. [...] Je stärker und aktiver der Staat wird, desto freier wird das Individuum. *Es ist der Staat, der es befreit.*« (1958: 437, Üb. u. Hv. M.K.).

Den Mechanismus für diese emanzipatorische Funktion des Staates sieht Durkheim darin, daß seine Autorität die soziale Kontrolle in partikularistischen Sekundärgruppen einschränke und dadurch Entfaltungsmilieus für das Individuum schaffe, wobei die staatliche Macht ihrerseits durch die Pluralität intermediärer, postkonventioneller Gruppen begrenzt würde (1991: 90-2; 1958: 436-7). Es ist also gerade der Staat, der das moderne Menschenrechtsethos und dessen zentrale Werte (Menschenwürde, Freiheit und Gleichheit) in der Gestalt positiver, historisch erweiterbarer Rechte institutionalisiert und dadurch das autonome Individuum konstituiert.[64]

---

64 Wiederum in der Bewertung anders, aber in der Sache ähnlich charakterisiert Foucault den Rationalitätstypus der Moderne damit, »[...] daß die Integration des Individuums in eine Gemeinschaft oder in eine Totalität aus der stetigen Korrelation zwischen einer wachsenden Individualisierung und der Stärkung dieser Totalität resultiert« (Foucault 1993: 1986).

In einem zweiten Schritt führt Durkheim einen Demokratiebegriff ein, der aus dem Verhältnis von Staat und politischer Gesellschaft und nicht, wie in der klassischen Tradition politischer Philosophie, aus der Anzahl der an der Regierung Beteiligten als Kriterium von Regierungsformen entwickelt wird. Er definiert demokratisch verfaßte Gesellschaften daher nicht über das Mehrheitsprinzip, sondern – entsprechend den zwei Merkmalen des modernen Staats – erstens anhand der öffentlichen Kommunikation zwischen dem Zentralstaat und individuellen oder kollektiven Akteuren und zweitens anhand der Verstaatlichung tendenziell aller Bereiche sozialen Lebens. Das erste Kriterium bringt die Steigerung der wechselseitigen Abhängigkeit zwischen organisiertem Zentralstaat und politischer Gesellschaft zur Geltung, die sich in den Institutionen von öffentlichen Anhörungen, Presse, Erziehung und Wahlrecht realisiere und die Laizität des Staates voraussetzt. Das zweite Kriterium setzt dagegen die Säkularisierung der politischen Gesellschaft voraus, da erst wenn die vormals von Tradition geprägten und unbewußten kollektiven Vorstellungen ausnahmslos bewußter, kritischer Reflexion und damit dem Einflußbereich des öffentlich-staatlichen Zentralorgans zugänglich gemacht werden, die Gesellschaft vermittels des Staates sich selbst zu gestalten vermag.[65] Insofern als Durkheim diesen Demokratiebegriff letztlich in den kulturellen Werten sowohl des universalistischen Individualismus als auch der Staatssouveränität verankert, konzipiert er ihn als normatives Kriterium für die Beurteilung politischer Praxis.[66] Gemessen an dieser normativen Demokratietheorie besteht die »politische Malaise« des Parlamentarismus der Dritten Republik und der ihm zugrundeliegenden Rousseauschen Staatstheorie im Fehlen intermediärer Instanzen, die das Individuum vor staatlicher Repression, aber den Staat vor der Vereinnahmung durch einen individualistischen Interessenpartikularismus zu

---

65 Zusammenfassend definiert Durkheim die Demokratie als äußersten Pol eines Kontinuums zwischen möglichen Verhältnissen von Staat und politischer Gesellschaft: »Je enger die Kommunikation zwischen dem staatlichen Bewußtsein und dem Rest der Gesellschaft, je umfangreicher dieses Bewußtsein und je zahlreicher die Gegenstände, die es umfaßt, desto stärker der demokratische Charakter der Gesellschaft« (1991: 122).

66 Zu Recht weist Jeffrey Prager daher auf den substantiellen Charakter von Durkheims Demokratietheorie hin, den er in der Ableitung demokratischer Institutionen aus einem »common, generalized value system« begründet sieht; vgl. Prager 1981: 934-8 und ähnlich Müller 1993: 105. Der Zusammenhang von Durkheims politischer Soziologie mit dem »Kult des Individuums« wird insbesondere von W. Paul Vogt betont: »Durkheim's account of the modern state and of the just contract were inseparably linked to his conclusion [...] that the cult of the individual (which entails respect for the dignity of human rights) is the single most important moral principle in a healthy modern society.« (Vogt 1993: 82).

schützen vermöchten. Durkheims politischer Reformvorschlag zielt daher auf die Wiederbelebung der Berufsgruppen als Garanten sowohl einer dauerhaften und intensiven Kommunikation zwischen Staat und politischer Gesellschaft als auch der Entscheidungsautonomie des Staats (1991: 131-52).

(b) Durkheims Reformvorschlag zur Wiederbelebung intermediärer Instanzen in Gestalt von Berufsgruppen erklärt sich aber nicht erst aus seiner politisch-soziologischen Analyse, sondern resultiert aus der Revision seiner in der *Division* behaupteten Einschätzung, daß funktionale Differenzierung auf natürliche Weise eine neue Moralität, eben organische Solidarität erzeuge. Das diesbezügliche Argument im *Suicide* lautet, daß die von der sozialen Arbeitsteilung freigesetzte Individualisierung Solidaritäts- und Regulierungsdefizite hinterlasse, deren Konsequenzen Egoismus und Anomie seien. Zum einen entdeckt Durkheim eine Korrelation der Selbstmordrate moderner Gesellschaften mit der Schwächung des Anschlusses an soziale Gruppen, nämlich an Religionsgemeinschaften, an die Familie und an die politische Gesellschaft, die er auf die Schwächung moralischer Milieus durch einen »exzessiven Individualismus« zurückführt, dessen Konsequenzen individuelle Erfahrungen von Sinnlosigkeit und eine Neigung zum »egoistischen Selbstmord« seien (1983: 231-41). Zum anderen stellt er statistische Zusammenhänge der Selbstmordrate mit Phasen ökonomischer Instabilität fest; den Zustand ökomischer Regellosigkeit oder »Anomie« interpretiert er als Verlust moralischer Disziplin, deren Folge eine Störung der Bedürfnisstruktur der Individuen und eine entsprechende Neigung zum »anomischen Selbstmord« sei (1983: 273-96). Den Anstieg beider Selbstmordarten in modernen Gesellschaften beurteilt Durkheim als Zeichen einer Krise, deren Überwindung die Stärkung von Solidarität und die Regulierung der Ökonomie erfordert, die von der Familie aufgrund ihrer allmählichen Auflösung, von den Religionsgemeinschaften aufgrund ihres Funktionsverlusts und von der politischen Gesellschaft aufgrund ihrer Allgemeinheit jedoch nicht mehr erbracht werden könnten. Durkheims Reformvorschlag, den er im Vorwort zur zweiten Auflage der *Division* ankündigt und in der *Physique* ausformuliert, zielt daher auf die institutionelle Etablierung der »professionellen Gruppen«, von der er sich sowohl Solidarisierungs- als auch Regulierungseffekte gegenüber Ökonomie und Politik erhofft (1991: 15-63; 1992: 41-75; aber auch 1971: 229; 1983: 449, 465). Insofern als Prinzipien der »Berufsmoral« einen partikularistischen Charakter besäßen, also keinen Anspruch auf gesamtgesellschaftliche Verbindlichkeit erhöben, trügen sie nämlich der moralischen Pluralisierung als Begleiterscheinung funktionaler Differenzierung Rechnung. Daß die Berufsgruppen tatsächlich ein moralisches Milieu bereitstellen könnten, weist Durkheim in einer historischen Analyse der Zünfte nach (1991; 32-40; 1992: 47-66). Damit durch sie die ökonomischen Krisenerscheinungen ohne einen Rückfall in den Traditionalismus der Korporationen reguliert werden könnten, schlägt Durkheim die Neuschaffung der Korporationen auf nationaler Ebene als öffentliche Institutionen mit relativ autonomen Koordinations- und Entscheidungskompetenzen vor, durch die mit einem Zuge das Problem politischer Repräsentation gelöst wäre.[67]

Durkheims Reformvorschlag markiert nun, genau besehen, einen zweiten Aspekt der Institutionalisierung des universalistischen Individualismus. Daß erstens im politischen Institutionengefüge intermediäre Instanzen zum Funktionieren der demokratischen Staatsform und damit zum Erhalt liberaler Rechte gegenüber dem Staat einen gewichtigen Beitrag leisten, wurde bereits ausgeführt. In bezug auf das Feld der Ökonomie meint Durkheim zweitens, daß in Berufsgruppen zwischen den Interessen von Arbeitgebern und Arbeitnehmern vermittelt und dadurch die Realisierung sozialer und ökonomischer Rechte befördert werden könnte.[68] In bezug auf die Besitzverteilung schlägt Durkheim zur Institutionalisierung der »objektiv gerechten Verträge« die Übertragung des Erbschaftsrechts von der Familie auf die Berufsgruppe vor (1991: 301). Und drittens gewährleistet erst der »moralische Partikularismus« dezentralisierter Berufsgruppen nach Durkheim die sozialstrukturelle Basis für die universelle Achtung der menschlichen Würde gegenüber den selbstdestruktiven Tendenzen von Egoismus und Anomie.

Beides, Durkheims Reformprojekt und seine normative Demokratietheorie, sind also aus einer empirischen Analyse von Ideen des modernen Menschenrechtsethos als Komponenten eines gemeinschaftlich geteilten Wertmusters differenzierter Gesellschaften abgeleitet. Gerade die Diskrepanz zwischen dem durch jene Werte aufgespannten Erwartungshorizont einerseits und ihrer

---

67 Vgl. 1991: 57-63. Müller deutet den Regulierungseffekt der Berufsgruppen als »systemintegrativen Rahmen« der Ökonomie und ihren Solidarisierungseffekt als deren »sozialintegrative Früchte« (Müller 1983: 154). Beide Effekte sind für Durkheim aber noch Formen der Institutionalisierung des kulturellen Systems der Moderne.
68 Diesen Aspekt betont Müller, wenn er Durkheims Koordinierung von Sozialstruktur, Infrastruktur und moralischem Bewußtsein als Modell sozialer Gerechtigkeit für die moderne Gesellschaft interpretiert; vgl. Müller 1992a: 29-39.

defizitären Institutionalisierung andererseits eröffnet bei Durkheim den argumentativen Raum für eine normativ gehaltvolle Zeitdiagnose. Angesichts der metatheoretischen Distanzierung von Begründungsfiguren universalistischer Normen stellt sich allerdings die Frage, worin eigentlich die Legitimität jenes universalistischen Individualismus bestehen kann, dessen unabgegoltenes Potential Durkheim mit seinem Reformprogramm institutionell umsetzen will. Um diese Frage zu klären, bedarf es einer Offenlegung der normativen Dimensionen in Durkheims ordnungs- und handlungstheoretischer Begrifflichkeit.

2.3. Soziologische Theorie und individuelle Autonomie

Mit seiner empirischen Analyse der arbeitsteiligen Gesellschaft hatte Durkheim den Anspruch verbunden, auch das theoretische Problem einer Verhältnisbestimmung von individueller Handlungsfreiheit und sozialer Ordnung zu lösen. Im Laufe von Durkheims Werkentwicklung ist dabei zunehmend die Frage nach der kulturell integrativen Funktion des universalistischen Individualismus in den Vordergrund getreten. Diese werkgeschichtliche Akzentverlagerung soll im folgenden darauf zurückgeführt werden, daß Durkheim erst allmählich eine Klärung der ordnungstheoretischen Konzepte von Kultur (2.3.1.) und sozialer Struktur (2.3.2.) sowie deren handlungstheoretischer Fundierung (2.3.3.) erzielt, auf deren Grundlage sich eine soziologische Theorie der kulturellen Konstitution und sozialen Institutionalisierung von individueller Autonomie entwerfen läßt. Dies kann insbesondere anhand von Durkheims *L'éducation morale* [1902/03] gezeigt werden, in der Normativität hinsichtlich der drei Aspekte kultureller Symbolisierung, sozialer Interaktionsregeln und individueller Motivation analysiert wird.[69] Es ist gerade die implizit handlungstheoretische Fundierung dieser Analyse, aus der sich die normativen

---

69 Die Interpretation der drei Elemente der Moral, die Durkheim in *L'éducation morale* entwickelt, als »symbols«, »rules« und »motivation« ist sehr überzeugend und mit theoretischem Gewinn von Hall vorgeschlagen worden (Hall 1987: 47-89); sie wird in der folgenden Systematisierung von Durkheims Theorie aufgegriffen, aber mit Blick auf ihre handlungstheoretischen Implikationen zugespitzt.

Dimensionen von Durkheims Zeitdiagnose, seiner Demokratietheorie und seines Reformprogramm theorieimmanent herleiten lassen.

2.3.1. Kultur und das Heilige

Ein wesentlicher Aspekt der Weiterentwicklung von Durkheims soziologischer Theorie besteht darin, daß er die Doppeldeutigkeit des frühen Begriffs des »Kollektivbewußtseins« überwindet (a) und mit dem Begriff »kollektiver Repräsentationen« ein konzeptuelles Instrument entwickelt, den unabhängigen Einfluß von Kultur auf die Reproduktion des »lien social« zu analysieren (b).

(a) Daß Durkheim den Begriff des Kollektivbewußtseins (»conscience collective«) einerseits allgemein auf der Emergenzebene der sozialen Tatbestände einführt, daß er ihn andererseits dem evolutionären Typus segmentärer Gesellschaften vorbehält, weist auf eine Doppeldeutigkeit seiner Begriffsverwendung in der *Division* hin.[70] In der Analyse des repressiven Rechts führt Durkheim den Begriff des Kollektivbewußtseins zunächst als ein allgemeines Kulturkonzept ein, indem er es als die »Gesamtheit der gemeinsamen religiösen Überzeugungen und Gefühle im Durchschnitt der Mitglieder einer bestimmten Gesellschaft« definiert.[71] Die wesentlichen analytischen Eigenschaften des Kollektivbewußtseins entsprechen im wesentlichen Durkheims Kriterien der sozialen Tatbestände. Es werde sowohl von einer Gruppe von Individuen geteilt als auch von den betroffenen Individuen als obligatorisch und transzendent erfahren. Darüberhinaus faßt Durkheim sie sozialen Tatbestände im Begriff des Kollektivbewußtseins als Bewußtseinsphänomene. Der Begriff des Kollektivbewußtseins darf dabei nicht im realistischen Sinne einer »group-mind«-Theorie hypostasiert werden, denn unmittelbar der Beobachtung zugänglich sind für Durkheim nur die Bewußtseinszustände der einzelnen Individuen.[72] Durkheims Kulturkonzept entspricht daher eine noch zu

---

70 Diese Doppeldeutigkeit des Begriffs der »conscience collective« ist in der Sekundärliteratur vielfach beobachtet worden; vgl. etwa Parsons 1968: 318-9; Lukes 1973: 4; König, R. 1976: 342; Müller 1983: 123.
71 1992: 128. Zu dieser theoretischen Interpretation des Begriffs des Kollektivbewußtseins vgl. insbesondere Bohannan 1960; Tyrell 1985: 193-8.
72 Die Interpretation Durkheims als »group-mind«-Theoretiker, wie sie u.a. von Charles Elmer Gehlke und in der frühen amerikanischen Sozialpsychologie vertreten wurde, verfehlt offenkundig Durkheims Intentionen; vgl. Bohannan 1960: 79; Alpert 1961: 163; Parsons

diskutierende bewußtseinsphilosophische Vorstellung der menschlichen Persönlichkeit, derzufolge die Bewußtseinszustände von Individuen sich aus einer individuellen und einer überindividuellen Komponente zusammensetzen. Andererseits aber setzt Durkheim das Konzept allgemeiner und als kollektiv erfahrener Bewußtseinsphänomene mit einer spezifischen Ausprägung von deren Inhalt gleich, nämlich mit Vorstellungen über das Kollektiv. Als Folge der Temporalisierung der asymmetrischen Gegenbegriffe von mechanischer und organischer Solidarität projiziert Durkheim das zunächst analytisch gemeinte Kulturkonzept auf den evolutionären Typus der undifferenzierten Gesellschaft bzw. deren Solidaritätsform. Entsprechend setzt er die individuelle Bewußtseinskomponente der menschlichen Persönlichkeit mit individueller Handlungsautonomie gleich, was darin resultiert, daß sich »Individualbewußtsein« und »Kollektivbewußtsein« per definitionem wechselseitig ausschließen (1992: 182). Daraus aber folgt, daß sowohl die Steigerung individueller Handlungsautonomie als auch die Integrationsform moderner Gesellschaften keine kulturellen Grundlagen haben kann, sondern sich direkt aus der funktionalen Differenzierung ergeben muß. Genau hierin liegen die theoretischen Gründe dafür, daß Durkheim in der *Division* dem Kult des Individuums zunächst keine kulturell integrative Funktion zuschreibt und seine Genese auf morphologische Faktoren reduziert.

(b) Im Zuge seiner weiteren Theoriebildung unterscheidet Durkheim strikt zwischen dem konkreten Sachverhalt kultureller Integration und dem Inhalt eines kulturell integrierenden Systems. Daraus folgt, daß sich einerseits auch moderne Gesellschaften auf mögliche kulturell integrierende Faktoren, wie eben den Kult des Individuums in seinen verschiedenen Facetten, hin untersuchen lassen und daß andererseits die Unterscheidungsmerkmale sozialer Typen auch auf den Inhalt ihres kulturellen Systems bezogen werden müssen.[73] In seinem Aufsatz *Représentations individuelles et représentations collectives* [1898] behauptet Durkheim daher, daß »kollektive Repräsentationen« von der »Gesamtheit der assoziierten Individuen« als dem »Substrat der Gesellschaft«

1968: 359-64;. Durkheim selbst hat sich in der zweiten Auflage der *Règles* explizit gegen eine Hypostasierung des »Kollektivbewußtseins« gewandt (1984:187).

73 Sehr pointiert führt Durkheim diesen theoretischen Gedanken in den *Deux lois* aus, wenn er die »sentiments collectives«, die dem für primitive Gesellschaften typischen Strafrecht entsprechen, folgendermaßen charakterisiert: »Nicht nur haben sie die Kollektivität zum Subjekt und finden sich folglich in der Allgemeinheit der partikularen Bewußtseinszustände, sondern *sie haben auch als Objekt kollektive Dinge*« (1901: 87; Üb. M.K., Hv. im Orig.).

losgelöst seien. Der Begriff der kollektiven Repräsentationen bezeichnet also gemeinschaftlich geteilte Ideen, deren Funktion, Gehalt und Genese von morphologischen Faktoren relativ unabhängig ist (1976: 70-83). Er knüpft an die ursprüngliche Begriffsbestimmung des Kollektivbewußtseins an und stellt die reifere Fassung von Durkheims analytischem Kulturkonzept dar. Im allgemeinen wird diese Weiterentwicklung der Durkheimschen Theorie auf seine Beschäftigung mit religionssoziologischen Fragen zurückgeführt.[74] Tatsächlich gewinnt er durch sie nicht nur im Blick auf religiöse, sondern auch auf juridisch-moralische und kognitive Repräsentationen einen analytischen Zugang zu den symbolischen und affektiven Dimension von Kultur.

Religiöse Repräsentationen nehmen dabei für Durkheim eine hervorgehobene Stellung ein, weil sie die affektive Dimension von Kultur zur Geltung bringen. Gemäß der Religionsdefinition aus seinem religionssoziologischen Hauptwerk, den *Formes élémentaires de la vie religieuse* von 1912, sind religiöse Repräsentationen gemeinschaftlich geteilte »Glaubensüberzeugungen«, denen eine Unterscheidung von »heilig« und »profan« zugrunde liegt.[75] Wie er in seiner Analyse der Glaubensvorstellungen des australischen Totemismus zu zeigen versucht, entspricht dem Heiligen in seiner Ambivalenz einerseits das Gefühl der Abhängigkeit des Individuums von der moralischen Autorität der Gesellschaft, andererseits das Gefühl seiner Stärkung durch deren höhere Kraft.[76] Im religiösen Symbol werden Kräfte einer »kollektiver Efferveszenz«,

---

74 Sie wird in Anlehnung an autobiographische Äußerungen im allgemeinen in die Jahre 1894-96 datiert, als Durkheim in seiner Vorlesung über Religion auf das religionsgeschichtliche und ethnographische Material in den Arbeiten von William Robertson Smith und James Frazer stieß und einen neuen Zugang zu Fustel de Coulanges' Religionsgeschichte der Antike gewann; vgl. zu dieser Thematik grundlegend Lukes 1973: 237-44 und insbesondere Jones 1993: 35; vgl. auch Alexander 1982b: 235f. Die Relevanz von Durkheims Religionssoziologie und mit ihr auch der Weiterentwicklung seiner Integrationstheorie wird in Gerhard Wagners Interpretation völlig übersehen; vgl. Wagner, G. 1993: 131-85.

75 Vgl. 1981: 61-6. Durkheims Argumentation in den *Formes élémentaires* ist überaus vielschichtig; insbesondere seine Diskussion des ethnographischen Materials kann hier nicht im einzelnen dargestellt werden. Entscheidend ist in diesem Zusammenhang lediglich, daß er hier sein analytisches Instrumentarium systematisch zur Anwendung bringt, indem er zwischen kulturellen Symbolen (»Glaubensvorstellungen«) und sozialen Interaktionsregeln (»Rituale«) differenziert und beide mit der Dualität der menschlichen Person koordiniert; vgl. allgemein zu Durkheims Religionssoziologie Pickering 1984 und Prades 1987.

76 Durkheims Begriff des Heiligen in seiner »heilvollen« und »unheilvollen« Variante, jeweils bezogen auf Zustände »kollektiver Euphorie« bzw. »kollektiver Niedergeschlagenheit« (1981b: 554), ist die soziologische Fassung eines in der Religionstheorie des späten 19. Jahrhunderts gängigen Konzepts, dessen phänomenologische Fassung, mit der parallelen Unterscheidung von »mysterium fascinosum« und des »mysterium tremendem«, sich wenig später [1917] bei Rudolf Otto findet; vgl. dazu Prades 1987: 157f.

also einer Art kollektiver Ekstase, in der die Autorität und die Kraft der Gesellschaft unmittelbar und spontan erfahren werde, erinnert und reaktiviert.[77] Religiöse Symbole stellen also eine unbewußte und nicht reflektierte Form der Vorstellung einer Gesellschaft von sich selbst dar. Dies könnte dahingehend gedeutet werden, daß Durkheim die Gesellschaft »sakralisieren« wolle (vgl. Firsching 1995); der Akzent von Durkheims Religionstheorie scheint mir allerdings eher darin zu liegen, das Moment des Sakralen in Formen kultureller Integration zu identifizieren. In seiner Analyse des Menschenrechtsethos interessiert ihn entsprechend die Frage, inwieweit dieses an die funktionale Stelle der aufgrund von Säkularisierung bedeutungslos gewordenen historischen Religionen zu treten vermag. Und tatsächlich hat der Kult des Individuums, entstanden in der Periode kollektiver Efferveszenz der Französischen Revolution, für ihn funktional gesehen einen sakralen Charakter.[78]

Aus der affektiv bindenden Kraft sakraler Symbole leitet Durkheim nun auch den verpflichtenden Charakter juridisch-moralischer Repräsentationen ab. Daß auch die Moral durch die Verbindung von Obligation und Attraktivität, der Pflicht und des Guten, strukturell dem Begriff des Heiligen entspricht, ist an anderer Stelle bereits angedeutet worden. In *L'éducation morale* weist Durkheim den Moralvorstellungen einer Gesellschaft daher die Funktion zu, den »Anschluß an soziale Gruppen« herzustellen (1973: 106-42). Und auch in den rechtssoziologischen Analysen der *Physique* führt er den verbindlichen Charakter eigentums- und vertragsrechtlicher Ideen auf religiöse Vorstellungen von Tabu bzw. Tausch zurück.

Nicht anders verankert Durkheim in seinen wissenssoziologischen Schriften auch die kognitiven Repräsentationen im Moment des Sakralen. Der Anspruch seiner Analyse der Religionssysteme primitiver Gesellschaften ist ja gerade, die Herkunft des logischen Denkens, d.h. der Kantschen Kategorien

---

77   Vgl. 1981b: 289; 1970: 329; 1976: 150-1. In seiner Durkheim-Interpretation hat Hans Joas den Begriff der kollektiven Efferveszenz – er verwendet stattdessen den etwas leichter zugänglicheren Begriff der kollektiven Ekstase – dahingehend gedeutet, daß hier implizit eine Theorie der Entstehung von Werten formuliert werde, die in der Ambivalenz des Heiligen die Erfahrung des Selbstverlusts einerseits, der Selbststeigerung andererseits betone; vgl. Joas 1997: 90-7.

78   Vgl. 1981b: 294. Durkheim nimmt gegenüber der republikanischen Idee der »laïcité« daher eine reflexive Haltung ein; zwar teilt er die Kritik republikanischer Intellektueller an der katholischen Kirche, sieht in jener »laïcité« aber selbst noch eine mögliche religiöse Grundlage der modernen Gesellschaft; vgl. dazu Baubérot 1990. Kritisch zu Durkheims Anwendung des Religionsbegriffs auf den »Kult des Individuums« Pickering 1990; vgl. auch Prades 1990 und zur Debatte insgesamt Isambert 1990.

von Zeit, Raum, Kausalität und Substanz, aus religiösen Vorstellungen abzuleiten, die wiederum kollektiven Gefühlen entstammen. Auch den Strukturen des Verstandes ist also eine affektive Komponente inhärent.[79] Sogar die Verbindlichkeit von Wahrheit führt Durkheim in seiner Argumentation gegen den »logischen Utilitarismus« des amerikanischen Pragmatismus daher auf ihren kollektiven bzw. religiösen Charakter zurück.[80] In empirischer Hinsicht meint Durkheim allerdings, daß sich in der Entwicklung zum modernen, wissenschaftlichen Rationalismus »[...] dieses Element gesellschaftlicher Affektivität zunehmend abschwächt und dem reflektierten Denken des einzelnen immer mehr Raum gegeben hat« (1993: 256).

Alle drei Dimensionen des Begriffs der kollektiven Repräsentationen münden in das analytische Konzept eines gemeinschaftlich geteilten und affektiv gestützten Wertesystems. Kollektive Repräsentationen können insofern für Durkheim die Funktion kultureller Integration übernehmen, indem sie individuelle Handlungen durch deren gemeinsamen Bezug auf affektiv besetzte Symbole koordinieren, die ihren Ursprung in Erfahrungen von Kollektivität bzw. des Heiligen haben.

2.3.2. Zur analytischen Unabhängigkeit von Kultur und Struktur

Charakteristisch für Durkheims Soziologie ist nun aber, daß in ihr zwar Kultur und soziale Struktur analytisch voneinander unterschieden werden, daß er die dadurch sich eigentlich ergebenden Möglichkeiten ihres unabhängigen Wechselspiels in seiner Ordnungstheorie dennoch begrenzt. Denn obwohl er zunächst soziale Ordnung auch unter dem Gesichtspunkt ihrer kulturunabhängigen organisatorischen Struktur betrachtet (a), deuten seine Überlegungen zur Institutionalisierung kultureller Ideen in sozialen Interaktionsregeln und zur Isomorphie (bzw. Homologie) kollektiver Repräsentationen und sozialer Or-

---

79 In seinem 1903 gemeinsam mit Marcel Mauss verfaßten Aufsatz *De quelques formes primitives de classification* (in 1993: 169-256), der sich lediglich mit der klassifikatorischen Funktion des Verstandes befaßt, kommt Durkheim zu dem Schluß, daß die »[...] emotionale Bedeutung der Begriffe zu einem wesentlichen Teil (bestimmt), wie die Ideen miteinander in Zusammenhang gebracht oder voneinander gesondert werden. Sie dient letztlich als das beherrschende Merkmal in der Klassifikation« (1993: 253; vgl. auch 1981b: 28).
80 Vgl. 1993: 139, 160. Daß Durkheim dabei den eigentlichen, selbst Utilitarismus-kritischen Intentionen des Pragmatismus nicht gerecht wird, betont Joas 1992b: 66-92, hier 72.

ganisation darauf hin, daß das unabhängige Wechselspiel von Kultur und Struktur in einem »Mythos kultureller Integration« kollabiert (b).

(a) Durkheims Charakterisierung der arbeitsteiligen Gesellschaft in der *Division* kann zunächst wieder als Verwechslung eines analytischen Konzepts sozialer Organisation mit einer seiner konkreten Ausprägungen interpretiert werden. Zwar wendet Durkheim das Konzept sozialer Organisation in seiner Analyse des Strukturwandels von »segmentärer« zu »funktionaler« Organisation auf beide evolutionären Typen an; den Integrationsmechanismus eines systemischen Zusammenhangs wechselseitig abhängiger Strukturelemente setzt er jedoch, wiederum a priori, mit dem konkreten Fall moderner Gesellschaft gleich (1992: 181, 205). Anders als der Mechanismus kultureller Integration, der durch die Systematisierung von »kollektiven Repräsentationen« im Rahmen eines gemeinschaftlich geteilten und affektiv gestützten Wertesystem die Handlungsorientierungen von Individuen integriert, bezieht sich der Mechanismus struktureller Integration auf die handlungskoordinierende Funktion organisatorischer Teilkomplexe (Ökonomie und Politik) und intermediärer Instanzen (Berufsgruppen und Familien). Daß Durkheim in der *Division* den Mechanismus kultureller Integration auf vormoderne Gesellschaften projiziert und strukturelle Integration als solche mit modernen Gesellschaften identifiziert, erklärt die vielfach konstatierten Schwächen der Beschreibung und der genetischen Erklärung der »organischen Solidarität«.[81] Da sie erstens nicht in einem Konsens über gemeinschaftlich geteilte Werte bestehen kann, bleibt ihr moralischer Charakter gegen Durkheims eigene Intention unbestimmt. Indem er sie zweitens als unmittelbares Ergebnis funktionaler Differenzierung beschreibt, erklärt er ihre Entstehung letztlich durch dieselben morphologischen Faktoren, die auch ihre empirisch beobachteten pathologischen Formen erzeugen sollen. Durkheims moralische Apologie funktionaler Differenzierung scheitert daher im wesentlichen aus Gründen mangelnder analytischer Präzision. Insbesondere die kurzschlüssige Reifizierung der zwei

---

81 Vgl. z.B. Tyrell 1985: 208-23. In gewisser Weise findet sich diese Tendenz auch in Habermas' Theorie von Lebenswelt und System, die er im Anschluß Lockwoods Unterscheidung zwischen sozialer und systemischer Integration entwirft (Habermas 1981 II: 179, 226), deren konkretes Auseinandertreten in der Moderne er dann aber als Trend gesellschaftlicher Evolution deutet; zu den Problemen dieser Deutung vgl. Joas 1992b: 194f.

analytischen Konzepte von kultureller und struktureller Integration verstellt ihm den Blick für deren dynamische Beziehung in modernen Gesellschaften.[82]

Dies deutet sicherlich darauf hin, daß die theoretische Logik von Durkheims Soziologie und gerade sein Begriff der »Gesellschaft« in gewissem Maße von den Homogenitätsidealen des Nationalstaats geprägt ist, die schließlich seinen historischen Erfahrungsraum bestimmten.[83] Allerdings sensibiliert ihn das strukturtheoretische Gefälle der ersten Phase seiner Theoriebildung auch für empirische Prozesse bereits einsetzender Globalisierung. Da den morphologischen Veränderungen von »materieller Dichte« und »sozialem Volumen« unterhalb der Ebene der Weltgesellschaft keine logische Grenze gesetzt ist, läßt sich die Umwandlung autonomer sozialer »Segmente« in funktional differenzierte und voneinander abhängige »Organe« auch auf nationalstaatlich konstituierte Gesellschaften anwenden. Durkheims »morphologische« Analyse sozialen Wandels würde also die Entstehung einer Weltgesellschaft durch denselben Mechanismus erklären wie die Herausbildung des modernen Nationalstaats, wobei aufgrund der moralwissenschaftlichen Orientierung seiner Soziologie in beiden Fällen gerade die kulturelle Dimension globaler Ordnung ins Blickfeld rückte. Tatsächlich schließt Durkheim aus der Entwicklung des Völkerrechts, daß zumindest auf regionaler Ebene die europäische Gesellschaft bereits Formen »organischer Solidarität« auszubilden im Begriff ist (1984: 195; 1992: 172).

An mehreren Stellen der *Division* deutet sich nun ein Durchbruch zur präziseren analytischen Unterscheidung von Kultur und sozialer Struktur an. Erstens formuliert Durkheim den Gedanken, daß mechanische und organische Solidarität lediglich zwei analytische Perspektiven auf Gesellschaft oder »zwei

---

82 Die Gründe für Durkheims Tendenz zur Reifizierung der zwei Integrationsformen in der *Division* liegen in seiner Fixierung auf die Frontstellung gegen Spencer und Comte; gegen Spencer versucht er auf der empirischen Ebene, die solidarischen Grundlagen der Differenzierung herauszustellen, ohne indes mit Comte einen allgemeinen sozialen Konsens voraussetzen zu wollen. Die Polemik gegen Spencer verleitet ihn außerdem dazu, sowohl kulturelle als auch strukturelle Integrationsmechanismen als Beispiele seines metatheoretischen Emergenzarguments zu benutzen und dadurch ihre analytische Beziehung zueinander zu vernachlässigen.

83 Die Kritik, Durkheims Konzept der 'Gesellschaft' sei von unreflektierten nationalstaatlichen Konnotationen besetzt, ist mit besonderer Deutlichkeit von Friedrich H. Tenbruck (1981) vorgetragen worden, der mit seiner wissenssoziologischen Analyse des Begriffs Gesellschaft dessen analytischen Wert meint bestreiten zu können und daher von der Soziologie die Analyse kultureller Pluralität und der Internationalisierung des Zusammenlebens unter Verzicht auf den Begriff der Gesellschaft fordert.

Gesichter ein und derselben Wirklichkeit, die aber gleichwohl verlangen, unterschieden zu werden« (1992: 181), bezeichnen.[84] Zweitens operiert Durkheim wiederholt mit dem ad hoc eingeführten Begriff der »öffentlichen Meinung«, der letztlich die kollektiven Repräsentationen moderner Gesellschaften beschreibt (1992: 131f., 169). In seinem Erklärungsmodell funktionaler Differenzierung entwickelt Durkheim drittens das Argument, daß diese die moralische Konstitution einer Gesellschaft, d.h. daß strukturelle Integration kulturelle Integration voraussetzt.[85] Den Gedanken der moralischen Voraussetzungen von sozialer Differenzierung wendet Durkheim im übrigen auch auf die »internationale Arbeitsteilung« an; mit steigender wirtschaftlicher Kooperation ersetze ein »Kollektivbewußtsein der europäischen Gesellschaften« den exklusiven Patriotismus alteuropäischer Monarchien (1992: 341, 439). Die damit angedeutete ordnungstheoretische Unterscheidung ist die Voraussetzung für seine Analyse des universalistischen Individualismus als Grundlage eines modernen Wertesystems, dessen Genese aus kulturellen Transzendierungs-, Universalisierungs- und Rationalisierungsprozessen und seiner allmählichen Institutionalisierung in der organisatorischen Struktur moderner, demokratischer Gesellschaften. Mit ihr eröffnet Durkheim sich zunächst auch die Möglichkeit, gerade das Wechselspiel von Kultur und sozialer Struktur zu untersuchen.

(b) Wie genau Durkheim das Wechselverhältnis kollektiver Repräsentationen und sozialer Organisation in seinen späteren Schriften in religions-, moral- und wissenssoziologischer Hinsicht analysiert, soll im folgenden dargestellt werden. Dabei sei angemerkt, daß Durkheim seine Konzepte kollektiver Repräsentationen und sozialer Organisation auf beliebigen Aggregationsniveaus einsetzt, von den face-to-face-Beziehungen »primitiver« Gesellschaften bis hin zu »supranationalen« sozialen Phänomenen, die Durkheim gemeinsam mit Marcel Mauss als »Zivilisationen« bezeichnet (1913: 46).

Insofern als Durkheim in den *Formes élémentaires* die Theorie des Sozialen mit einer Theorie des Heiligen verschränkt, ist es nur konsequent, daß er

---

84 Diese Einsicht, so marginal sie im Gesamtduktus der Argumentation sein mag, darf eine Interpretation der *Division* m.E. nicht unterschlagen und muß gegen eine einseitige Betonung der Inkompatibilität der zwei Solidaritätsformen (wie z.B. bei Tyrell 1985: 206) hervorgehoben werden.

85 »Damit sich die sozialen Einheiten *differenzieren* können, müssen sie sich *zuvor* nach Maßgabe der *Ähnlichkeiten*, die zwischen ihnen bestehen, wechselseitig angezogen oder gruppiert haben.« (1992: 335-9, Hv. M.K.).

auch Religion nicht nur unter dem Gesichtspunkt ihrer ideellen Konstitution, sondern auch unter dem Gesichtspunkt ihrer sozialen Organisation analysiert. Entsprechend führt er als zweites und den »Glaubensüberzeugungen« nachgeordnetes Definitionsmerkmal von Religion »Riten« ein, Verhaltensregeln, welche die Interaktion mit dem Heiligen und die Übergänge zwischen dem Heiligen und dem Profanen regulieren (1981b: 67). Durch seine detaillierte Analyse der verschiedenen Gattungen australischer Riten will Durkheim den Nachweis führen, daß auch diese Verhaltensregeln kollektiven Erfahrungen mit hoher emotionaler Intensität entstammen, sie aber in eine dauerhafte organisatorische Struktur überführen (1981b: 555). Zwischen religiösen Glaubensvorstellungen, Mythologien, Gottesbildern etc. und der sozialen Organisation der religiösen Gemeinschaft (»Kirche«) besteht daher ein Isomorphieverhältnis, das vor allem durch die handlungskoordinierende Funktion der Rituale reproduziert wird. Auch juridisch-moralische Repräsentationen bedürfen, damit sie sich zu sozialer Organisation isomorph verhalten, der Konkretisierung in Verhaltensregeln. Durkheims entsprechende Konzeptionalisierung von Moralität als soziale Ordnung sichernder Verhaltensregel bzw. als »Disziplin« (1973: 72-105) wurde an anderer Stelle bereits angedeutet. In seiner Beschreibung und Erklärung der moralischen Krise moderner Gesellschaften stößt Durkheim jedoch auf die Möglichkeit einer empirischen Diskrepanz der zwei analytisch voneinander getrennten Integrationsmechanismen. Denn unter dem Gesichtspunkt ihrer strukturellen Integration betrachtet, zeichnen sich moderne Gesellschaften trotz ihres gemeinschaftlich geteilten Wertesystems durch ein Defizit sozialer Ordnung aus. Wie Durkheims Analyse der Demokratie-, Solidaritäts- und Regulierungsdefizite gezeigt hat, haben die revolutionären Prinzipien von Freiheit und Gleichheit das institutionelle Gefüge der modernen Gesellschaft noch nicht hinreichend durchdrungen (1991: 264). In seiner wissenssoziologischen Analyse der Herkunft des logischen Denkens entwirft Durkheim den Gedanken einer Isomorphie kognitiver Repräsentationen und sozialer Organisation, die nicht durch verhaltensregulierende Institutionen vermittelt ist. Die »primitiven« Klassifikationsschemata etwa erklärt Durkheim nämlich nicht nur qua ihrer religiösen Herkunft aus Kollektivgefühlen, sondern interpretiert sie auch als modellhafte Abbildung der sozialen Organisation der Gesellschaft (1987: 259). Ebenso bezieht Durkheim die logischen Kategorien von Raum, Zeit und Kausalität letztlich unmittelbar auf die räumlichen, temporalen und relationalen Aspekte sozialer Organisation (1981b: 593).

Durkheims Theorem einer isomorphen Relation kollektiver Repräsentationen und sozialer Organisation, das einen Grundansatz des französischen Strukturalismus vorwegnimmt, unterstreicht zunächst den moral- und, wie inzwischen sichtbar wurde, auch den erkenntnisrelativistischen Zug seines metatheoretischen Ansatzes. Gleichzeitig ist ihm – genau wie dem Konzept der Institutionalisierung – aber die Tendenz inhärent, Kultur und soziale Struktur in einem homologen Verhältnis stehend zu sehen und damit einem »Mythos kultureller Integration« (Archer 1996: 1-21) anheimzufallen, in dessen Konsequenz Diskrepanzen zwischen Kultur und sozialer Struktur zum Anstoß für die Formulierung einer normativen Theorie werden. Gemessen an den kulturellen Ideen des Menschenrechtsethos erscheint so die soziale Organisation moderner Gesellschaften defizitär. Deswegen mündet Durkheims Konzept der Institutionalisierung des universalistischen Individualismus konsequent in eine normative Demokratietheorie und den Reformvorschlag zur Schaffung intermediärer Instanzen. Da dabei aber noch immer die Anerkennung des universalistischen Individualismus vorausgesetzt wird, stellt sich die Frage, wie diese bei Durkheim ihrerseits begründet sein kann.

2.3.3. Zur Konstitution autonomer Personalität

Im folgenden soll das Argument entwickelt werden, daß der normativen Implikationen von Durkheims Ordnungstheorie aus seiner Rezeption der kantischen Anthropologie heraus zu verstehen ist. Durkheims soziologische Transformation von Kants anthropologischem Konzept der Dualität der menschlichen Person (a) resultiert in einer Handlungstheorie, die er in *L'Education* ansatzweise entwirft (b), die er aber selbst noch einmal evolutionstheoretisch einzuholen versucht, indem er Kants Bestimmung des Menschen als eines autonomen, freien und rationalen Individuums als Ergebnis entwicklungsgeschichtlicher und sozialisatorischer Prozesse der Universalisierung von Normen deutet (c).[86]

---

86 Während die folgenden Ausführungen die kantianischen Aspekte von Durkheims Soziologie betonen, macht Jean-Claude Chamboredon (1984) auf Einflüsse Arthur Schopenhauers aufmerksam.

(a) Grundlegend für Kants Kritiken ist bekanntlich die Grundunterscheidung zwischen einer »Sinnenwelt« und einer »intellektuellen Welt«; aufgrund seiner »Vernunft« weiß sich der Mensch beiden Welten zugehörig und kann sich selbst mithin von zwei Standpunkten betrachten, nämlich als sinnliches und als vernünftiges Wesen (vgl. z.B. AA IV: 448-53). Vermittelt durch den französischen Neukantianismus von Emile Boutroux und Charles Renouvier übernimmt Durkheim dieses im wesentlichen bewußtseinsphilosophische Konzept der Dualität des empirischen Individuums bereits in seinen frühen Schriften, begreift aber Kants »intellektuelle Welt« gleichsam als Welt der »Gesellschaft« (1992: 156, 181). Diese analytische Differenzierung des empirischen Individuums in eine »sinnliche« oder »individuelle« und eine »soziale« oder »unpersönliche« Komponente stellt einen der kontinuierlichen Pfeiler seiner Theoriearchitektur dar.[87] Sie ist die Basis von Durkheims Argument, daß der ökonomische Utilitarismus das empirische Individuum seiner sozialen Dimension entkleide und sich daher in theoretische Inkonsistenzen und empirische Fehldiagnosen verstricke.[88] Die fälsche Identifikation von »Individualbewußtsein« und der Handlungsautonomie des empirischen Individuums in der *Division* überwindet Durkheim in seiner Analyse des »egoistischen Selbstmords« im *Suicide*, wenn er den Egoismus durch das Übergewicht des »individuellen Ich« über das »soziale Ich« definiert (1983: 232). Ihre endgültige theoretische Ausformulierung legt er schließlich in seinem Aufsatz *Le dualisme de la nature humaine et ses conditions sociales* [1914] vor. Da auch die Soziologie sich letztlich für das empirische Individuum interessiere, in dessen Bewußtsein allein sich die Bewußtseinszustände der Angehörigen einer sozialen Gruppe wechselseitig durchdringen, setze sie Annahmen über die menschliche Natur voraus. Die religiöse Symbolisierung der Differenz von Körper und Seele, die in der moralischen Differenz zwischen egoistischen und altruistischen Intentionen und in der kognitiven Differenz der sensuellen Perzeptionen und des begrifflichen Denkens ihre Entsprechung hat, führt Durkheim zunächst als Beweise für die Auffassung von der Dualität der menschli-

---

87 Vgl. z.B. 1973: 46. Aus der Mehrdimensionalität des empirischen Individuums erklärt sich im übrigen Durkheims teilweise mehrdeutige Verwendung des terminus »Individuum«, der a) das von seinem sozialen und kulturellen Milieu abstrahierte Individuum, b) das psychologische Individuum, c) die soziale Person und d) das empirische Individuum meint; vgl. dazu instruktiv schon Alpert 1961: 135-7.
88 Hierin lassen sich im übrigen ansatzweise theoretische Parellelen zwischen Durkheims Soziologie und der pragmatistischen Sozialpsychologie George H. Meads (1973) erkennen.

chen Person ins Feld (1970: 315). Als Konsequenz seiner Kritik sowohl monistischer Versuche, die Dualität der menschlichen Natur durch ihre Reduktion auf Eindrücke oder Ideen zu erklären, als auch dem platonischen bzw. kantischen Versuch, ihre ontologischen bzw. transzendentalen Elemente lediglich zu beschreiben, beansprucht Durkheim für seine Soziologie, diese Dualität nicht-reduktionistisch erklären zu können. Er bedient sich dabei des religionssoziologischen Grundarguments der *Formes élémentaires*, daß die hierarchische Struktur der religiösen Unterscheidung von heilig und profan nichts anderes als die Autorität der kollektiven Repräsentationen gegenüber der individuellen Komponente des empirischen Individuums zum Ausdruck brächte (1970: 330). Durkheim kombiniert mit diesem Schritt das aus der Kantschen Anthropologie entlehnte Konzept der Dualität der menschlichen Person mit dem aus der politischen Philosophie übernommenen Gegensatz von Individuum und Gesellschaft. Für Durkheims theoretischen Lösungsversuch seiner zentralen Problemstellung, dem Verhältnis individueller Handlungsfreiheit und sozialer Ordnung, scheint daher letztendlich eine handlungstheoretische Analyse der Relation von »individueller« und »sozialer« Komponente des empirischen Individuums erforderlich zu sein.

(b) Durkheims handlungstheoretische Analyse des Verhältnisses von »individuellem Ich« und »sozialem Ich« läßt sich am Beispiel seiner Theorie der Moralität veranschaulichen. Da er mit den Konzepten des gemeinschaftlich geteilten und affektiv gestützten Wertesystems (Kollektivbewußtsein bzw. kollektive Repräsentation) und der durch Normen bzw. Verhaltensregeln konstituierten sozialen Organisation zwei analytische Betrachtungsweisen sozialer Ordnung verwendet, analysiert er auch auf der Ebende der Handlungstheorie die soziale Komponente des empirischen Individuums in doppelter Hinsicht. Die beiden entsprechenden Elemente der Moralität, die Durkheim in *L'éducation morale* aus der Perspektive des Handelnden analysiert, sind der »Anschluß an soziale Gruppen« und der »Geist der Disziplin«; das eine ist der »Inhalt«, das andere die »Funktion« der Moral. Handlungen sind für Durkheim nur dann moralisch, wenn sie erstens weder an den eigenen noch an den egoistischen Interessen anderer Akteure, sondern an einem »Kollektivideal« orientiert sind (1973: 108-11; 1976: 102-5). Die freiwillige Motivation für eine solche Bindung des Individuums an die »über« ihm liegende Gesellschaft liegt für Durkheim nun darin begründet, daß die »soziale« Komponente des empirischen Individuums für die Entfaltung des Menschen als Person unabdingbar sei. Denn nur der Aufbau eines sozialen Ichs durch Einbeziehung in die Gesellschaft als System kultureller Ideen erschließt Durkheim zufolge dem empirischen Individuum den für die Konstitution von Personalität erforderlichen Reichtum an Bewußtseinsinhalten (1973: 121-3). Entsprechend sieht er die Gründe für den »egoistischen Selbstmord« darin, daß dem Individuum die Orientierung an kollektiven Ideen und damit eine sinnvolle Handlungsorientierung überhaupt fehle (1983: 233-9). Moralisch sind Handlungen für Durkheim aber zweitens nur, wenn sie eine Befolgung bestimmter, durch eine anerkannte Autorität sanktionierter Normen darstellen; »das Verhalten zu regulieren ist eine wesentliche Funktion der Moral« (1973: 81). Gegenüber dem Vorwurf, eine solche Regulierung des menschlichen Verhaltens beschneide dessen Freiheit, versucht Durkheim wiederum die freiwillige Motivation des Individuums für die Anerkennung der »Disziplin« mit der Einsicht in die defizitäre Natur des individuellen Ichs zu begründen. Da die individuellen Bedürfnisse, wie Durkheim in seiner Analyse des »anomischen Selbstmords« festgestellt hatte, den Menschen nicht »von außen« begrenzten und daher mit selbstdestruktiven Folgen ins Unendliche gesteigert werden könnten (1983: 279-90), erfordere die Konstitution einer autonomen Personalität neben dem Aufbau eines sozialen Ichs auch die Kontrolle der natürlichen Neigungen vermittels der verhaltensregulierenden Funktion der Moral (1973: 97f.). In beiden Hinsichten sieht Durkheim die sozialisatorische Ausbildung der »sozialen« Komponente des Individuums als Verwirklichung der eigentlichen Natur des Menschen, eben seiner autonomen Personalität.[89]

(c) Nun haben Durkheims empirische Analysen der modernen Gesellschaft gezeigt, daß die phylogenetische Moralentwicklung auf eine säkularisierte, universalisierte und rationalisierte Form der Moralität zustrebt. In kultureller Hinsicht interpretiert er den universalistischen Individualismus als Ergebnis von Prozessen der Transzendierung, Universalisierung und Rationalisierung und bezieht ihn auf die Strukturmerkmale differenzierter Gesellschaften, »[...] in denen es keinen anderen Kollektivtypus geben kann als den Gattungstypus des Menschen« (1973: 44). Erst die Generalisierung des »kollektiven Horizonts« erzeuge die von Kant beschriebene Universalität moralischer Normen

---

89 Insofern als für Durkheim die »soziale« Komponente des Individuums, die den ersten zwei Elementen der Moralität entspricht, ihrerseits den Stand der sozialen Evolution widerspiegelt, nimmt er – genau wie Mead – Jean Piagets Theorie ontogenetischer und phylogenetischer Moralentwicklung vorweg.

und die Rationalität des modernen logischen Denkens, indem sie den Grad der »Unpersönlichkeit« der »sozialen« Komponente des empirischen Individuums steigere (1981: 594). Diesen Prozeß bezeichnet Durkheim in phylogenetischer Hinsicht ganz in der Tradition des französischen Fortschrittsoptimismus als »Zivilisierung« des Menschen, dessen Ergebnis eben die gesellschaftlich vermittelte Freiheit des Menschen sei.[90] In ontogenetischer Hinsicht beschreibt er ihn in *L'éducation morale* als sozialisatorische Herausbildung des dritten, auf moderne Gesellschaften beschränkten Elements der Moralität, das Durkheim in Anlehnung an Kant als »Autonomie des Willens« bezeichnet. Aus der Perspektive des Handelnden betrachtet, meint Durkheim, sei die Kenntnis der von der Soziologie geleisteten rationalen Erklärung der Moralität als »Kollektivideal« und als »Disziplin« die Bedingung für die freie, aktive und rationale Anerkennung des Moralgesetzes und mithin für die Entfaltung der menschlichen Natur als autonomer Persönlichkeit.[91]

Wenngleich Durkheim die Autonomie der menschlichen Persönlichkeit als Ergebnis sozialevolutionärer und sozialisatorischer Entwicklungen rekonstruiert, unterstellt er, daß sich erst in der freien, rationalen und autonomen Handlung die menschliche Natur realisiert. Damit aber nimmt Durkheim den Kantschen Begriff der Handlungsfreiheit und mit ihm einen zentralen Wertbezugspunkt des modernen Menschenrechtsdiskurses in die Architektonik seiner Theorie auf. Es ist also diese (versteckte) handlungstheoretische Dimension seiner Soziologie, aus der sich seine Verteidigung des universalistischen Individualismus und der normative Zug seiner Institutionalisierungstheorie immanent begründen läßt.

---

90 Vgl. 1970: 314; 1976: 107-9. Durkheim spricht von »civilisation« hier, anders als in seinem kurzen Beitrag mit Mauss, in welchem er ein historisches Zivilisationskonzept verwendet (1913: 48), zumeist in der fortschrittsoptimistischen Semantik, deren historische Genese Norbert Elias aus der vom französischen Bürgertum getragenen Revolution hergeleitet hat (Elias 1976 I: 43-64).

91 Dieses Argument ist, wie vielfach nachgewiesen wurde, inkonsistent, insofern als Durkheim unzulässigerweise die kausale Notwendigkeit der moralischen Obligation in die finale Notwendigkeit ihrer rationalen Anerkennung übersetzt (vgl. z.B. Isambert 1993: 208). Der Vorwurf, daß es dem strukturtheoretischen Argument einer Pluralisierung von Moral widerspreche (so Müller 1986: 91), trifft dagegen deswegen nicht zu, weil sich die gesamtgesellschaftlich verbindliche Moral lediglich auf den »Kult des Individuums« bezieht, unterhalb dieser Ebene aber plurale moralische Orientierungen möglich sind. Es ist allerdings richtig, daß Durkheim nicht über ein theoretisches Konzept verfügt, die Genese solcher pluralen Wertorientierungen aus der Perspektive des Subjekts und seines Selbstbezugs zu rekonstruieren; vgl. dazu dezidiert Joas 1997: 108.

2.4.   Soziologie und moralische Praxis

Von der Soziologie, die schließlich aus dem Bewußtsein der Krisenerscheinungen der Dritten Republik entstanden war, erwartete Durkheim letzten Endes einen Beitrag zur Lösung praktischer Handlungsprobleme. Moralische Orientierung könne und müsse aufgrund irreversibler Säkularisierungsprozesse und wegen des Plausibilitätsverlusts der Moralphilosophie von einer erfahrungswissenschaftlichen Analyse der Moral geleistet werden (1983: 184; 1986b: 36; 1992: 78). Die mit dieser Aufgabenbestimmung verbundenen normativen Dimensionen von Durkheims Analyse des universalistischen Individualismus sind oftmals als Beleg für deren moralistischen Impetus interpretiert worden.[92] Demgegenüber ist allerdings zu betonen, daß Durkheim die Verteidigung der Menschenrechte und ihrer rechtlichen Institutionalisierung gerade nicht als ethischen, sondern als erfahrungswissenschaftlichen Diskurs entwirft. Es ist vielmehr der Akt der soziologischen Kontingentsetzung von Moral, in dem Durkheim die praktische Bedeutung der Soziologie und ihren Beitrag zur Realisierung des Menschenrechtsethos sieht. Diese abschließende Überlegung zur reflexiven Wendung des Menschenrechtsdiskurs in Durkheims Soziologie soll ausgehend von deren Verhältnis zu normativer Theorie erläutert (4.1.) und anhand seiner politischen Interventionen veranschaulicht werden (4.2.).

2.4.1.   Erfahrungswissenschaft und normative Theorie

In seiner ersten Werkphase will Durkheim die handlungsorientierende Funktion der Soziologie einlösen, indem er eine Unterscheidung von »normal« und »pathologisch«, von Phänomenen, die ihrem Wesen entsprechen, und solchen, die ihm widersprechen, einführt.[93] Als objektives Kriterium zur Bestimmung der Normalität eines Tatbestands führt Durkheim zunächst das Merkmal der

---

92 So wird behauptet, Durkheim teile letztlich das Anliegen der Moralisten, nach einer idealen Moralität zu suchen (Isambert 1993: 208), oder verlasse in seiner »universalistisch-egalitären Wendung« den Boden soziologischer Analyse (Tyrell 1985: 226). Zur Rolle der Moraltheorie in Durkheims Soziologie vgl. auch Joas 1992a: 76-99.

93 Vgl. im folgenden insbesondere die *Règles*, aber auch bereits die *Montesquieu*-Schrift (1981a: 34-35; 1984: 141-164). Daß es sich bei der Unterscheidung von »normal« und »pathologisch« eigentlich um eine normative Theorie handelt, haben viele Kommentatoren bemerkt; vgl. z.B. Hall 1987: 167-81.

Durchschnittlichkeit ein; pathologisch sei die Varietät einer Gattung, wenn sie vom Schema der häufigsten Eigenschaften abweiche, wobei die Merkmale der Normalität nicht universal, sondern relativ in bezug auf unterschiedliche Typen und deren Entwicklungen seien. Da in Übergangsperioden dieses Kriterium jedoch nicht angewandt werden kann, weil sich die normalen Merkmale eines sozialen Typus hier erst in der Entstehung befänden (1984: 151), führt Durkheim als zweites Kriterium die Entsprechung eines sozialen Typus zu den äußeren, d.h. den morphologischen Strukturbedingungen ein. Den universalistischen Individualismus als Wertesystem moderner, noch in einer strukturellen Übergangsperiode begriffener Gesellschaften, mit Blick auf praktische Handlungsorientierungen wissenschaftlich zu beurteilen, erfordert also für Durkheim den Nachweis von dessen »Normalität«.

»Nur wenn man mit einiger Genauigkeit weiß, welches dieser Wandel ist, kann man die Prinzipien von 1789 mit Bestimmtheit beurteilen und sagen, ob sie ein pathologisches Phänomen darstellen, oder auch ob sie im Gegenteil einfach eine notwendige Transformation unseres sozialen Bewußtseins repräsentieren.« (1970: 224; Üb.M.K.)

Durkheim verstrickt sich an dieser Stelle in argumentative Inkonsistenzen; denn wenn »Normalität« nicht Durchschnittlichkeit bedeutet, kann sie nur unter Zuhilfenahme eines empirisch nicht mehr hergeleiteten, normativen Kriteriums bestimmt werden. Dann aber überschreitet Soziologie die Schwelle zur normativen Theorie, ein Schritt, den Durkheim auf der metatheoretischen Ebene explizit verworfen hatte.

In seiner zweiten Werkphase gibt Durkheim daher diesen Gedanken einer wissenschaftlichen Ethik auf und schreibt nunmehr der Soziologie die Funktion einer rationalen Repräsentation sozialer Realität zu, durch die praktische Handlungsprobleme nur mehr mittelbar zu lösen seien. Eine rationale Repräsentation des Sozialen erfordert erstens – dies ist ein Grundgedanke von Durkheims Religionssoziologie –, die kollektiven Repräsentationen ihres sakralen Charakters zu entkleiden. Die Religion als »primitive«, vorbewußte Form gesellschaftlicher Selbstreflexion verdecke nämlich die realen sozialen Bedürfnisse, aus denen sie selbst doch entspringe. Insofern bedarf die Selbstaufklärung der modernen Gesellschaft der wissenschaftlichen, soziologischen Analyse derjenigen gesellschaftsstrukturellen Merkmale, die dem Kult des Individuums zugrunde liegen (1970: 218, 224; 1976: 114f.). Zweitens bedarf eine solche Selbstaufklärung der Verankerung von Soziologie in der »öffentlichen Meinung«. Genau dies ist die Funktion von Durkheims Pädagogik, die als »praktische Theorie« eine Brücke zwischen Wissenschaft und Praxis schlagen soll, indem sie die Erkenntnisse der rationalistischen Wissenschaft der Moral in die Prinzipien der Erziehung zu einer rationalen, säkularen Moral autonomer Individuen überführt.[94]

Die soziologische Repräsentation der modernen Gesellschaft wird also für Durkheim selbst zu einer öffentlichen moralischen Praxis (vgl. Cormack 1996). Damit konstituiert sich die Soziologie zwar als Diskurs, der moralische Normen einer verobjektivierenden Analyse unterzieht und sie dadurch permanent relativiert, der aber, verstanden als eine erfahrungswissenschaftliche Selbstbeschreibung der modernen Gesellschaft, die universalistischen Normen der Menschenrechte gleichsam reflexiv fortführt.

2.4.2. Kampf um Menschenrechte und soziologische Intervention

In Durkheims Interventionen in politische Debatten treten die normativen Dimensionen seiner Soziologie im Blick auf die Verteidigung individueller Rechte einerseits (a), auf das Engagement für eine menschheitliche Solidarität andererseits (b) sehr deutlich zutage.[95]

(a) Im Rahmen der Dreyfus-Affäre tritt Durkheim massiv für den staatlichen Schutz individueller Freiheitsrechte ein.[96] Er interveniert mit seinem Aufsatz *L'intellectualisme et les intellectuels* [1898] nicht nur in der polarisierten öffentlichen Debatte um die Verurteilung des jüdischen Hauptmanns Alfred Dreyfus, er beteiligt sich 1898 auch aktiv an der Gründung der *Ligue des droits de l'homme* und übernimmt die Leitung ihrer Unterabteilung in Bordeaux.

Die *Ligue des droits de l'homme* entstand zwar als organisatorisches Aktionsforum der Dreyfusards, ihre politischen Ziele erstreckten sich aber sehr

---

94 Vgl. dazu insbesondere die Vorlesung *L'éducation morale* (1973: 57-69) aber auch Durkheims Rollenbeschreibung der Intellektuellen in *L'élite intellectuelle et la démocratie* von 1904 (1970: 279-81, v.a. 280). Es ist charakteristisch für den Praxisbezug von Durkheims Soziologie, daß das dritte Element der Moral, die individuelle Autonomie, mit dem Bewußtsein für die Gründe moralischer Regeln gleichgesetzt wird, die eben von der Soziologie erklärt werden (1973: 164-6). Zu Durkheims Pädagogik vgl. auch Lukes 1973: 109-36.
95 Zum »Interventionismus« von Durkheims Soziologie vgl. Hall 1987: 199-210.
96 Vgl. zur Rolle Durkheims in der Dreyfus-Affäre Lukes 1973: 347-9 und Gilcher-Holtey 1997: 65f.

74

schnell auf die Verteidigung allgemeiner Menschenrechte.[97] Diese rhetorische Strategie der Generalisierung der politischen Kontroverse verfolgt auch Durkheim in seinem Aufsatz, wenn er den Fall Dreyfus zum Anlaß einer grundsätzlichen Verteidigung des modernen Individualismus nimmt. Gegen die reaktionäre Pauschalkritik am Individualismus verteidigt Durkheim nämlich die Position der Dreyfusards durch die scharfe Unterscheidung des von ihm selbst sowohl metatheoretisch als auch für seine praktischen Konsequenzen kritisierten utilitaristischen oder egoistischen Individualismus von einem »moralischen Individualismus«, der den Moralphilosophien Kants und Rousseaus und dem politischen Liberalismus zugrundeliege und in der Menschenrechtserklärung von 1789 formelhaft fixiert worden sei. Sein Gehalt bestehe in der Sakralisierung der menschlichen Person und ihrer Rechte, und die modernen politischen Institutionen habe er bereits in Ansätzen durchdrungen (1976: 55-8). Die Kritik der Intellektuellen an der Verurteilung des jüdischen Hauptmanns Dreyfus dürfe daher nicht als Parteinahme für partikulare Interessen, sondern müsse als Versuch verstanden werden, das die Integration moderner Gesellschaften sichernde Wertesystem des universalistischen Individualismus als positives Recht einzuklagen:

»Die Religion des Individuums kann sich also nicht widerstandslos verhöhnen lassen, sonst wird ihre Glaubwürdigkeit zerstört; und da sie das einzige Band ist, das uns miteinander verbindet, kann solch eine Schwäche nicht ohne eine beginnende soziale Auflösung vonstatten gehen. So verteidigt der Individualist, der Interessen des Individuums verteidigt, zugleich die vitalen Interessen der Gesellschaft; denn er verhindert, daß man sträflich die letzte Reserve von Ideen und Gefühlen verarmen läßt, die die eigentliche Sache der Nation sind.« (1986a: 65)

(b) Begreift Durkheim die intellektuelle Verteidigung der individuellen Freiheitsrechte als ein nationales Projekt, so ist damit bereits Durkheims politische Position bezüglich der durch den sozialistischen Internationalismus aufgeworfenen Frage nach der Legitimität nationalstaatlicher Solidarität angedeutet: Sollen vor dem Hintergrund des universalistischen Individualismus nicht kosmopolitische an die Stelle patriotischer Bindungen treten?[98] Durkheims Ant-

---

97   In Art. 1 ihres Status gründet sich die *Ligue des droits de l'homme* auf »die Prinzipien der Freiheit, der Gleichheit, der Brüderlichkeit und der Gerechtigkeit, wie sie in der Erklärung der Menschenrechte von 1789 verkündet wurden« (zit. nach Naquet 1994: 165, Üb. M.K.). Zu den universalistischen Prinzipien der *Ligue* vgl. auch Rebérioux 1994.
98   Vgl. im folgenden die *Physique* (1991: 106-10) sowie den Diskussionbeitrag *Pacifisme et patriotisme* von 1907 (1970: 293-300).

wort ergibt sich unmittelbar aus seiner Staatstheorie. Da oberhalb der Ebene der Nationalstaaten noch keine organisierten Gesellschaften zu erkennen seien, müsse die generalisierte »Menschheitsmoral«, die tatsächlich an der Spitze der Hierarchie moralischer Pflichten stehe, in den Institutionen nationalstaatlich verfaßter Gesellschaften realisiert werden. Ganz auf der Linie von Kants Verhältnisbestimmung von Staatsrecht und Weltbürgerrecht (AA VI: 311-55), formuliert Durkheim:

»Wenn der Staat kein anderes Ziel hat, als seine Bürger zu Menschen im vollsten Sinn des Wortes zu machen, dann werden die staatsbürgerlichen Pflichten nur noch einen Sonderfall der allgemeinmenschlichen Pflichten darstellen [...] Die Lösung der Antinomie liegt also darin, daß der Patriotismus zu einem untergeordneten Bestandteil des Kosmopolitismus wird.« (1991: 109)

Mit derselben im universalistischen Individualismus verankerten Konzeption des demokratischen Staates kritisiert Durkheim schließlich den vormodernen Patriotismus der deutschen Mentalität, den er als Ursache für den Ausbruch des Ersten Weltkriegs betrachtet. Als dessen exemplarisches Beispiel analysiert er die Staatstheorie von Heinrich von Treitschke, die den Gedanken einer völkerrechtlichen, menschenrechtlichen und demokratischen Selbstbeschränkung des Staates zugunsten einer reinen Machtpolitik explizit verworfen habe (1995: 249-82). Entsprechend engagiert verteidigt Durkheim daher während des Krieges durch Pamphlete und seine Analysen der Kriegsursachen die französische Tradition eines demokratischen Patriotismus, der sich für kosmopolitische Orientierung jedenfalls nicht prinzipiell verschließt.[99]

Bezüge zum modernen Menschenrechtsdiskurs lassen sich bei Durkheim auf der metatheoretischen, empirischen und theoretischen Ebene seiner Soziologie in vielerlei Hinsicht feststellen. Indem Durkheim sich im Rahmen seiner metatheoretischen Begründung der Soziologie als rigoroser Skeptiker gegenüber vernunft- und naturrechtlichen Begründungsdiskursen erweist, vermag er in seiner empirischen Analyse der modernen Gesellschaft die Prinzipien des Menschenrechtsethos und deren Institutionalisierung in säkularen, demokratisch verfaßten und kosmopolitisch orientierten Nationalstaaten zum Objekt soziologischer Beobachtung zu machen. Die in seiner empirischen Analyse

---

99 Zu Durkheims tendenziell optimistischer und idealistischer Einschätzung der Kriegsereignisse vgl. Lukes 1973: 547-59.

enthaltene normative Bewertung von Krisenerscheinungen der Moderne zwingt ihn hingegen zur Rekonstruktion der kantianischen Philosophietradition, und zwar in einer Weise, daß in der Theoriebildung, insbesondere in ihrer (versteckt) handlungstheoretischen Orientierung, die Bezugnahme auf die mit den Menschenrechte verbundenen Werte aufgehoben wird. Die praktisch-politische Verteidigung des universalistischen Individualismus ist schließlich nur die logische Konsequenz dieser soziologischen Theorie. Durkheims Soziologie stellt in dieser Hinsicht eine reflexive Wendung des modernen Menschenrechtsdiskurses dar. Sie betont die Kontingenz der dort entfalteten universalistischen Normen, bewahrt aber deren normativen Gehalt, indem sie den durch die Französische Revolution konstituierten Erwartungshorizont der Moderne vor dem Hintergrund des eigenen historischen Erfahrungsraums neu zu artikulieren versucht. Die Menschenrechten erscheinen hier als die letzten konsensfähigen Werte der modernen Gesellschaft, denen durch soziologische Aufklärung zu ihrer weiteren Institutionalisierung verholfen werden kann.

3. Webers historische Soziologie der Menschenrechte

In seiner Begründung der Soziologie als Moralwissenschaft hat Emile Durkheim den Anspruch erhoben, die Integrationsprobleme moderner Gesellschaften theoretisch und praktisch lösen zu können, indem er die universalistischen Werte der Französischen Revolution einer rationalen – und das hieß für ihn: soziologischen – Reflexion unterzog. Wie aber stellt sich Durkheims Kult des Individuums, jenes gemeinschaftlich geteilte und affektiv abgestützte Wertesystem der Moderne aus der Perspektive desjenigen historischen Kontextes dar, den Durkheim als vormodern und pathologisch charakterisierte und von dessen Wissenschaftskultur er doch so viele Anregungen erhalten hatte, wie stellt er sich aus dem Blickwinkel des deutschen Kaiserreiches dar?

Im Werk Max Webers begegnet man einer ambivalenten, um nicht zu sagen skeptischen Einschätzung des integrativen Potentials jener Werte von Freiheit, Gleichheit und Solidarität. Anders als Durkheim formuliert Weber seine Zeitdiagnose schließlich vor dem Hintergrund der historischen Erfahrung einer gescheiterten bürgerlichen Revolution (1848) und einer obrigkeitsstaatlichen nationalen Einigung (1871). Hinter seiner gelegentlich durchscheinenden Skepsis gegenüber der Geltungschance solcher »extrem rationalistische[n] Fanatismen ('Menschenrechte')« (WG: 2) stehen vor allem aber die Demokratisierungs- und Liberalisierungsdefizite der Wilhelminischen Ära. Doch so sehr er auch dem integrativen Potential der Menschenrechte mißtraut, weiß er sich ihnen in anderer Hinsicht verpflichtet, wenn er seine praktisch-politischen Stellungnahmen am Wert der individuellen Freiheit orientiert. Webers Verpflichtung gegenüber individuellen Freiheitsrechten entspricht seine zentrale Problemstellung, die Frage nach der Handlungsfreiheit des Menschen, so daß sich auch seine Soziologie auf der metatheoretischen, empirischen und theoretischen Ebene sinnvoll auf ihren Bezug zu den Menschenrechten hin befragen läßt.

In der umfangreichen Weberforschung hat die Menschenrechtsthematik meist nur implizit Beachtung gefunden. In der politik- und geschichtswissenschaftlichen Rezeption der politischen Schriften etwa hat man Webers ambivalente Haltung gegenüber den Menschenrechten zwar oftmals kritisch bemerkt, sie aber primär mit Blick auf seine politischen Überzeugungen und nur sekundär in soziologisch-systematischer Hinsicht diskutiert (Mommsen 1959: 388, 400; Beetham 1985: 37, 55). In der philosophischen Rezeption hingegen ist der Menschenrechtsthematik, insbesondere Webers Haltung zum Naturrecht, hauptsächlich mit Bezug auf epistemologische und methodologische Probleme, kaum aber unter Einbeziehung von Webers historisch-soziologischer Analye der Genese von Demokratie und Menschenrechten nachgegangen worden (v.a. Strauss 1956: 37-123). Und gemessen an den Debatten um Webers Protestantismus-Kapitalismus-These, seine Bürokratisierungs- und Rationalisierungstheorie sind auch in der soziologischen Rezeption die Arbeiten zu dieser Thematik insgesamt eher marginal gewesen (Ouédraogo 1996: 25-32; vgl. jetzt aber Joas 2000). Eine Ausnahme stellt dabei die Arbeit von Winfried Brugger (1980) dar, in der das Verhältnis von Webers Soziologie zum Begründungsdiskurs der Menschenrechte, insbesondere zu Kants Moral- und Rechtsphilosophie, ausführlich analysiert wird, allerdings v.a. mit Blick auf die juristische Fachdiskussion.[100] Die folgenden Ausführungen schließen an diese Analyse an, versuchen aber, unter stärkerer Berücksichtigung von Webers zentraler soziologischer Problemstellung, der Frage nach den Chancen individueller Handlungsfreiheit unter den Bedingungen rationalisierter sozialer Ordnungen, v.a. von bürokratischer Herrschaft und Kapitalismus, das Argument zu entwickeln, daß auch Webers historische Soziologie als reflexive Wendung des modernen Menschenrechtsdiskurs interpretiert werden kann.[101]

---

100 In eine andere Richtung zielt die Arbeit von Martin Hecht (1998), der Webers »Freiheitslehre« in der Tradition von Jean-Jacques Rousseau und Alexis de Tocqueville stehend sehen will. Im folgenden wird allerdings nicht diesen, sondern eher den kantianischen Bezügen von Webers Soziologie nachgegangen. Gerade in den wissenschaftstheoretischen Schriften, in denen Weber das Verhältnis von Soziologie und normativer Theorie bestimmt, sind diese nämlich m.E. maßgeblicher als die republikanische Tradition der politischen Philosophie.

101 In der Weberforschung finden sich sehr unterschiedliche Explikationen dieser zentralen Problemstellung, doch die Bedeutung, die den Konzepten der »Persönlichkeit« und der »ethischen Lebensführung« zugemessen wird, ist wohl neben der Rationalisierungsthematik

Um der Transparenz des systematischen Arguments willen werde ich im folgenden die Diskussion werkgeschichtlicher Probleme, die meine Interpretation durchaus berücksichtigt, weitgehend ausklammern.[102] Wichtig für die angemessene Interpretation des Bezugs von Webers Soziologie zu den Menschenrechten ist indessen die Berücksichtigung seines intellektuellen Milieus, insbesondere der Arbeiten von Georg Jellinek und Ernst Troeltsch. Strukturiert wird die folgende Darstellung allerdings wieder durch die eingangs eingeführte methodische Unterscheidung soziologischer Diskursebenen. Zunächst werde ich also auf der metatheoretischen Ebene Webers epistemologische und methodologische Argumente klären, die in der Konstitution einer »verstehenden Soziologie« als wissenschaftlicher Disziplin resultieren (3.1.). In einem zweiten Schritt soll Webers empirische Analyse der kulturellen und strukturellen Merkmale des »okzidentalen Rationalismus« auf ihre teils implizite, teils explizite Erklärung von Inhalt, Genese und Funktion der Idee der Menschenrechte und deren Positivierung hin überprüft werden (3.2.). Auf der

---

eine Grundlinie der jüngeren Weber-Interpretation. Sehr pointiert hat Wilhelm Hennis als Fragestellung Webers die »Entwicklung des Menschentums« und als Leitthema seines Gesamtwerkes »die Persönlichkeit und die Lebensordnungen« bestimmt (Hennis 1987). Auch in den Interpretationsversuchen, die eher Webers Interesse an Prozessen der Rationalisierung berücksichtigen, stellt die Frage nach der »ethischen Lebensführung« oder der »Persönlichkeit« eine Leitperspektive dar (vgl. z.B. Schluchter 1988 I:17; Albrow 1990: 139). Zur Bedeutung des Begriffs der »Persönlichkeits« für Webers Methodologie vgl. schon Henrich 1952. Zur Kontextualisierung dieser Fragestellung in der auf »Innerlichkeit« gegründeten Weltsicht, die für die deutsche Geisteswissenschaft charakteristisch war vgl. Stauth 1993: v.a. 43ff. und 158ff.

102 Daß die in der Sekundärliteratur oft anzutreffende Periodisierung und Sektorialisierung Webers eine bloß selektive Wahrnehmung seines Werkes provoziert, hat Dirk Kaesler nachdrücklich betont (Kaesler 1995: 260-1). Damit soll die Notwendigkeit werkgeschichtlicher Analysen keineswegs in Frage gestellt werden. Die von Tenbruck angestoßene Diskussion um die Deutung der *Einleitung* und der *Zwischenbemerkung* als »Spätsoziologie« von Weber hat das Verständnis sowohl von *Wirtschaft und Gesellschaft* (WG) als auch der *Wirtschaftsethik der Weltreligionen* (WEWR) durchaus befördert; vgl. Tenbruck 1975, dazu kritisch Schluchter 1978; Riesebrodt 1980; Schluchter 1988 II: 557-89. Angesichts der Kontinuität seiner Fragestellung und seiner Themen scheint es allerdings angemessener zu sein, lediglich von »Arbeitsphasen« in Webers Werk zu sprechen, die nicht mit grundlegenden theoretischen Umorientierungen verbunden sind. Drei solcher Arbeitsphasen lassen sich m.E. sinnvoll unterscheiden: Eine frühe Arbeitsphase, die um die Jahrhundertwende weniger durch Webers Krankheit abrupt beendet als vielmehr aufgrund seiner Beeinflussung durch Heinrich Rickerts Wertphilosophie, seiner Amerika-Reise und der Entdeckung der »Rationalitäts«-Problematik von einer zweiten Arbeitsphase abgelöst wird. Die dritte Arbeitsphase zeichnet sich demgegenüber dadurch aus, daß Weber sein eigenes Forschungsprogramm seit dem *Kategorien*-Aufsatz [1913] als »Soziologie« entwirft und mit der WEWR (und WG) in interzivilisatorischer Perspektive systematisch durchzuführen beginnt; vgl. ähnlich Schluchter 1988 I: 40, 102.

Ebene theoretischer Begriffsbildung ist daran anschließend zu untersuchen, inwieweit Weber, wenn er die ordnungstheoretischen Konzepte kultureller Wertsphären und sozialer Lebensordnungen handlungstheoretisch herleitet, an Ideen anschließt, die dem Diskurs der Menschenrechte entstammen (3.3.). Die Ambivalenz, mit der Weber insgesamt die universalistischen Ideen des modernen Menschenrechtsdiskurses in seiner Soziologie aufgreift, läßt sich abschließend auch an seinen praktisch-politischen Stellungnahmen nachweisen (3.4.).

3.1. Soziologie als Kulturwissenschaft: Metatheoretische Grundlagen

Während Durkheim die zentrale Problemstellung der Soziologie ausgehend von der (praktischen) Frage nach der Möglichkeit sozialer Ordnung formuliert hat, ist Webers Grundfrage eher: 'Wie ist individuelles Handeln möglich?'

Die zentrale Problemstellung, die seine empirische Analyse des »okzidentalen Rationalismus« sowie seine darauf zugeschnittene Theoriebildung anleitet – die Abschätzung von Chancen individueller Handlungsfreiheit in sozialen Ordnungen –, entstammt aber dem Versuch der praktischen Bewältigung einer gesellschaftlichen Krise. Mit der nationalen Einigung nach dem Sieg über Frankreich hatten im deutschen Kaiserreich Prozesse rapider Industrialisierung und Urbanisierung eingesetzt und die soziale Frage verschärft, in der Weber insofern eine »nationale Frage« sah, als die Konsolidierung nationaler Einheit nun auch der politischen Einbeziehung der Arbeiterschaft zu bedürfen schien. Anders als Durkheim interpretierte Weber diese Probleme jedoch nicht primär als moralische Krise, sondern als Krise der Politik. Deren Kern – so der Tenor seiner stark nationalistisch gefärbten Freiburger Antrittsrede [1895] – sei die mangelnde national-politische Führungsqualifikation des deutschen Bürgertums (vgl. GPS: 20-5).

Die tiefere Ursache für die politische Krise des Bürgertums, dessen kulturellem Selbstverständnis Weber sich verpflichtet wußte, lag seiner Ansicht nach in einer Krise der Kultur.[103] In religiöser, moralischer und wissenschaftlicher Hinsicht stellte dieses Krisenbewußtsein die historische Erfahrung dar, die er mit Hilfe der Soziologie als einer »Kulturwissenschaft« zu bewältigen versuchte. Der Protestantismus als die prägende religiöse Tradition des deutschen Bildungsbürgertums, die in ihrer puritanischen Variante der biographische und geistesgeschichtliche Hintergrund für Webers Konzept der »Persönlichkeit« war, aber auch die ethische Rationalisierung des Persönlichkeitsideals in Kants Vernunftethik schienen ihre kulturelle Plausibilität verloren zu haben. Nicht nur sahen große Teile des Bürgertums die eigenen religiösen und ethischen Werte durch den Sozialismus einer externen, politischen Kritik ausgesetzt, sondern vor allem war ihnen durch Friedrich Nietzsche deren intellektuelle Begründbarkeit fraglich geworden. Diese innere Krise der bürgerlichen Kultur begreifen zu wollen, führte Weber zur Abkehr von ethischen Begründungsdiskursen zugunsten einer historisch-empirischen Wendung von Nietzsches Radikalkritik der Religion und der Philosophie, d.h. zugunsten einer kulturwissenschaftlichen Genealogie des protestantisch-kantianischen Vernunft- und Freiheitsprinzips sowie dessen paradoxer Konsequenzen in der Moderne. Den wissenschaftlichen Diskurs prägten indes die Kontroversen um die römische und germanische Schule in der Rechtswissenschaft, der Methodenstreit in der Nationalökonomie und die neukantianische Kritik des Hegelianismus in der Philosophie und Geschichtswissenschaft. In ihrem Kontext mußte Weber daher seine Konzeption der Soziologie als einer Kulturwissenschaft positionieren.[104]

---

103 Insgesamt steht Weber unter dem Einfluß der »Kultur«-Semantik, mit der das deutsche Bürgertum gegenüber dem fortschrittsoptimistischen Begriff der »Zivilisation«, wie er für den französischen Diskurs charakteristisch ist, das Selbstbewußtsein einer politisch nicht geeinten Nation hatte zum Ausdruck bringen wollen; vgl. klassisch dazu Elias 1976 I: 1-42 und zum Zusammenhang der Fixierung des deutschen Diskurses auf »Kultur« mit der Entstehung der »Kulturwissenschaften« Firsching 1994: 188-96.

104 Für eine detaillierte Aufarbeitung der Bezüge von Webers Soziologie zum Protestantismus, zu Kant, Nietzsche (und Goethe) vgl. die Analyse bei Albrow 1990: 11-94. Die Bedeutung des religiösen Hintergrunds für das Verständnis der frühen deutschen Soziologie insgesamt ist insbesondere von Harry Liebersohn betont worden, der die Interpretation der Moderne als »Gesellschaft« (im Tönniesschen Gegensatz zu »Gemeinschaft«) als unpersönliche und fragmentierte Ordnung, die dem Optimismus von Comte, Spencer und Durkheim konträr entgegensteht, aus der Wahrnehmung eines Verlusts der Religion herleitet (Liebersohn 1988: 1-10, 80-95; vgl. auch Gebhardt 1994). Die Bedeutung von Friedrich Nietzsches Radikalkritik des Christentums und seiner Vernunftethik für Webers Soziologie ist erstmals von Eugène Fleischmann (1964) herausgestellt worden und kann bei der Interpretation von Weber nicht mehr vernachlässigt werden; vgl. auch Hennis 1987: 167-91; kritisch zu Fleischmann vgl. Mommsen 1972. Webers Soziologie als Ganze dem Geist Nietzsches zu

Der Kontext dieses politischen und kulturellen Krisenbewußtseins gab Weber die thematischen Bezüge vor, aus deren wissenschaftlicher Reflexion sich allmählich sein Konzept einer »verstehenden Soziologie« als kulturwissenschaftlicher Analyse menschlichen Handelns herauskristallisierte. Ein Durchgang durch die epistemologische Voraussetzungen dieses Konzepts (3.1.1.), seine methodologischen Grundlagen (3.1.2.) und seine handlungstheoretische Durchführung (3.1.3.) zeigt, daß in Webers Soziologie das kantianische Freiheits- und Vernunftprinzip und mithin eine zentrale Idee des modernen Menschenrechtsdiskurses methodologisiert und historisiert wird.[105]

3.1.1. Epistemologie der Kulturwissenschaften

In seiner Begründung der Soziologie als wissenschaftlicher Disziplin hatte Durkheim noch auf die Plausibilität eines rationalistischen bzw. positivistischen Wissenschaftskonzepts vertrauen können, das im deutschsprachigen Wissenschaftsdiskurs mit der Unterscheidung nomothetisch verfahrender Naturwissenschaften und idiographisch verfahrender Geisteswissenschaften bereits obsolet geworden war. Auch Weber setzte diese Unterscheidung, die schon in der frühen historischen Schule entwickelt und von Wilhelm Dilthey wissenschaftstheoretisch begründet worden war, in seinen methodologischen Schriften allgemein voraus (WL: 3-7, 44, pass.). War Dilthey jedoch soweit gegangen, historische Erkenntnis aufgrund ihrer spezifischen Methode des nacherlebenden Verstehens einer Art »Kunstlehre« anzunähern, versuchten neukantianische Philosophen wie Wilhelm Windelband und Heinrich Rickert den logisch-begrifflichen Charakter auch der geistes- oder kulturwissenschaftlichen Erkenntnis nachzuweisen, ohne dabei deren Gegenstand naturalistisch zu verkürzen. Es ist vor allem Rickerts Logik der Kulturwissenschaften gewe-

---

unterwerfen (so tendentiell Stauth und Turner 1986 und Schroeder 1987), vernachlässigt indessen deren unverkennbar (Neu-)Kantianischen Bezüge; vgl. ähnlich Schluchter 1988 I: 201 Fn.57, 211 Fn. 77. Zur »Krise« und den Kontroversen der wissenschaftlichen Fachdisziplinen vgl. u.a. Schluchter 1988 I: 25-40. Zum allgemeinen Entstehungskontext der deutschern Soziologie vgl. Kaesler 1984.

105 Allgemeine Verweise auf Webers Schriften beziehen sich im folgenden auf die noch immer gebräuchlichen Ausgaben, wörtlichen Zitaten hingegen liegt, wo möglich, die textkritisch edierte Max-Weber-Gesamtausgabe (MWGA) zu Grunde.

sen, an der sich Weber in seiner epistemologischen und wissenschaftstheoretischen Grundposition ab seiner zweiten Arbeitsphase orientiert hat.[106]

In epistemologischer Hinsicht folgt Weber Rickert in der Überlegung, daß jegliche Form wissenschaftlicher Erkenntnis der Wirklichkeit durch Begriffe vermittelt sei. Da die Wirklichkeit aufgrund ihrer »extensiven« und »intensiven Mannigfaltigkeit« nämlich prinzipiell irrational bzw. chaotisch sei, erfordere jegliche Erkenntnis die Verarbeitung des Anschaulichen gemäß eines Prinzips vereinfachender Selektion. Wissenschaftliche Erkenntnis im besonderen, die für ihre Urteile Gültigkeit, d.h. intersubjektive Überprüfbarkeit beansprucht, konstituiert sich dabei durch eine »denkende Ordnung« der Wirklichkeit gemäß kontrollierter Begriffsbildung und Begriffsanwendung (vgl. WL: 156, 209). Sofern also das Kriterium für die Gültigkeit sowohl natur- als auch kulturwissenschaftlicher Tatsachenurteile der Wert der Wahrheit ist (vgl. WL: 184, 213),[107] handelt es sich bei beiden gleichermaßen um »Wirklichkeits-« bzw. »Erfahrungswissenschaften« (WL: 170, 192). Die wissenschaftstheoretische Unterscheidung von Natur- und Kulturwissenschaften liegt daher für Weber im Anschluß an Rickert nicht auf der Ebene der logischen Relation von Begriff und Wirklichkeit, sondern auf der Ebene wissenschaftlicher Erkenntnisziele: Während die Naturwissenschaften die Erkenntnis des Generellen anstreben, zielen die Kulturwissenschaften auf die Erkenntnis des Singulären, und entsprechend intendiert die Begriffsbildung der Kulturwissenschaften nicht die Aufstellung generalisierender Gesetze, sondern die Formulierung singularisierender Begriffe, der sogenannten »historischen Individuen«.

Offenkundig ist durch diese epistemologischen und wissenschaftstheoretischen Voraussetzungen bereits die Möglichkeit einer Konstitution der Soziologie als einer »allgemeinen Sozialwissenschaft« oder einer »'Gesellschafts-

---

106 Vgl. WL: 237, 511, pass. Schon Webers Zeitgenossen haben seine Nähe zum (südwestdeutschen) Neukantianismus gesehen; so z.B. Ernst Troeltsch (1963: 44), und in der Weber-Interpretation ist sie immer wieder hervorgehoben worden; so betont Wolfgang Schluchter die Bedeutung der Rezeption der neukantianischen Philosophie für Webers »Durchbruch« zu seiner zweiten Arbeitsphase nach 1902; vgl. Schluchter 1988 I: 40-52. Eine detaillierte und kritische Interpretation von Rickerts Wissenschaftstheorie als Hintergrund von Webers Soziologie findet sich bei Wagner, G. 1987, v.a. 108-154 und Oakes 1994.

107 Mit dem Bezug auf den Wert der »Wahrheit« ist die Annahme einer allgemeinen »Wertbeziehung« jeglicher wissenschaftlicher Erkenntnis angesprochen, die m.E. von der spezifischen »Wertbeziehung« kulturwissenschaftlichen Erkennens bei Rickert wie bei Weber zu unterscheiden ist.

theorie' auf 'naturwissenschaftlicher' Grundlage« ausgeschlossen.[108] Wenn sich »Gesellschaft« also nicht als eine quasi-natürliche Entität begreifen läßt, was sind dann Gegenstand und Methode der Soziologie als einer Kulturwissenschaft?

3.1.2. Historisierung und Methodologisierung des Menschenrechtsdiskurses

Für Weber ist der Gegenstand der Kulturwissenschaften allgemein und der Soziologie im besonderen das menschliche Handeln.[109] Schon wenn Weber im *Grundriss zu den Vorlesungen über Allgemeine (»theoretische«) National-ökonomie* [1898] den Gegenstand der Nationalökonomie als »bewusste[s] planvolle[s] Verhalten zur Natur und den Menschen« (1990: 29) bezeichnet, deutet dies auf eine Grundlegung der Nationalökonomie im Handlungsbegriff hin. Den Handlungsbegriff entwickelt Weber daher in seinem Aufsatz *Ueber einige Kategorien der verstehenden Soziologie* [1913] als Kernbegriff der Soziologie (WL: 429), einer Wissenschaft, über die es schließlich in den kanonisch gewordenen *Soziologischen Grundbegriffen* von *Wirtschaft und Gesellschaft* (1921, zitiert: WG) heißt, daß sie »[...] soziales Handeln deutend verstehen und dadurch in seinem Ablauf und seinen Wirkungen ursächlich erklären will« (WG: 1). Der Gegenstand von Kulturwissenschaften ist also das menschliche Handeln, der besondere Gegenstand der Soziologie das »Gemeinschafts-« oder das »soziale Handeln«.[110]

---

108 Vgl. WL: 165, 167. Aus der Dominanz des naturwissenschaftliches Verständnisses der »Soziologie«, das Comte, Spencer, Tönnies (und Durkheim!) miteinander teilen, erklärt sich Webers frühe Abneigung gegen diesen terminus. Erst im *Kategorien*-Aufsatz geht er endgültig zu dieser Bezeichnung für sein Konzept der Kulturwissenschaft über; vgl. Schluchter 1988 I: 25-6.

109 Die Weber-Interpretation von Hennis zielt auf den Nachweis, es gehe Weber letztlich um die Analyse des »Menschentums«, also um eine Anthropologie (Hennis 1987: 35 pass.; Hennis 1996: 43-9). Damit kann er sich durchaus auf Passagen in Webers Werk stützen, in denen dieser die Nationalökonomie, bzw. die Sozialwissenschaft als »Wissenschaft vom *Menschen*« und ihr letztes Interesse als Frage nach dem »*menschlichen Typus*« bezeichnet (GPS: 13 bzw. MWGA I/4,2: 559; WL: 517). Dennoch ist diese Interpretation m.E. überpointiert; denn Weber fragt nach dem Menschen ja nur insoweit als er in seiner Eigenschaft als (rational) Handelnder (rational) verstanden werden kann. Gewiß: »[...] hinter der 'Handlung' steht: der Mensch« (WL: 530). Der aber offenbart sich nur in der Handlung.

110 WL: 429, 441f.; WG: 11f. Zwischen dem *Kategorien*-Aufsatz und den *Grundbegriffen* bestehen lediglich terminologische, kaum aber inhaltliche Differenzen; bei der Interpretation von Webers Soziologie ist zu beachten, daß viele Passagen von WG und der WEWR

Menschliches Verhalten in seiner Orientierung an subjektivem Sinn zum Gegenstand einer »Wirklichkeitswissenschaft« zu machen und damit die wissenschaftliche Erklärbarkeit sinnbezogenen Handelns zu unterstellen, setzt nun eine Reihe methodologischer Annahmen voraus, die Weber in kritischer Auseinandersetzung mit den Fachkontroversen seiner Zeit entwickelt. Zu diesen Annahmen, die v.a. die Grenzen kulturwissenschaftlicher Erkenntnis markieren, gehören erstens die »Wertfreiheit« kulturwissenschaftlicher Erkenntnis (a), zweitens ihre Verankerung in einer spezifischen »Wertbeziehung« (b) und drittens der »Idealtypus« als begriffstheoretische Grundlage für »deutendes Verstehen« (c).

(a) Die epistemologische Position, daß wissenschaftliche Erkenntnis durch eine allgemeine »Wertbeziehung« konstituiert sei und dabei die Geltung des theoretischen Wertes der Wahrheit voraussetze, impliziert notwendigerweise die kategoriale Unterscheidung von »Werten« und »Tatsachen«, auf der Webers Postulat der »Wertfreiheit« der kulturwissenschaftlichen Erkenntnis basiert. In seinem Aufsatz *Der Sinn der 'Wertfreiheit' der soziologischen und ökonomischen Wissenschaften* [1917] macht Weber unmißverständlich deutlich, daß es ihm mit diesem Postulat zunächst um nichts anderes geht als um die Annahme einer logischen Unterscheidung zwischen der »praktischen Wertung« sozialer Tatsachen (»Werturteilen«) und ihrer »empirischen Feststellung« (»Tatsachenurteilen«).[111] Diese Annahme der logischen Heterogenität normativer und empirischer Betrachtungsweisen historischer Wirklichkeit, die er schon in seiner ersten Arbeitsphase betont, ist für Weber ein grundlegendes Moment des methodologischen Selbstverständnisses der Kulturwissen-

---

noch in der Terminologie des *Kategorien*-Aufsatzes (z.B. »Gemeinschaftshandeln« statt »sozialem Handeln«) und nicht in der Terminologie der *Grundbegriffe* verfaßt sind.

111 WL: 499-501; vgl. auch 160, 381. In der Rezeptionsgeschichte ist der *Wertfreiheits*-Aufsatz oftmals positivistisch mißverstanden worden. Dabei handelt es sich dort doch lediglich um die »[...] höchst triviale Forderung: daß der Forscher und Darsteller die Feststellung empirischer Tatsachen [...] und *seine* praktisch wertende, d.h. diese Tatsachen [...] als erfreulich oder unerfreulich *beurteilende*, in diesem Sinn: 'bewertende' Stellungnahme unbedingt *auseinanderhalten* solle, weil es sich da nun einmal um heterogene Probleme handelt.« (WL: 500). Einem angemessenen Verständnis von Webers Wertfreiheitspostulats widmen sich die soziologiegeschichtlichen Interpretationen, in denen neben seinem philosophischen und fachwissenschaftlichen auch sein organisatorischer Kontext, nämlich die Kontroversen im »Verein für Sozialpolitik« sowie in der »Deutschen Gesellschaft für Soziologie« (Liebersohn 1988: 109-20; Kaesler 1995: 239-43) und schließlich auf den Hochschullehrertagen (Hennis 1996: 132-44), herausgearbeitet worden sind.

schaften und unterscheidet sie sowohl von der praktisch orientierten Nationalökonomie als auch von der dogmatisch orientierten Jurisprudenz.

Im Rahmen des Methodenstreits der Nationalökonomie[112] kritisiert Weber
sowohl die historische als auch die theoretische Schule genau an den Punkten,
wo beide die Erkenntnis ökonomischer Tatsachen mit ihrer praktischen Beurteilung verwechseln. Daß für die Nationalökonomie das Verhältnis von Praxis
und Empirie überhaupt problematisch ist, erklärt Weber damit, daß sie zunächst aus praktischen Fragen, insbesondere aus dem Kontext der »[...] naturrechtlichen und rationalistischen Weltanschauung des achtzehnten Jahrhunderts [...] mit ihrem optimistischen Glauben an die theoretische und praktische
Rationalisierbarkeit des Wirklichen« (WL: 185, vgl. auch 148) entstanden sei.
Die theoretische Schule steht für ihn letztlich in dieser naturrechtlichen Traditionslinie, sofern ihr Ziel die Abbildung einer universalen, »natürlichen«
Wirklichkeit sei, die gegenüber der ökonomischen Empirie nur als Sollen bzw.
als ein Ideal verstanden werden könne. Für ihren implizit normativen Charakter kritisiert Weber daher alle »reinen Theorien«, wie z.B. auch die der Frei-
handelsschule (WL: 536).

Wenngleich Weber den »nachhaltigen Einfluß« der historischen Schule
anerkennt (WL: 208, 217), die u.a. den Abbruch der naturrechtlichen Tradition ökonomischer Theoriebildung bedeutet hat (WL: 385; WG: 502), sieht er
selbst sie noch normativen Wissenschaftskonzeptionen verhaftet. So weist er
in *Roscher und Knies und die logischen Probleme der historischen Nationalökonomie* [1903-06] nach, daß durch den Gedanken einer stufenförmigen
Entwicklung der Ökonomie, wie er z.B. in der älteren historischen Schule von
Wilhelm Roscher vertreten wurde, zwar die naturrechtliche Annahme universal gültiger Normen aufgegeben worden sei, daß diesem Gedanken aber noch
eine metaphysische, genauer eine hegelianische Teleologie innewohne, die ein
Werturteil über historische Prozesse impliziere (WL: 37-9). In ähnlicher Weise kritisiert er normative Handlungsbegriffe, so z.B. Gustav Karl Knies'
Überlegung, individuelles Handeln könne nur dann als kausal relevant begriffen werden, wenn es irrational bzw. im Sinne von Wundt »schöpferisch« sei

---

112 Insgesamt läßt sich sagen, daß Weber im Methodenstreit eine vermittelnde Position zwi-
schen der jüngeren historischen Schule (Schmoller) und der theoretischen Richtung (Carl
Menger) sowie zwischen der objektiven und der subjektiven Wertlehre einnimmt; vgl. dazu
Schluchter 1988 I: 26-38 und Kaesler 1995: 237-9 sowie zur Einordnung von Weber in die
allgemeine Diskussion zwischen politischer Ökonomie und Sozialwissenschaften Wagner,
P. 1990: 143-7.

(WL: 49; vgl. auch 225-6). Wenn auf einer solchen begrifflichen Grundlage Kulturentwicklung als »Fortschritt« bzw. als »schöpferische Synthese« interpretiert werde, so sei damit wiederum ein Werturteil über historische Wirklichkeit gefällt (WL: 61-3; vgl. auch 518-30). Im *Wertfreiheits*-Aufsatz schließlich macht er dem Protagonisten der jüngeren historischen Schule, Gustav Schmoller, zum Vorwurf, daß er seine sozialpolitischen Forderungen unzulässigerweise aus der wissenschaftlichen Analyse von sittlichen Konventionen habe ableiten wollen. Daß Werte, Normen und Konventionen ein zentraler Gegenstand kulturwissenschaftlicher Analyse sind, gesteht Weber ihm vorbehaltlos zu; da jegliches Handeln an subjektivem Sinn orientiert sei, sei gerade die verstehende Erklärung religiöser und ethischer Werte von zentraler Bedeutung. Um so vehementer bestreitet Weber aber, daß »[...] eine 'realistische' Wissenschaft vom Ethischen [...] ihrerseits eine 'Ethik' ergebe, welche jemals über das Geltensollende etwas aussagen könne.« (WL: 502; vgl. auch 149).

Die logische Unterscheidung zwischen normativen und wissenschaftlichen Aussagen ist auch für das Verhältnis von Webers »Wirklichkeitswissenschaften« zur Rechtsdogmatik als einer »normativen Disziplin« kennzeichnend. In *R. Stammlers 'Überwindung' der materialistischen Geschichtsauffassung* [1907] zeigt er z.B., daß Rudolf Stammler in seiner Annahme, das »soziale Leben« sei »geregelt«, die kategoriale Unterscheidung zwischen einem juristischen und einem kulturwissenschaftlichen Begriff der Regel verwische. Eine Regel im juristischen Sinn enthalte nämlich eine Norm, die für das Handeln gelten soll, eine Regel im »kulturtheoretischen« Sinn sei hingegen eine Aussage über die tatsächliche Regelmäßigkeit sozialen Handelns. Eine kulturtheoretische und mithin eine soziologische Analyse von Rechtsnormen könne sich daher nur auf die »Chance« ihres »empirischen 'Geltens'« nicht aber auf ihren »normativen Sinn«, den Gegenstand der Rechtsdogmatik, erstrecken.[113] Wiederum ist damit nicht gemeint, daß juridischen Normen in Webers Soziologie eine untergeordnete Rolle zukäme – im Gegenteil, die Untersuchung von

---

113 WL: 322-59; WG: 181. In der kategorialen Unterscheidung von sozialwissenschaftlicher und rechtsdogmatischer Betrachtung eines Rechtssatzes, die Weber z.B. auf dem Ersten Deutschen Soziologentag 1910 in seiner Replik auf den Juristen Hermann Kantorowicz zu *Rechtswissenschaft und Soziologie* (SSP: 476-83) betont, folgt er dem Verfassungsrechtler Georg Jellinek, auf dessen Arbeiten zur Genese der Menschenrechte noch einzugehen sein wird; vgl. hier bereits seine *Allgemeine Staatslehre* von 1900 (Jellinek 1914: 19-21, 50-2) und zu deren Verhältnis zu Webers Soziologie Breuer 1999.

Rechtsordnungen stellt einen wesentlichen Kern seiner empirischen Analyse des normativen Gehalts der Moderne dar.[114] Doch in der kulturwissenschaftlichen Perspektive der Soziologie werden juridische wie moralische Normen ihrer Gültigkeit entkleidet und zum Gegenstand einer »Wirklichkeitswissenschaft« gemacht: »Wenn das normativ Gültige Objekt empirischer Untersuchung wird, so verliert es, als Objekt, den Norm-Charakter: es wird als 'seiend', nicht als 'gültig', behandelt« (WL: 531). Nun ist die logische Heterogenität von Sein und Sollen spätestens seit David Hume Gemeingut philosophischer Reflexion. Die besondere Spitze von Webers Unterscheidung von Tatsachen und Werten bzw. von empirischen und normativen Aussagen liegt darin, daß er den letzteren ihre wissenschaftliche Begründbarkeit bestreitet, die Soziologie als Wissenschaft also von normativen Theorien kategorial unterscheidet und diese einer historisierenden Beobachtung unterwirft.[115]

(b) Mit der allgemeinen Wertbeziehung und dem aus ihr abgeleiteten Postulat der Wertfreiheit ist für Weber die Eigenart kulturwissenschaftlicher Erkenntnis jedoch nicht hinreichend bestimmt. Vielmehr folgt er Rickert in der Überlegung, daß objektive Erkenntnis in den Kulturwissenschaften noch eine spezifische Wertbeziehung voraussetzt und daß sich erst durch sie die Kulturwissenschaften von den Naturwissenschaften unterscheiden. In seinem Aufsatz *Die 'Objektivität' sozialwissenschaftlicher und sozialpolitischer Erkenntnis* [1904] führt Weber dieses Argument, ausgehend von seiner epistemologischen Grundposition, folgendermaßen aus (vgl. WL: 161-85).

Aufgrund der Mannigfaltigkeit der Realität erfordere die objektive Erkenntnis der historischen Wirklichkeit ein ordnendes Selektionsprinzip. Die »naturalistische« (und auch »naturrechtliche«; WL 172) Tradition der Kultur-

---

114 Vgl. dazu insbesondere Parsons 1965: 54 und Gephart 1993: 449-57; 484-8.

115 In seiner Kritik neuzeitlicher politischer Philosophie hat Leo Strauss neben dem Konventionalismus der historischen Schule auch Webers Wissenschaftskonzeption für den Niedergang des Naturrechts im zwanzigsten Jahrhundert mitverantwortlich gemacht. Sein Argument lautet im wesentlichen, daß mit Webers Annahme, eine wissenschaftliche, d.h. intersubjektiv gültige Erkenntnis des Sein-Sollenden sei logisch ausgeschlossen, die Möglichkeit der Lösung von Grundproblemen politischer Philosophie und damit die Möglichkeit des Naturrechts bestritten werde. Webers Postulat führe daher »mit Notwendigkeit zum Nihilismus« (Strauss 1956: 44). Dieser Weber-Kritik folgt auch Turner, der in Webers »fact-value distinction« einen systematischen Grund für die mangelnde Entwicklung einer »sociology of human rights« sieht (Turner, B. 1993a: 171-5). Diese Kritik an Webers Wertfreiheits-Postulat greift, gemessen an dessen Reflexion der praktischen Bedeutung von »Wertdiskussionen«, sicherlich zu kurz, Webers metatheoretische Distanzierung von normativen Begründungsdiskursen bringt sie aber deutlich auf den Punkt.

wissenschaften suche ein solches Prinzip in generalisierenden Gesetzen. Dabei übersehe sie erstens, daß die wissenschaftliche Erkenntnis sozialer Wirklichkeit aufgrund der historischen Eigenart ihres Gegenstandes eine singularisierende Begriffsbildung verlange. Sie übersehe zweitens, daß die Konstitution ihrer Objekte von der Einsicht in deren »Kulturbedeutung« geleitet sei. Diese lasse sich nicht deduktiv gewinnen, sondern erfordere die Beziehung empirischer Erscheinungen auf kulturelle Werte. Alle »historischen Individuen« – die Gegenstände der Kulturwissenschaften – seien damit »logisch notwendig« in »Wertideen« verankert. Das für die Kulturwissenschaften und mithin für die Soziologie angemessene Selektionsprinzip sei also die (spezifische) Wertbeziehung.[116] Bis hierher teilt Weber Rickerts Position, das Verhältnis der (spezifischen) Wertbeziehung zur »Wertung« aber stellt sich für Rickert und Weber unterschiedlich dar (vgl. dazu v.a. Henrich 1952: 20-35).

Auf die Inkohärenz der Unterscheidung von Wertbeziehung und Wertung in Rickerts Logik kulturwissenschaftlicher Erkenntnis hat Guy Oakes mit Nachdruck hingewiesen. Da die Wertbeziehung das Verständnis eines Wertes voraussetze, dieses aber nur auf der Grundlage eines praktischen Urteils, nämlich einer affirmativen oder negierenden »Stellungnahme« erreicht werden könne, beruhe die Wertbeziehung auf einem Werturteil bzw. hänge von ihm ab. Damit aber sei die Unterscheidung der Wertbeziehung von Werturteilen und mit ihr die Grundannahme von Rickerts kulturwissenschaftlicher Methodologie hinfällig (Oakes 1994: v.a. 163). Der Grund für dieses Dilemma liegt darin, daß Rickert (wie viele Vertreter des südwestdeutschen Neukantianismus) Kants Unterscheidung der »Erscheinung« und des »Ding an sich« zugunsten der reinen Bewußtseinsinhalte auflöst, damit aber den Realitätsbezug kulturwissenschaftlicher Erkenntnis nicht mehr angemessen erfassen kann. Wie Gerhard Wagner überzeugend nachgewiesen hat, sucht Rickert einen Ausweg in der Behauptung einer subjektunabhängigen Geltungssphäre von Werten, die anders als bei Kant nicht negativ, sondern positiv-material bestimmt sei (Wagner, G. 1987: 122-54). Gerade diese Behauptung einer objektiven Wertsphäre sei aber mit der Erkenntnistheorie Kants unvereinbar und

---

116 Weber wendet dieses Argument der »Wertbeziehung« im übrigen explizit gegen den historischen Materialismus, dem er weniger vorwirft, die historische Wirklichkeit auf ökonomische Faktoren reduziert, sondern vielmehr die leitenden und notwendigerweise »einseitigen« Gesichtspunkte seiner Analyse nicht als spezifische Wertideen erkannt und reflektiert zu haben (WL: 167-70).

offenbare die »eindeutig metaphysische[n] Implikationen der südwestdeutschen Wertphilosophie«.[117]

Weber lehnt in seiner Methodologie demgegenüber eine solche Deduktion erkenntnisleitender Werte aus einem metaphysischen Begriffssystem ab, und hier trennt er sich von Rickerts Wertbeziehungslehre.[118] Webers Verständnis zufolge ist nämlich die (spezifische) Wertbeziehung nicht wertmetaphyisch, sondern anthropologisch begründet, wenn er schreibt, daß die »[t]ranszendentale Voraussetzung jeder Kulturwissenschaft nicht etwa [ist], daß wir eine bestimmte oder überhaupt irgend eine 'Kultur' wertvoll finden, sondern daß wir Kulturmenschen sind, begabt mit der Fähigkeit und dem Willen, bewußt zur Welt Stellung zu nehmen und ihr einen Sinn zu verleihen«.[119]

Die Konstitution der Objekte kulturwissenschaftlicher Forschung, die von einer (spezifischen) Wertbeziehung angeleitet ist, setzt also nicht die objektive Geltung von Werten, sondern die Kompetenz zur subjektiven Wahl spezifischer Werte voraus. Erkenntnisleitende Kulturwerte sind für Weber von ethischen Imperativen daher deutlich zu unterscheiden. Sie zu verstehen und (positiv oder negativ) zu ihnen subjektiv Stellung zu nehmen sind zwei voneinander unabhängige Akte. Dieser Gedanke führt Weber dazu, praktische Urteile nicht nur (wie Rickert) von einer das Erkenntnisinteresse des Subjekts begründenden (spezifischen) Wertbeziehung, sondern auch von einer »Wertinterpretation« zu unterscheiden. Diese bestimmt er in den *Kritische[n] Studien auf dem Gebiet der kulturwissenschaftlichen Logik* [1906] als ein Verfahren, mit dem die »Möglichkeiten von Wertbeziehungen eines Objekts« analysiert werden, um eine spezifische, auf einer subjektiven Stellungnahme beruhende Wertbeziehung zu ermöglichen, dadurch Gesichtspunkte für die Bildung eines »historischen Individuums« zu liefern und mithin einen Ausgangspunkt für dessen kausal-genetische Analyse bereitzustellen (WL: 245-62; vgl. auch 512). Die »Wertanalyse« stellt also genau besehen einen Interpretationshori-

---

117 Wagner, G. 1987: 149. Wagner rekonstruiert die epistemologischen Grundlagen des Neukantianismus als Weiterentwicklung der nachhegelianischen Philosophie, v.a. der »Ontotheologie« Rudolf Hermann Lotzes, und bezeichnet ihre Tiefenstruktur daher als »neuscholastische Metaphysik«, deren Wertphilosophie lediglich als kritizistisch ausgegeben wird (Wagner, G. 1987: 7-16, 152-4).

118 Vgl. auch die Andeutungen bei Loos 1987: 174-6; Wagner, G. 1987: 155-69 und Gephart 1993: 470-6.

119 WL: 180. »Kultur« meint hier einen »vom Standpunkt des *Menschen* mit Sinn und Bedeutung bedachte[n] endliche[n] Ausschnitt[s] aus der sinnlosen Unendlichkeit des Weltgeschehens« (ibid.); vgl. zu dieser bewußtseinsphilosophischen Prämisse Schwinn 1993: 30-2.

zont her, innerhalb dessen sich die subjektive Stellungnahme zu spezifischen, wandelbaren Kulturwerten erst vollzieht. Darüberhinaus erstreckt sich das Verfahren der Wertanalyse auch auf solche Objekte, die für »historische Individuen«, deren Kulturbedeutung als universell bewertet wird, nicht »Real-«, sondern »Erkenntnisgrund« sind (WL: 258). Wenn die Objekte der Kulturwissenschaften in keinem kausal-genetischen Zusammenhang mit Erscheinungen des eigenen kulturellen Horizonts stehen, ist die Möglichkeit zu interzivilisatorisch-vergleichenden Studien eröffnet, wie Weber sie in seiner dritten Arbeitsphase durchführte.

(c) Mit den Annahmen der Wertfreiheit und der Wertbeziehung sind lediglich die Grenzen kulturwissenschaftlicher Erkenntnis markiert. Durch welche methodologische Annahme wird aber die Objektivität der kulturwissenschaftlichen Forschungsergebnisse garantiert? Anders gefragt, inwiefern ist, wenn die Objekte der kulturwissenschaftlichen Forschung durch eine sozusagen vertikale »subjektive« (spezifische) Wertbeziehung konstituiert sind, ihre horizontale Kausalerklärung »objektiv«? Für Weber wird diese Objektivität letzten Endes durch die Annahme gewährleistet, daß auch die Handelnden »Kulturmenschen« sind, ihr Handeln also sinnhaft orientiert und deswegen verstehbar und erklärbar ist. Diese Annahme liegt den Konzepten des »Idealtypus« und des »deutenden Verstehens« zugrunde, mit denen Weber die Kontroversen zwischen der historischen und der theoretischen Schule sowie zwischen der subjektiven und der objektiven Richtung der Nationalökonomie zu überwinden versucht.[120]

Das Konzept des Idealtypus[121] führt er, erstens, gegenüber dem Historismus der historischen Schule ein, um der begrifflichen Form jedweder Erkenntnis von Wirklichkeit Rechnung zu tragen. In den *Kritischen Studien* erläutert er, daß kausale Beziehungen zwischen Tatsachen in historischen Wissenschaften nicht durch »Notwendigkeitsurteile«, sondern durch die logischen Kategorien der »objektiven Möglichkeit«, der »kausalen Zurechnung«

---

120 Der Konflikt zwischen der »objektiven« und der »subjektiven« Richtung der Nationalökonomie, die durch den wissenschaftlichen Sozialismus bzw. den frühen Werner Sombart einerseits, die österreichische Grenznutzenschule andererseits repräsentiert werden, erstreckt sich auf die Frage nach der inhaltlichen Bedeutung restriktiver Ordnungen, bzw. freien Handelns für die Erklärung ökonomischer Prozesse; vgl. Schluchter 1988 I: 27, 34-8.

121 Das Konzept des »Idealtypus« gewinnt Weber offensichtlich u.a. aus Jellineks *Allgemeiner Staatslehre* [1900, ²1905], in der in der Methodik der Staatswissenschaft der »empirische Typus« als »heuristisches Prinzip« entwickelt wird (Jellinek 1914: 36, 41).

und der »adäquaten Verursachung« hergestellt würden.[122] Erst durch die Entwicklung fiktiver »Gedanken«- oder »Phantasiebilder«, in denen auf der Grundlage allgemeiner Erfahrungsregeln »objektiv mögliche« Ereignisketten konstruiert, d.h. Wahrscheinlichkeitsaussagen über die kausale Bedeutung isolierter Elemente einer historischen Konstellation formuliert würden, könnten Urteile über reale Kausalzusammenhänge gefällt werden (WL: 260-99). Fiktive Gedankenbilder dieser Art sind Webers Idealtypen. Das Konzept des Idealtypus ist daher, zweitens, als Korrektur des Gesetzesbegriffs gemeint, der den naturalistischen Monismus der theoretischen Schule kennzeichnet. Ihm gegenüber betont Weber im *Objektivitäts*-Aufsatz, daß der Idealtypus historische Wirklichkeit weder direkt abbilde noch in Gattungsbegriffe auflöse, sondern eine »Utopie« sei, »[...] die durch gedankliche Steigerung bestimmter Elemente der Wirklichkeit gewonnen ist« (WL: 190). Da die Funktion der Idealtypen darin besteht, »die Eigenart von Kulturerscheinungen scharf zum Bewußtsein zu bringen« (WL: 202), erweisen sie sich als die singularisierenden Begriffe, die für die Begriffsbildung der Kulturwissenschaften charakteristisch sind.

Bei den Elementen, aus denen Idealtypen konstruiert werden, handelt es sich für Weber notwendigerweise um Handlungen einzelner Individuen, da nur auf sie die Kategorien der »objektiven Möglichkeit« und der »kausalen Zurechnung« sinnvoll anwendbar sind. Das spezifische Merkmal menschlicher Handlungen gegenüber Naturvorgängen ist nämlich, daß sie rational deutbar sind und ihr subjektiv gemeinter Sinn verstehbar ist, das spezifische Merkmal kulturwissenschaftlicher Methoden ist daher das »deutende Verstehen« (WL: 89). Wie Weber gegenüber der »subjektivierenden« Richtung der Nationalökonomie betont, ist nun menschliches Handeln unter der Voraussetzung der Willensfreiheit nicht irrational bzw. unberechenbar, sondern rational und berechenbar (WL: 67-70). Eine verstehende Deutung dürfe daher nicht mit einer psychologischen Erklärung einsetzen, sondern erfordere zunächst eine idealtypische Konstruktion freier und rationaler Handlungsabläufe. Sie entspreche um so mehr dem tatsächlichen Handlungsablauf, je höher der tatsächliche Grad der Freiheit des Handelns sei (WL: 69). Auch in seiner Auseinandersetzung mit den Geschichtswissenschaften betont Weber diesen Ge-

---

122 Weber übernimmt diese Kategorien aus dem juristischen Fachdiskurs seiner Zeit, insbesondere von Karl Knies und Gustav Radbruch, und überträgt sie auf die Geschichtswissenschaft (WL: 269); vgl. dazu Gephart 1993: 449-57.

danken (vgl. WL: 226-227). Damit ist allerdings in keiner Weise behauptet, daß Menschen tatsächlich frei, rational und in Kenntnis von Erfahrungsregeln handeln – würden sie es tun, »[...] so wäre Geschichte gar nichts als die Anwendung jener Regeln« (WL: 227). Vielmehr rechtfertigt Weber mit der anthropologischen Annahme, daß Menschen dazu ursprünglich in der Lage sind, die Konstruktion des freien und rationalen Handelns als Idealtypus von Handeln überhaupt.

Wie verhalten sich nun Webers methodologische Annahmen zum modernen Menschenrechtsdiskurs? Einerseits ist seine Wissenschaftslehre von der wissenschaftslogischen Reduktion der Transzendentalphilosophie Kants mitbetroffen, die den Neukantianismus in moral- und rechtsphilosophischer Hinsicht kennzeichnet,[123] und vor deren Hintergrund sich Normativität nicht mehr stringent aus dem Vernunft- und Freiheitsprinzip ableiten läßt.[124] Andererseits haben die Ausführungen zu Webers Verständnis der Wertbeziehung gezeigt, daß Weber das epistemologische Dilemma der Mißachtung der Kantschen Unterscheidung von »Erscheinung« und »Ding an sich«, das Rickert zum Entwurf des metaphysisches Hilfskonzepts einer »objektiven« Wertsphäre geführt hatte, umgeht. Und so offenbart sich gerade in den Konzepten des Idealtypus und des »deutenden Verstehens« die kantianische Struktur von Webers Methodologie. Hinsichtlich des Idealtypus besteht die Nähe zu kantischem Denken in der Annahme einer begrifflichen Ordnung der Wirklichkeit.[125] Wichtiger für das Verständnis von Webers Verhältnis zum philosophischen Menschenrechtsdiskurs ist aber m.E. die Fundierung des »deutenden Verstehens« im kantianischen Freiheits- und Vernunftsprinzip. Wenn freies und rationales Handeln als Idealtypus menschlichen Handelns konstruiert wird, der ein Maximum an Verständlichkeit besitzt, stellt eine zentrale philosophische Annahme jenes Diskurses den erkenntnisleitenden Wertbezug dar, von dem aus soziale Wirklichkeit analysiert wird. Die Aufgabe der Soziologie

---

123 Vgl. zu den Rezeptions-Defiziten von Kants Rechtsphilosophie im Neukantianismus Küsters 1988: 19-26.

124 Winfried Brugger betont entsprechend, »[...] daß der universale normative Geltungsanspruch der geschichtlich-kontingenten Menschenrechtsforderungen nicht mehr angemessen thematisiert werden kann« (Brugger 1980: 173-4). Er meint, es sei daher notwendig, die Webersche Methodologie um eine transzendentale Reflexion im Sinne von Kants formaler Ethik zu erweitern (1980: 276-7). Dem wird hier entgegengehalten, daß noch in der radikalen Historisierung der Menschenrechte deren normativer Gehalt aufgehoben ist.

125 Vgl. zu den kantianischen Anklängen in Webers Konzept des Idealtypus Schöllgen 1984 67-90; Albrow 1990: 149-53; anders Henrich 1952: 90.

ist daher für Weber nicht zufällig die Aufklärung derjenigen kulturellen und strukturellen Bedingungen, unter denen Menschen eine einheitliche »Persönlichkeit«, einen »Habitus«[126] oder eine einheitlich systematisierte Lebensführung ausbilden, deren dauerhafte Grundlage rationale Handlungsorientierungen sind.

3.1.3. Verstehende Soziologie als »kantianisierende Soziologie«

Aus seinen epistemologischen und methodologischen Annahmen resultiert für Weber der Entwurf einer »verstehenden Soziologie«, die Idealtypen von Handlungsabläufen entwickelt, um soziale Wirklichkeit deuten, verstehen und dadurch erklären zu können (WG: 1). Aufgrund ihrer Methodologie hat Wolfgang Schluchter daher Webers Forschungsprogramm als »kantianisierende Soziologie« bezeichnet (Schluchter 1988 I: 80-8). Der kantianische Hintergrund von Webers verstehender Soziologie spiegelt sich aber nicht nur in deren methodologischen Annahmen, sondern v.a. in ihrer handlungstheoretischen Ausrichtung wider. Diese soll im folgenden hinsichtlich der Handlungstypologie, des ihr inhärenten Konzepts der Rationalität und der auf dieser Basis entworfenen Typen sozialer Ordnungen diskutiert werden.

In seiner Handlungstypologie unterscheidet Weber grundlegend zwischen »zweckrationalem«, »wertrationalem«, »affektuellem« und »traditionalem« Handeln (WG: 12). Da affektuelles und traditionales Handeln bereits an der Grenze zu bloßem Verhalten und damit zur Irrationalität stehen, sind vor allem die Typen freien und rationalen Handelns einer »sinnhaft adäquaten« Deutung zugänglich (WG: 10,12). Mit ihnen beschreibt Weber nun nichts anderes als die subjektive Perspektive des Handelnden auf Durkheims »technische« und »moralische« Regeln. Auch er reformuliert also an einer zentralen Stelle seiner Soziologie Kants Unterscheidung hypothetischer und kategorischer Imperative. Der Typus des zweckrationalen Handelns beschreibt die Handlungsorientierung an Zweck, Mittel und Nebenfolgen, bei der ein Akteur sein Kausalwissen final einsetzt, d.h. unter Berücksichtigung eines hypothetischen Imperativs (oder einer technischen Regel) handelt. Der Typus des wert-

---

126 Wie Durkheim operiert auch Weber häufig mit dem Begriff des »Habitus« (RS I: 242, 260, 541; WL: 242; 1982: 157, 186), der durchaus im Anschluß an die beiden Klassiker bekanntlich von Pierre Bourdieu (1976) systematisiert wurde.

rationalen Handelns besagt, daß moralische Normen in handlungsleitende Maximen überführt, daß also die Zweck-Mittel-Relationierungen vom Handelnden unter ein Wertpostulat, d.h. unter einen kategorischen Imperativ (oder eine moralische Regel) gestellt werden.[127]

Beide Typen sind für Weber darin »rational«, daß sie als vernunftgeleitete und freie Befolgung von »Regeln« deutbar sind. Während Durkheims Moralwissenschaft insbesondere auf die soziologische Deutung der »synthetischen« Handlungsregeln zielt, orientiert sich Webers Soziologie allerdings eher an den »analytischen« Regeln, die Handlung und Intention miteinander verknüpfen. Es ist die zweckrationale Deutung des Handelns, die für Weber ein »Höchstmaß an 'Evidenz'« gewährleistet und daher den Idealtypus von Handeln schlechthin darstellt (vgl. WL: 149, 428, 430; WG: 3). Daß zweckrationales Handeln einen höheren Rationalitätsgrad besitzt, begründet Weber im *Kategorien*-Aufsatz damit, daß nur dieses einer Beurteilung nach Gesichtspunkten objektiver »Richtigkeitsrationalität« zugänglich sei, weil nur die Zweck-Mittel-Relationierung, die schließlich auf der Kenntnis von Erfahrungsregeln beruht, wissenschaftlich optimierbar sei (WL: 433-4). Die Rationalität der Werte, an denen sich wertrationales Handeln orientiert – so die unmittelbare Folge des Postulats der Wertfreiheit – läßt sich für Weber nach wissenschaftlichen Kriterien hingegen nicht beurteilen. Weber modifiziert also den kantianischen Begriff freien, rationalen und regelgeleiteten Handelns in doppelter Weise: Erstens gibt er ihm einen idealtypischen Status, und zweitens nimmt er dem Handlungsbegriff seinen bei Kant noch implizierten normativen Gehalt.[128]

Seine Handlungstypologie wendet Weber nun auch auf »Gemeinschafts-« oder »soziales Handeln« an, Handeln also, das dem subjektiven Sinn nach am Verhalten Anderer orientiert, davon in seinem Vollzug mitbestimmt und insofern erklärbar ist (WL: 429, 441; WG: 12). Sie stellt daher auch die Grundlage seiner Typologie »sozialer Beziehungen« und »Ordnungen« dar, und zwar in

---

127 Die Analogie der Typen rationalen Handelns zu den Kantschen Imperativen hat insbesondere Martin Albrow analysiert und dabei auf die grundlegende Idee der Vernunft zurückgeführt; »Weber's two types of action are 'rational' because they are derived directly from this Kantian idea of reason« (Albrow 1987: 169); vgl. auch Albrow 1990: 135-57 und zu den Parallelen bei Durkheim Schluchter 1988 I: 207f.
128 Daß in Webers Begriff »zweckrationalen« Handelns die ethische Verankerung des philosophischen Handlungsbegriffs aufgegeben wurde, hat v.a. Gregor Schöllgen (1984: 99-102) detailliert nachgewiesen.

dreierlei Hinsicht.[129] Erstens werden sämtliche Kollektiv- und Ordnungsbegriffe, u.a. die juristischen Begriffe kollektiver »Rechtspersönlichkeiten« (z.B. des »Staats«), in Wahrscheinlichkeitsaussagen über das Bestehen regelmäßiger Handlungsorientierungen aufgelöst (WL: 348, 439-40; WG: 16-7). Dabei rückt, zweitens, die methodologische Privilegierung des Typus rationalen Handelns solche sozialen Beziehungen, die auf einer rationalen Interessenabstimmung beruhen (»Gesellschaftshandeln« bzw. »Vergesellschaftung«; WL: 442, 450-2; WG: 21-3), ins Zentrum der idealtypischen Begriffsbildung und lenkt den Blick gerade auf solche Ordnungen, denen (i) legitime Geltung kraft zweckrationaler Satzung zugeschrieben wird (WL: 442-52; WG: 17, 19), und die (ii) »äußerlich«, d.h. durch interessenbedingte und streng zweckrationale Kalkulierbarkeit von Handlungsfolgen garantiert sind.[130] In diesen zwei Aspekten zweckrationaler Ordnung ist Webers doppelter Rechtsbegriff verankert: die durch einen »Legalitätsglauben« gestützte ideelle Normordnung einerseits (Recht^I), die aufgrund eines »Zwangsstabes« garantierte Rechtsordnung andererseits (Recht^{II}). Drittens folgt aus Webers rationalistischer Handlungstheorie, daß eine Hauptaufgabe der verstehenden Soziologie die Beschreibung und Erklärung von Rationalisierungsprozessen ist, aufgrund derer die Möglichkeiten rationaler Handlungsorientierungen, d.h. einer systematisierten Lebensführung gesteigert werden (WL: 525).

Webers verstehende Soziologie, so läßt sich zusammenfassen, weist auf der metatheoretischen Ebene eine eigentümliche Ambivalenz gegenüber einzelnen Aspekten des Menschenrechtsdiskurses auf. Auf der einen Seite konstituiert sich in ihr wie in Durkheims Moralsoziologie durch die Distanzierung von normativen Theorien eine erfahrungswissenschaftliche Beobachterperspektive auf Normativität. Wie die Diskussion des Wertfreiheits-Postulats, die

---

129 Ohne diese Typologie an dieser Stelle im einzelnen ausführen zu wollen, sei darauf hingewiesen, daß die Unterscheidung von nicht-rationalem und rationalem Handeln sich in den zentralen Konzepten der »Vergemeinschaftung«, der Orientierung von sozialem Handeln an einer subjektiv gefühlten oder eingelebten Zusammengehörigkeit der Beteiligten, und der »Vergesellschaftung«, der Orientierung von sozialem Handeln an zweck- oder wertrational motiviertem Interessenausgleich, widerspiegelt (WG: 21-2). In dieser Unterscheidung artikulieren sich diejenigen asymmetrischen Gegenbegriffe, durch deren Temporalisierung Weber sein narratives Schema der Moderne bildet.

130 Die zwei Typen solcher interessenbedingter Legitimität, »Konvention« und »Recht«, und ihre Unterscheidung anhand der jeweiligen Sanktionsart, »Mißbilligung« und »Zwang«, entsprechen im übrigen genau Durkheims Begriffen von »Moral« und »Recht«. Gephart behauptet sogar, etwas überspitzt, Webers Rechtsbegriff entspreche direkt Durkheims Gesellschaftsbegriff (Gephart 1993: 512).

Analyse des Konzepts der Wertbeziehung und der Transformation des Kantschen Handlungsbegriffs gezeigt hat, resultiert sie in einer Kontingentsetzung und Historisierung der natur- und vernunftrechtlichen Tradition des modernen Menschenrechtsethos. Auf der anderen Seite aber ist diese Beobachterperspektive von idealtypischen Begriffen geleitet, die insofern dem kantianischen Freiheits- und Vernunftprinzip entlehnt sind, als der erkenntnisleitende Gesichtspunkt von Webers Soziologie die Frage nach den Bedingungen freien und rationalen Handelns ist. Selbst das Wissenschaftsverständnis Webers basiert auf der Voraussetzung der Kompetenz des einzelnen Menschen, die eigenen Werte frei wählen zu können, und aus diesem Grund ist Webers Methodologie zu Recht als »philosophie de la liberté« (Draus 1995: 127-36) bezeichnet worden.[131]

3.2.   Okzidentale Rationalisierung und Menschenrechte

Knüpfte Durkheim in seiner empirischen Analyse der modernen Gesellschaft an die zeitgenössische Debatte um die Arbeitsteilung an, so war Webers zentraler thematischer Bezugspunkt der Kapitalismus. Ihn in seiner Genese zu verstehen und zu erklären, war für ihn notwendiger Bestandteil des Versuchs, die politischen und kulturellen Krisen der Wilhelminischen Ära kritisch zu reflektieren. In der Tat richtete sich Webers Erkenntnisinteresse seit seinen frühen rechtshistorischen und nationalökonomischen Schriften auf die Analyse des kapitalistischen Wirtschaftens. Aufgrund seiner zentralen Problemstellung entwickelte er jedoch schon hier einen eigenen Zugang zur Kapitalismus-Thematik, indem er nach den Konsequenzen des kapitalistischen Wirtschaftssystems für die ethische Lebensführung einerseits und andererseits nach der Genese kapitalistischen Wirtschaftens aus einem bestimmten Typus ethischer Lebensführung fragte. Auf den zweiten empirischen Aspekt konzentrierte sich Weber in der Schrift *Die Protestantische Ethik und der Geist des Kapitalismus* (1904/05, PE), die zugleich als exemplarische Anwendung der kulturwissenschaftlichen Methodologie (1904: 12-3/RS I: 30) und als theoretische Kri-

---

131 Vgl. zum Zusammenhang von Webers Methodologie und dem Wert der Freiheit auch Firsching 1994: 147.

tik des historischen Materialismus (1904: 18, 110/RS I: 37, 205) intendiert war und in diesen Hinsichten oft interpretiert, diskutiert und kritisiert worden ist.[132] Sie stellt den werkgeschichtlichen Ausgangspunkt für Webers kulturvergleichende Studien, deren Absicht er später in der *Vorbemerkung* der *Gesammelten Aufsätze zur Religionssoziologie* (RS) darin sah, »[...] die besondere Eigenart des okzidentalen und, innerhalb dieses, des modernen, okzidentalen Rationalismus zu erkennen und in ihrer Entstehung zu erklären«.[133] Webers PE ist im folgenden insoweit von Interesse, als in ihrem narrativen Schema kulturelle und strukturelle Prozesse entfaltet werden (3.2.1.), die einzelne Aspekte von Webers kulturvergleichender Analyse naturrechtlicher Ideen als Komponente des »okzidentalen Rationalismus« (3.2.2.) sowie deren Positivierung in staatlich garantierten Rechten (3.2.3.) vorwegnehmen. Auch in dieser empirischen Analyse, vor allem in den aus ihr abgeleiteten Thesen vom Sinn- und Freiheitsverlust der Moderne erweist sich Webers ambivalente Haltung gegenüber den Ideen der Menschenrechte.[134]

3.2.1. Paradoxien okzidentaler Rationalisierung

Webers Gegenwartsdiagnose stützt sich, wie Durkheims *Division*, schon in der ersten Arbeitsphase auf die für den soziologischen Diskurs der Moderne ingesamt charakteristischen asymmetrischen Gegenbegriffe. Dabei gewinnt auch er die Gegenüberstellung von »Traditionalismus« und »modernem Kapitalismus« (RS I: 43-49) aus einer Interpretation der Entwicklung des Rechts. So erklärt Weber 1889 in seiner Dissertation *Zur Geschichte der Handelsge-*

---

132 Zur methodologischen, empirischen und theoretischen Bedeutung der PE vgl. etwa Schluchter 1988 I: 64-73. Zur kaum noch überschaubaren Diskussion um Webers »Protestantismus-These« vgl. Lehmann 1988 und die von Johannes Winckelmann erstellte Bibliographie in Weber 1982: 395-429.
133 RS I: 12. Bereits am Schluß der PE entwirft Weber eine programmatische Erweiterung der historischen Analyse von Entstehungsgründen des modernen Kapitalismus, die aber die Alternative einer intra- oder interzivilisatorischen Fortführung offenläßt. Seine Entscheidung für die zweite Variante begründet er 1920 mit dem Erscheinen von Troeltschs *Die Soziallehren der christlichen Kirchen und Gruppen* sowie mit dem Interesse »[...] diese Ausführungen [der PE, M.K.] ihrer Isoliertheit zu entkleiden und in die Gesamtheit der Kulturentwicklung hineinzustellen.« (RS I: 206, Fn. 1).
134 Mit den Begriffen des Sinn- und Freiheitsverlusts hat Habermas die Eigenart der Weberschen Gegenwartsdiagnose treffend bezeichnet; vgl. Habermas 1981: 333. Ihre theoretische Einordnung erscheint mir aber, wie weiter unten ausgeführt wird, modifizierungsbedürftig.

sellschaften im Mittelalter (SWG: 312-443) die Entstehung der modernen juristischen Institution der »Firma« aus der Überwindung traditionalistischer Familienbindung des Wirtschaftens durch die dem germanischen Recht entstammenden Prinzipien von Solidarhaftung und Sondervermögen. Die Entstehung der Institution des Privateigentums im römischen Recht interpretiert er in seinen Schriften zur antiken Agrargeschichte als Voraussetzung für eine Kapitalisierung des Grundbesitzes. Und in den Landarbeiter-Enquêten für den »Verein für Sozialpolitik« und den »Evangelisch-sozialen Kongreß« [1892-3] analysiert er die Entwicklung kapitalistischer Agrarwirtschaft als Ablösung traditionalistischer, persönlicher Verantwortlichkeitsbeziehungen zwischen Grundbesitzern und Arbeitnehmern durch arbeitsvertragliche, unpersönliche Klassenherrschaft. Da aber die rechtlichen und die mit ihnen verknüpften strukturellen Faktoren des okzidentalen Kapitalismus nicht hinreichend auch dessen motivationelle Grundlage, das »Ethos« der beruflichen Pflichterfüllung und des Gelderwerbs, erklären, greift Weber in der PE die damals geläufige Diskussion über die Bedeutung des Protestantismus für den Aufstieg des Kapitalismus auf. [135] Er gibt ihr allerdings die seiner zentralen Problemstellung entsprechende Wendung, indem er nach der Entstehung derjenigen ethischen Lebensführung fragt, die dem modernen Kapitalismus »sinnhaft adäquat« und den Traditionalismus des Wirtschaftens zu überwinden fähig war (1904: 18, 20/RS I: 37; 43): Wie ist es möglich, daß sich Individuen einem »Beruf« im Sinne einer dauerhaften Handlungsdisposition verpflichtet fühlen?

Eine notwendige kulturelle Bedingung ist zunächst die von Martin Luther formulierte Idee des »Berufs« als Gegenstand der Pflichterfüllung und Zentrum sittlicher Betätigung (1904: 41/RS I: 69). In dieser sittlichen Qualifizierung des weltlichen Berufslebens sieht Weber daher die zentrale Kulturbedeutung der lutherischen Reformation. Doch unzureichend in der religiösen Unterweisung verankert und zudem die ständische Ordnung noch anerkennend, sei der lutherische Berufsbegriff »traditionalistisch gebunden« geblieben

---

135 Daß die Bedeutung des Protestantismus für den Aufstieg des Kapitalismus seit den Arbeiten von Emile de Laveleye (1875) und Matthew Arnold (1875), auf die Weber selbst aufmerksam macht (1904: 42, Fn. 22/RS I: 28, Fn.3), im deutschsprachigen Raum spätestens seit den Arbeiten von Sombart und Eberhard Gothein intensiv diskutiert, von Weber also keinesfalls entdeckt wurde, ist bekannt; vgl. Kaesler 1995: 100. In den *Anti-Kritiken* gegen H. Karl Fischer und Felix Rachfahl profiliert Weber seinen Beitrag zu dieser Diskussion dahingehend, daß der Protestantismus nicht die Wirtschaftsordnung des Kapitalismus als ganze, sondern lediglich die ihm adäquate Lebensführung erklären solle (1982: 31). Hennis sieht hierin einen Hinweis auf Webers »Fragestellung« überhaupt (Hennis 1987: 16).

(48/77). Um so eindeutiger läßt sich der »asketische Protestantismus«, d.h. Calvinismus, Pietismus, Methodismus und Täufertum, dessen Verbreitung in den frühkapitalistischen Zentren (v.a. in den nordamerikanischen Kolonien, Holland und einzelnen Gebieten Englands) tatsächlich auffällig hoch war, als Träger eines kapitalistischen Wirtschaftsethos identifizieren.

Als dogmatische Grundlage der Ethik der »innerweltlichen Askese« hebt Weber erstens die Prädestinationslehre Jean Calvins hervor, in deren Folge die Teilhabe am religiösen Heil im Gegensatz zu Katholizismus und Luthertum nicht mehr kirchlich-sakramental vermittelt wurde, sondern dem willkürlichen Ratschluß Gottes vorbehalten blieb. Da folglich das religiöse Subjekt hinsichtlich der Frage nach der eigenen Heilsgewißheit permanenten Selbstzweifeln unterworfen würde, sei als sozialpsychologische Auswirkung der Prädestinationslehre das »Gefühl einer unerhörten inneren Vereinsamung des einzelnen Individuums« entstanden (1905: 11/RS I: 93). Eine zweite dogmatische Grundlage der asketischen Ethik ist für Weber die religiöse Neubewertung der Welt als eines Schauplatzes der Selbstverherrlichung Gottes, durch welche das Gebot der Nächstenliebe konsequent in den Auftrag zur »rationalen Gestaltung des uns umgebenden gesellschaftlichen Kosmos« im Rahmen diesseitiger Berufsarbeit transformiert worden sei (17/101).

Prädestinationslehre und Gestaltungsauftrag sieht Weber im asketischen Protestantismus darin miteinander verknüpft, daß zur Ausschaltung der unvermeidbaren Selbstzweifel über den eigenen Heilsstatus der Erfolg im weltlichen Beruf als Zeichen der Erwählung interpretiert wurde; durch den Gedanken der »Bewährung« des Glaubens im Berufsleben sei hier die ethische Lebensführung nicht nur, wie bereits in der mönchischen Askese, einer methodischen Rationalisierung unterworfen, deren höchstes asketisches Mittel sei darüberhinaus auch »innerweltlich« bestimmt worden (29-30, 35/117-8, 124). Wie Weber in seiner Interpretation von Texten aus der Praxis religiöser Unterweisung meint zeigen zu können, haben die mit ökonomisch aufsteigenden Bürgerschichten »wahlverwandten« Ideen der innerweltlichen Askese tatsächlich in Richtung der rationalen Gestaltung des beruflichen Gütererwerbs und der Ablehnung von Luxus und Konsum wirken und damit die traditionalistischen Vorbehalte gegenüber Erwerbsstreben und Kapitalbildung überwinden können (99-103/190-5). In seiner Genealogie einer dem modernen Kapitalismus adäquaten rationalen Lebensführung, so läßt sich zunächst festhalten, stößt Weber auf einen Prozeß der Individualisierung, der für die Entstehung der modernen Kultur insgesamt fundamental ist. Erst die Ideen des asketischen Rationalismus und ihre soziale Implementierung nämlich befähigten den Menschen, seine Lebensführung bewußt und in Kontrolle der eigenen Affekte an selbstgesetzten Maximen zu orientieren, d.h. die systematische Einheit einer freien und rationalen »Persönlichkeit« auszubilden.

Schon in der PE bezieht Weber die für ihn im Kern religiöse Individualisierung auf die Entwicklung der »voluntaristischen Gemeinschaftsbildung«, mittels derer die individuelle Motivationsstruktur für eine methodische Lebensführung sozial gestützt worden sei (1905: 64, 72/RS I: 153, 162). Die Bedeutung dieser puritanischen Denominationen präzisiert er in seinem Aufsatz *'Kirchen' und 'Sekten' in Nordamerika* (1906) dahingehend, daß denominationelle Zugehörigkeit aufgrund der permanenten Kontrolle religiöser Qualifikation der Mitglieder als Zeichen ethischer Bewährung und damit von Kreditwürdigkeit interpretierbar war (1906: 561). Zu ihrer näheren Charakterisierung entwirft Weber die idealtypische Unterscheidung von »Kirche« und »Sekte«; während Zugehörigkeit zur »Kirche« als einer »Anstalt« auf Geburts- oder Gebietsprinzip beruht, ist die »Sekte« durch das Prinzip freiwilliger Mitgliedschaft und die damit einhergehende Forderung nach religiöser Qualifikation gekennzeichnet.[136] Nicht nur aufgrund seiner soteriologischen Exklusivität, seines »Gnadenpartikularismus«, sondern auch aufgrund seines organisatorischen Prinzips freiwilliger und religiös qualifizierter Mitgliedschaft in den »'partikularistischen' Gebilde[n]« der Sekten (1906: 580) löste der asketische Protestantismus in Webers Sicht einen Prozeß religiöser Pluralisierung aus. Dieser ist mit dem Individualisierungsprozeß dadurch korreliert, daß das organisatorische Prinzip der Sekte, dessen Merkmale für Weber der Tönniesschen »Gesellschaft« entsprechen, dem Individuum einerseits abverlangt, sich im sozialen Verband zu behaupten, und andererseits den sozialen Verband als Mittel für individuelle Zwecke verfügbar macht (1906: 581).

---

136 1906: 577f. In seiner späteren Religions- und Herrschaftssoziologie arbeitet Weber diese typologische Unterscheidung weiter aus, indem er als Merkmale von »Kirche« (qua »Anstalt«) die Oktroyierung rational gesatzter Ordnung und die Organisation von Massenreligiosität, (qua »Herrschaftsverband«) die Verfügungsgewalt über den psychischen Zwang der Spendung von Heilsgütern und (qua »Veralltäglichung«) das Prinzip des Amtscharisma anführt, während er die »Sekte« (qua »Verein«) durch die freie Vereinbarung rational gesatzter Ordnung und die Organisation von Virtuosenreligiosität, (qua »Gemeinde«) durch eine flache Hierarchisierung und (qua »Charisma«) durch die geringe Professionalisierung von Ämtern bestimmt (WG: 28-9, 144, 277, 692, 721-4; RS I: 211, 260).

Mit der Entstehung und sozialen Implementierung einer religiös fundierten asketischen Ethik und deren institutioneller Absicherung in voluntaristischen Vereinigungen ist nun zwar die motivationelle Voraussetzung für kapitalistisches Wirtschaften geschaffen, die Ausbildung des kapitalistischen Wirtschaftssystems ist auf dieser Stufe für Weber jedoch nicht abgeschlossen, weil zur Entfaltung der »vollen ökonomischen Wirkung« der asketischen Ethik die Loslösung von ihrer religiösen Fundierung erforderlich gewesen ist (1905: 104 bzw. RS I: 197). Erst die Säkularisierung des bürgerlichen Berufsethos, das auf seiner frühkapitalistischen Stufe bei Unternehmern und Arbeitern noch religiös begründet war, erzeugt also das Persönlichkeitsmuster des »isolierten Wirtschaftsmenschen«. Mit der Säkularisierung der protestantischen Ethik sieht Weber aber auch eine autonome Etablierung der kapitalistischen Wirtschaftsordnung einhergehen, deren Funktionieren die Motivation zu einer rationalen Lebensführung kaum noch erfordert, sondern diese im Gegenteil erzwingt (1905: 107-9 bzw. RS I: 202-4). Ein ähnlicher Gedanke liegt der Argumentation in 'Kirchen' und 'Sekten' zugrunde, denn auch hier vollzieht sich nach Weber in einem Prozeß der Säkularisierung die Ablösung des organisatorischen Prinzips der Sekte von ihrer religiösen Grundlage und resultiert in der Entstehung einer Vielfalt voluntaristischer »Vereine« (1906: 560). Anders als Durkheim betrachtet Weber Säkularisierung also nicht als Ursache, auch nicht als Begleiterscheinung von Individualisierung und Pluralisierung, sondern als die paradoxe Folge innerreligiöser Entwicklungen. In seiner empirischen Analyse des modernen Kapitalismus zeichnet er damit einen zweistufigen Prozeß nach, der sich aus der von Individualisierungs- und Pluralisierungsschüben begleiteten Rationalisierung religiöser Weltbilder im »asketischen Protestantismus« und der aus deren Säkularisierung resultierenden Versachlichung sozialer Beziehungen zusammensetzt.

Nun deutet Weber selbst auf die Unvollständigkeit des in der PE implizierten Erklärungsmodells hin, das in empirischer Hinsicht um eine Untersuchung außerökonomischer Komponenten der modernen Kultur zu erweitern wäre (1905: 109/RS I: 204f.). Durch die Durchführung des damit angedeuteten Forschungsprogramms in seinen interzivilisatorisch-komparativen Studien pointiert Weber seine zentrale Problemstellung in zweierlei Hinsicht: In Fortführung der PE versucht Weber erstens, die kulturellen Bedingungen für die Entstehung einheitlicher »Persönlichkeit« zu bestimmen und, zweitens, diejenigen Elemente der modernen Sozialstruktur zu erheben, durch welche die individuelle Handlungsfreiheit zu einer methodischen Gestaltung des Lebens institutionell garantiert wird. In diesem Zusammenhang analysiert er sowohl zentrale Ideen des modernen Menschenrechtsethos als auch die entsprechenden sozialen Institutionen. In Fortführung der PE betont er aber ebenfalls die paradoxen Folgen dieser kulturellen und strukturellen Rationalisierung, die insbesondere in seinen Ausführungen zum Naturrecht und zu den positivierten Menschenrechten anschaulich werden.

3.2.2. Naturrecht, Menschenrechte und die Rationalisierung des Rechts

In seiner Bestimmung der kulturellen Voraussetzungen für die Entstehung einer systematisierten Lebensführung untersucht Weber auch diejenigen Werte, aufgrund derer Handelnde der Geltung moderner sozialer Ordnungen Legitimität zuschreiben. Als Beispiel für die wertrationale Geltung sozialer Ordnung, für das »Recht des Rechtes« dient Weber im Rahmen seiner religions- und rechtssoziologischen Studien das Naturrecht (WG: 19, 497). Mit seinen interzivilisatorisch-komparativen Ausführungen zum Naturrecht charakterisiert er den Gehalt zentraler Ideen des modernen Menschenrechtsethos (a), deren Genese er vor allem aus religiösen, rechtlichen und kognitiven Rationalisierungsprozessen erklärt (b). Weber schreibt diesen Ideen aber keine integrative Funktion zu, sondern weist im Gegenteil auf einen fundamentalen Sinnverlust als eine ihrer Folgen hin (c). Wie auf weiten Strecken seiner empirischen Analyse der christlichen Wurzeln der Moderne stützt sich Weber auch in seiner Interpretation des neuzeitlichen Naturrechts auf die religionsgeschichtlichen Studien des kulturprotestantischen Theologen Troeltsch.[137]

Die Ideen des modernen Naturrechts versuchte Troeltsch auf dem Ersten Deutschen Soziologentag aus dem christlich-religiösen Sozialideal der »Vereinigung eines radikalen religiösen Individualismus mit einem ebenso radikalen religiösen Sozialismus« abzuleiten (1911: 169). Troeltsch differenziert hier wie in den Soziallehren »Kirche«, »Sekte« und »Mystik« als drei Sozialgestalten des Christentums, in denen die Spannung zwischen dem christlichen

---

137 Weber und Troeltsch teilen neben vielen Sachurteilen auch die Typologie von »Katholizismus«, »Luthertum« und »asketischem Protestantismus« (Troeltsch 1912: 949). Zum Verhältnis von Weber und Troeltsch allgemein vgl. Graf 1987 und Krech 1995. Diesen ideengeschichtlichen Kontext von Webers Analyse des Naturrechts übersieht Habermas m.E. in seiner Interpretation von Webers Naturrechtsverständnis (Habermas 1981 I: 356-8).

Sozialideal und den realen gesellschaftlichen Ordnungen je unterschiedlich aufgehoben wird (1911: 170-5; 1912: 967).

Aus den Quellen des stoischen Natur-, Vernunft- und Menschheitsideals und der christlichen Idee einer universalen Liebesgemeinschaft freier Menschen, die Troeltsch als Resultat von Prozessen der »Individualisierung« und »Universalisierung« in der Spätantike deutet, sei im Typus der Kirche die Idee eines christlichen Naturrechts entstanden. In ihr lägen zwei Momente beschlossen, nämlich die kritische Rationalität überpositiver Normen eines »absoluten Naturrechts« einerseits und deren Relativierung durch die Vorläufigkeit weltlicher Ordnungen im »relativen Naturrecht«. Die stoisch-christliche Vorstellung eines am absoluten Naturrecht lediglich zu messenden relativen Naturrechts, so Troeltsch, habe noch im mittelalterlichen Katholizismus sowie im Luthertum und Altcalvinismus das christliche Sozialideal mit den positiven Ordnungen« zu vermitteln vermocht. Im Calvinismus hingegen, v.a. aber im Typus der Sekten sei das kritisch-rationale Moment betont und die Verwirklichung des absoluten Naturrechts gefordert worden. Während daraus in der westeuropäischen Kultur die Ideen von religiöser Toleranz und radikaler Demokratie entstanden seien, habe sich schließlich im Typus der Mystik die Idee individueller Gewissensfreiheit ausgebildet.[138] Wenngleich Troeltsch die Institutionen der Moderne als unmittelbares Produkt der säkularisierten, rationalistischen Natur- und Menschenrechtsideen der Aufklärung interpretiert, zielt seine Argumentation insgesamt gerade auf den Nachweis der »Kontinuität zwischen der Kultur der Aufklärung und der christlich-kirchlichen Kultur«.[139] Troeltschs Rekonstruktion der religiösen Entwicklung der Naturrechtsidee wird von Weber sowohl in seinem Diskussionsbeitrag auf dem Soziologentag als auch in WG im wesentlichen positiv aufgegriffen (SSP: 462-9; WG: 360) und in einen interzivilisatorischen Vergleich von Rationalisierungsprozessen eingebettet.

---

138 1911: 183-9. Den Zusammenhang der verschiedenen Sozialgestalten des Christentums mit unterschiedlichen Formen des Naturrechts erläutert Troeltsch auch an verschiedenen Stellen in den *Soziallehren* (1912: 51-4, 171-6, 702). Insbesondere betont er hier die Verwandtschaft des Neucalvinismus zum »modernen klassisch-rationalistischen Naturrecht des Liberalismus« (1912: 762-4).
139 1911: 189. Der Versuch des Nachweises einer genetischen Beziehung oder doch zumindest einer Wahlverwandtschaft zwischen Christentum und Moderne ist ein typisches Merkmal des deutschen Kulturprotestantismus insgesamt; vgl. mit Bezug auf Troeltsch z.B. Stauth 1993: 154-8.

(a) In bezug auf den Gehalt des Menschenrechtsethos identifiziert Weber in seiner Diskussion naturrechtlicher Rechtslegitimation durchaus ähnliche religiöse, juridische und kognitive Ideen wie Durkheim, weist ihnen in der theoretischen Analyse jedoch einen anderen systematischen Ort zu. Ohne der theoretischen Diskussion vorgreifen zu wollen, kann bereits hier angedeutet werden, daß Weber die soziologische Analyse moralischer Normen in eine Religionssoziologie überführt, während der Rationalisierung des Rechts eine eigenständige systematische Bedeutung zukommt. Es kennzeichne die Rationalisierung des Rechts[I] nämlich, daß »materiale«, d.h. wertrationale Aspekte juridischer Normen im Laufe der okzidentalen Rationalisierung zugunsten einer rein »formalen« Rationalität des Rechts verdrängt werden.[140] Die historischen Ursprünge des modernen, okzidentalen universalistischen Rechtsformalismus liegen für Weber insbesondere in der angelsächsischen Rechtspraxis, in der römischen Rechtstheorie und schließlich im revolutionären »Naturrecht« als Grundlage der »rationalen Gesetzgebung« neuzeitlicher Rechtskodizes wie des französischen Code Civil (WG: 394, 496).

Das Naturrecht stellt in religiös-ethischer Hinsicht zunächst ein »material« gehaltvolles Substitut für religiös begründetes Recht unter den Bedingungen zunehmender Säkularisierung dar. Ganz im Sinne von Troeltschs »absolutem Naturrecht« ist es:

»[...] der Inbegriff der unabhängig von allem positiven Recht und ihm gegenüber präeminent geltenden Normen, welche ihre Dignität nicht von willkürlicher Satzung zu Lehen tragen, sondern umgekehrt deren Verpflichtungsgewalt erst legitimieren. Normen also, welche nicht kraft ihres Ursprungs von einem legitimen Gesetzgeber, sondern kraft rein immanenter Qualitäten legitim sind: die spezifische und einzige konsequente Form der Legitimität eines Rechts, welche übrigbleiben kann, wenn religiöse Offenbarungen und autoritäre Heiligkeit der Tradition und ihrer Träger fortfallen. Das Naturrecht ist daher die spezifische Legitimitätsform der revolutionär geschaffenen Ordnungen.« (WG: 497)

In der Legitimatitätsform des revolutionären Rechts identifiziert Weber also noch überpositive Postulate, deren »epigrammtische Theatralik [...] der Formulierung der 'Menschen- und Bürgerrechte' in den amerikanischen und französischen Verfassungen [entspricht]« (WG: 496).

---

140 Hier wie in den folgenden Ausführungen wird auf Webers ersten Rechtsbegriff Bezug genommen (Recht[I]). Zur Rechtssoziologie Webers vgl. insbesondere Loos 1987; Gephart 1993: 522-87.

Die aus diesen religiös-ethischen Postulaten des Naturrechts abgeleiteten universalistischen Normen differenziert Weber in juridischer Hinsicht in zwei Typen. Dem Typus des »formalen Naturrechts« rechnet er die in den individualistischen Vertragstheorien des 17. und 18. Jahrhunderts formulierten Ideen liberaler Individualrechte zu, deren wichtigstes juristisches Produkt für Weber die Prinzipien von Vertragsfreiheit und Rechtsgleichheit sind (WG: 498-9). In der sozialistischen Kritik sowohl dieser Freiheitsrechte als auch des traditionellen Erbrechts habe sich hingegen im 19. Jahrhundert der Typus eines »materialen Naturrechts« entwickelt, das mit der Forderung, der Arbeiterschaft soziale und ökonomische Teilhaberechte zu gewähren, dem positiven Recht universalistische Normen wie »Gerechtigkeit« und »Menschenwürde« übergeordnet habe (WG: 499-501, 507). Da sie auf unterschiedlichen Rationalitätskonzepten (formal vs. material) basieren, hält Weber die liberalistischen und die sozialistischen Rechtsvorstellungen für prinzipiell unvereinbar (ibid.). Weil aber durch die formale Legitimation der individuellen Freiheitsrechte der normative Gehalt des Rechts minimiert wird, mißt er dem formalen Naturrecht eine relativ höhere Rationalität zu. Dabei kann er sich auf die Kantsche Argumentation stützen, daß sich die Verbindlichkeit des Rechts nur durch die formale und abstrakte Prozedur der Verallgemeinerung subjektiver Handlungsmaximen freier und vernünftiger Personen begründen lasse.[141]

Die auch dem formalen Naturrecht inhärenten material-ethischen Kriterien bestimmt Weber daher in kognitiver Hinsicht schließlich als »Vernunft« und »Natur«. Durch die Identifikation von Sein und Sollen im frühneuzeitlichen Vernunft- und Naturbegriff hätten die naturrechtlichen Axiome eine gegenüber der Irrationalität traditionaler Rechtsbegründung neuartige Rationalität beanspruchen können, durch die allein formale Normen hätten entstehen können (WG: 497-9).

(b) Webers Erklärung der Genese des Naturrechts, die im Rahmen seiner komparativen Analyse rechtlicher und religiöser Rationalisierungsprozesse angedeutet wird, folgt in wesentlichen Punkten der Vorlage von Troeltsch. Dessen These, daß das christliche Sozialideal die religiöse Wurzel der univer-

---

141 Zu Recht weist Brugger darauf hin, daß Webers Behauptung, eine in der Moderne begründungsfähige Ethik müsse formal sein, indirekt an Kants Begründung der Menschenrechte anschließt (Brugger 1980: 250-308). Wie Webers Auseinandersetzung mit Kant im *Wertfreiheits*-Aufsatz zeigt, ist sich Weber allerdings bewußt, daß noch eine solche formale Ethik »inhaltliche« Implikationen besitzt (WL: 505-6), die von der verstehenden Soziologie nicht mehr geteilt werden können.

salistischen Prinzipien des Naturrechtsdenkens sei, findet Weber im interzivilisatorischen Vergleich hinreichend bestätigt. In seiner Hinduismus-Studie etwa argumentiert er, daß in Indien universalistische Prinzipien u.a. deswegen nicht hätten entstehen können, weil mit dem hierarchischen Weltbild der Karma-Lehre die Idee einer gegenüber der positiven Sozialordnung »natürlichen« Ordnung unvereinbar gewesen sei; daß es »keinerlei 'natürliche' Gleichheit der Menschheit vor irgendeiner Instanz, am allerwenigsten vor irgendeinem überweltlichen 'Gott'« gegeben habe, »[...] schloß die Entstehung sozialkritischer und im naturrechtlichen Sinn 'rationalistischer' Spekulationen und Abstraktionen vollständig und für immer aus und hinderte das Entstehen irgendwelcher 'Menschenrechte'« (RS II: 143-4 bzw. MWGA I/20: 232). Eine religiöse Voraussetzung für die Universalisierung von Normen scheint also für Weber die Transzendierung religiöser Gottesbilder allgemein zu sein. Im besonderen allerdings sieht Weber – wie Troeltsch – den Ursprung des revolutionären Naturrechts in der religiösen Ethik der innerweltlichen Askese, deren Motivation zur Systematisierung der Lebensführung auch die weltlichen Ordnungen einer ethischen Rationalisierung unterworfen hat (WG: 286; RS I: 553). Den antiautoritären Grundzug des modernen Naturrechts konnte Weber dabei auf die dogmatische Ablehnung der Kreaturvergötterung im asketischen Protestantismus, die er bereits in der PE als Grund für dessen »Autoritätsfeindschaft« nannte (1905: 43 Fn.78, 65 Fn.130), zurückführen.

Die Universalisierung im engeren Sinne juristischer Normen ist für Weber eines der Ergebnisse der bereits erwähnten eigengesetzlichen, sukzessiven Rationalisierung des Rechts. Die Vertragsfreiheit etwa begreift er in seiner Genealogie subjektiver Freiheitsrechte als Ergebnis einer Transformation des magisch gebundenen »Status-Kontrakts« in den modernen rationalen »Zweck-Kontrakt« (WG: 398-409). Diese Transformation ist durch eine komplexe Konstellation innerjuristischer Faktoren bedingt, wie der Entstehung allgemeiner Rechtsschemata, unterschiedlicher Formen juristischer Ausbildungsgänge und der Formierung unterschiedlicher Trägergruppen der Rechtsentwicklung. Wichtiger für die Entstehung des Naturrechts ist nach Weber indes die von religiös-ethischen, »materialen« Postulaten unabhängige juristische Entwicklung eines formal-abstrakten positiven Rechts, dem gegenüber sich eine abstrakte Legitimation wie diejenige des Naturrechts überhaupt erst formulieren läßt. Eine solche Formalisierung positiven Rechts sei aber nur im Okzident durch die Rezeption des römischen Rechts im kanonischen Recht des Christentums erfolgt (WG: 480-1), was sich im interzivilisatorischen Vergleich wiederum bestätigt. So argumentiert er in der Konfuzianismus-Studie, daß sich im Patrimonialismus kein Juristenstand habe entwickeln können, der die Formalisierung des positiven Rechts hätte vorantreiben können, die für die Entstehung naturrechtlicher Vorstellungen und mithin für die Sanktionierung individueller Freiheitsrechte erforderlich gewesen sei (RS I: 435f.; vgl. auch WG: 473-4).

Die Formalisierung des Rechts setzt Weber in kognitiver Hinsicht schließlich mit der Rationalisierung von Kommunikation in Beziehung. Denn daß die magische Irrationalität der Rechtsoffenbarung durch eine an generellen Normen orientierte juristische Rechtsfindung ersetzt wird, erfordert, daß im Prozeß der Rechtssprechung »[...] die Entscheidung Gegenstand irgendeiner Diskussion wird oder rationale Gründe dafür gesucht oder vorausgesetzt werden«.[142] Daher ist für Weber (wie für Troeltsch) das rationalistische Gedankengut der Aufklärung ein weiterer zentraler Faktor für die Entstehung des modernen formalen Naturrechts, und zwar gerade für die Vorstellung von »Rechten jedes Menschen«.[143]

(c) In den formal normativen Ideen von Freiheit und rechtlicher Gleichheit einerseits, den material normativen Ideen der Gerechtigkeit und der Menschenwürde andererseits identifiziert Weber zentrale Elemente des modernen Menschenrechtsethos. Während Weber ähnliche kulturelle Faktoren für die Entstehung dieser Ideen angibt wie Durkheim, kann er in seiner Analyse der Funktion der naturrechtlichen Legitimation universalistischer Normen dessen optimistische Einschätzung des »Kults des Individuums« jedoch nicht teilen. Wie bereits erwähnt, schätzt Weber die liberalen und die sozialen Menschenrechte als prinzipiell unvereinbar ein. Der tieferliegende Grund für diese Inkohärenz der modernen Naturrechtstypen liegt für Weber in dem fundamentalen

---

142 WG: 444. Mit Recht weist Gephart in diesem Zusammenhang darauf hin, daß Webers Gedanke einer »Rationalisierung durch Diskurs« Habermas' Konzept kommunikativer Rationalität relativ nahe kommt; vgl. Gephart 1993: 536.

143 WG: 498. Die religiösen, rechtlichen und kognitiven Faktoren sind in Webers Analyse nicht hinreichende Bedingungen für die formale Rationalisierung des Rechts bzw. für die Entwicklung des Naturrechts. Auf die zwei strukturellen Faktoren, die Weber z.B. im Vergleich mit der chinesischen Rechtsentwicklung als notwendige Voraussetzungen für die Formalisierung des Rechts betont, nämlich die Interessen bürokratischer und kapitalistischer Gruppen an der formalen Berechenbarkeit des Rechts (RS I: 437-8; vgl. auch WG: 198), werde ich weiter unten eingehen.

Gegensatz von Recht und Gerechtigkeit, d.h. von »formaler« und »materialer« Rationalität der Verhaltensregeln begründet (vgl. WG: 470, 565).

Dieser fundamentale Gegensatz schlägt zudem auf das Naturrecht als solches zurück, das als Legitimitätsgrund des positiven Rechts selbst noch einen »materialen«, d.h. normativ-religiösen Kern besitzt. Als paradoxe Folge der sukzessiven Formalisierung, d.h. der Säkularisierung des Rechts, die vom Naturrechtsdenken selbst angestoßen wurde, schwindet nach Weber letztlich auch dessen materiale Begründbarkeit. Dabei wertet er die im marxistischen, positivistischen und historistischen Denken artikulierte Kritik am Naturrechtsdenken als Indikatoren für die »fortschreitende Zersetzung und Relativierung aller metajuristischen Axiome überhaupt« (WG: 502). Weber analysiert also gleichsam die Soziologisierung ethischer Diskurse, zu der er auf metatheoretischer Ebene selbst beiträgt, schon reflexiv aus der Retrospektive. Da er darüber hinaus den »Wertirrationalismus« des Rechtspositivismus als unausweichliche Konsequenz der formalen Rationalisierung des Rechts interpretiert, müssen ihm alle Versuche, überpositives Recht zu begründen, unter ihnen auch die neukantianischen Überlegungen zum »richtigen Recht«, als »Flucht ins [Zweck-, M.K.] Irrationale« erscheinen.[144]

Die unauflösbare Aporie zwischen materialer und formaler Rationalität, durch die das Natur- und Vernunftrecht delegitimiert wird, spiegelt aber drittens lediglich das Grundmerkmal der modernen Kultur wider: die Differenzierung von Wertsphären. Der »Polytheismus der Werte«, dessen theoretische Begründung noch zu diskutieren sein wird, bedeutet für Weber einen fundamentalen kulturellen Sinnverlust, der auch durch die Ideen der Menschenrechte nicht zu kompensieren ist. Um so eher sind die Menschenrechte im Interesse ökonomischer Machtsteigerung instrumentalisierbar, und zwar insbesondere wenn sie als individuelle Rechtsansprüche im modernen Staat institutionalisiert sind.

---

144 WG: 508f. Zu Webers Analyse der Delegitimierung des Naturrechts vgl. Brugger 1980: 175-86; Gephart 1993: 568-85. Weber bezieht sich mit seiner Anspielung auf Versuche einer Begründung des »richtigen Rechts« auf die Ansätze von Hans Kelsen und Rudolf Stammler, von deren normativem Rechtsbegriff er sich in metatheoretischer Hinsicht distanziert und den er hier historisiert.

3.2.3. Paradoxien positivierter Menschenrechte

Was aber sind in Webers Perspektive die unmittelbaren Ursachen und Folgen der Institutionalisierung allgemeiner Menschenrechte? Daß ihre kausale Erklärung die Rolle der protestantischen Sekten zu berücksichtigen hat, geht bereits aus dem Forschungsprogramm der PE hervor, in dem Weber die Aufgabe formuliert hatte, die »Bedeutung des asketischen Rationalismus nun auch für den Inhalt der sozialpolitischen Ethik, also für die Art der Organisation und der Funktionen der sozialen Gemeinschaften vom Konventikel bis zum Staat aufzuzeigen« (1905: 109/RS I: 205). Webers Argumentation in der PE läßt dabei bereits vermuten, daß die Säkularisierung des Organisationstypus des asketischen Protestantismus wiederum nicht-intendierte Effekte hat, nämlich die Entbindung der rationalen Eigengesetzlichkeit von kapitalistischer Wirtschaft und bürokratischem Staat. Das wichtigste Bindeglied zwischen den protestantischen Sekten, der kapitalistischen Wirtschaft und dem bürokratischen Staat ist die Rationalisierung des Rechts[II], nun verstanden als eine durch einen Zwangsapparat garantierte und daher berechenbare Ordnung.

Daher ist vor allem in Webers Rechts- und Herrschaftssoziologie eine Analyse der Genese moderner Menschenrechtsinstitutionen wie den subjektiven Rechtsgarantien und demokratischer Partizipation impliziert (a), und hier wie in seiner Wirtschaftssoziologie erklärt er die Paradoxie, daß gerade die Institutionalisierung der Menschenrechte eine systematische Beschränkung individueller Handlungsspielräume erzeugen (b), also in einem fundamentalen Freiheitsverlust resultieren kann. Webers Analyse der Positivierung der Menschenrechte folgt dabei, wie weite Teile seiner Rechtssoziologie insgesamt, den Überlegungen des Verfassungsrechtlers Jellinek.

Indem er in seiner Studie *Die Erklärung der Menschen- und Bürgerrechte* [1895, ²1902] nicht Rousseaus *Contrat social*, sondern die *Virginia Bill of Rights* von 1776 als unmittelbare Vorlage für die vom Abgeordneten der Nationalversammlung Marquis de Lafayette initiierte Formulierung der *Déclaration des Droits de l'Homme et du Citoyen* bezeichnete, hatte Jellinek versucht, die Idee der Menschenrechte, die im theologischen, philosophischen und juristischen Diskurs im Deutschland des 19. Jahrhunderts aufgrund ihrer Assoziation mit den säkularistischen und anti-autoritären Tendenzen der Französischen Revolution grundsätzlich abgelehnt worden war, zu rehabilitieren.[145] Jellineks zentrales Argument lautet, daß, während die individuellen Freiheitsrechte bei Rousseau durch die »volonté générale« konstituiert seien, sie in der *Déclaration* genau umgekehrt der prinzipiellen Begründung staatlicher Gesetzgebungsgewalt und deren Beschränkung gegenüber dem Individuum dienten (1974: 5-12). Woher stammt aber ihrerseits jene der *Déclaration* zugrunde liegende amerikanischen Idee der verfassungsrechtlichen Garantie natürlicher, d.h. nicht vererbbarer Grundrechte? Da sie nicht auf die angelsächsische Tradition des »common law« zurückgeführt werden könnten, rekonstruiert Jellinek ihre Entstehung aus dem Kampf unabhängiger puritanischer Sekten um die Freiheit religiöser Bekenntnisse, in dessen Folge die Trennung von Kirche und Staat, d.h. die positive und negative Religionsfreiheit einerseits, die Volkssouveränität andererseits zu Prinzipien der Verfassungsgebung in den amerikanischen Kolonien des 17. Jahrhunderts wurden. Obwohl Jellinek den politischen und ökonomischen Faktoren der amerikanischen Unabhängigkeitsbewegung für die Erweiterung des Katalogs subjektiver Rechte durchaus eine wichtige Bedeutung zuerkennt, hält er letztlich fest, daß »die Idee, unveräußerliche, angeborene, geheiligte Rechte des Individuums gesetzlich festzustellen, nicht politischen, sondern religiösen Ursprungs« sei (1974: 53). Jellineks Analyse der religiösen Wurzeln der Positivierung der Menschenrechte muß als Hintergrund für Webers Analyse der modernen politischen und rechtlichen Institutionen vorausgesetzt werden. Wie jenen interessieren auch diesen weniger die natur- und menschenrechtlichen Ideen als solche, sondern vielmehr deren Institutionalisierung im modernen Staat.[146]

---

145 Explizit betont Jellinek dieses Ziel seiner historischen Analyse, wenn er als deren Ergebnis festhält, daß nicht die konstitutionelle Garantie der aus Amerika stammenden Menschenrechtsgarantien als solche, sondern der spezifische politische Kontext der Französischen Revolution deren destruktive Folgen erzeugt hätte (1974: 31, 67). Es verwundert daher nicht, daß sich an Jellineks These eine kontroverse und teils nationalistisch gefärbte Diskussion mit dem französischen Rechtshistoriker Emile Boutmy entzündete (vgl. Ouédraogo 1996: 39, Fn. 39 und Bielefeldt 1998: 11). Tatsächlich beinhalten die amerikanische und die französische Menschenrechtserklärung unterschiedliche Konzeptionen individueller Rechte und deren politischer Realisierung; vgl. Gauchet 1989: 37-59.

146 Weber selbst erwähnt, daß er neben methodologischen Einsichten die »Anregung zur erneuten Beschäftigung mit dem Puritanismus« Jellinek verdanke (1905: 43, Fn. 78) und daß ihm dessen »Nachweis religiöser Einschläge in der Genesis der ‹Menschenrechte› für die Untersuchung der Tragweite des Religiösen überhaupt auf Gebieten, wo man sie zunächst nicht sucht« eine »wesentlichste Anregung« gewesen sei (1963: 15); vgl. auch GPS: 42, Fn. 1. Das Interesse an der Wirkung religiöser Ideen auf soziale Praktiken indiziert dabei die theoretische Differenz von Weber (wie auch Jellinek) zu Troeltsch, dessen Fokus auf die

(a) Bereits in der PE hatte Weber den Calvinismus und die täuferischen Sekten als die wichtigsten Quellen der verfassungsrechtlichen Positivierung religiöser Toleranz bezeichnet. Dabei hatte er betont, daß das Prinzip religiöser Qualifikation der Einzelnen, also der religiöse Individualismus, ein »positiv-religiöser Grund« für »die Forderung unbedingter Toleranz« sei (1905: 43 Fn. 78). Und in *'Kirchen' und 'Sekten'* deutete er auf den Zusammenhang des organisatorischen Prinzips der »Sekte«, also des religiösen Voluntarismus mit der »Forderung der 'Gewissensfreiheit' als absolut gültigen Rechts des Individuums gegen den Staat«, der »Trennung von Staat und Kirche« und der »Demokratie« hin.[147] In seiner politischen Soziologie der Herrschaft erklärt Weber nun den antiautoritären Charakter der Sekten mit Hilfe des noch zu erläuternden Begriffs des »Charisma«. Die »hierokratische Herrschaft« der Kirche – eines universalistischen, anstaltsartigen Verbands auf der Grundlage von »Amtscharisma« – ist zunächst ein Beispiel für die Veralltäglichung charismatischer Herrschaft. Die Eigenart der »okzidentalen Hierokratie«, die sämtliche anstaltsmäßigen Sozialgestalten des Christentums umfaßt, ist es, zwar gegenüber der politischen Herrschaft die eigene Autonomie behauptet zu haben, nicht aber »[e]ine legitime Sphäre des Einzelnen gegenüber der Macht der Legitimität der Herrschaft« geschaffen zu haben (WG: 714). Erst durch die Sekten, deren Charakteristikum die charismatische Bewährung jedes Einzelnen ist und die daher die Prinzipien von Amtscharisma und religiösem Universalismus gleichermaßen radikal ablehnen (WG: 721), konnten die Menschenrechte im demokratischen Staat institutionell verankert werden.[148]

In bezug auf die verfassungsrechtliche Positivierung der Menschenrechte behandeln Weber wie Jellinek die Vereinigten Staaten als Modell für eine Herrschaftsordnung, in der als Folge der Forderungen der protestantischen Sekten nach religiöser Toleranz und unbedingter Gewissensfreiheit subjektive

---

Sozial*lehren* des Christentums er wiederholt zurückweist (1982: 150; RS I: 18, Fn.). Diese theoretische Differenz schlägt sich in der empirischen Analyse darin nieder, daß Troeltsch die Entstehung der Menschenrechte (gegen Jellinek) unmittelbar auf das Gedankengut der Aufklärung zurückführt (1912: 702, 764f. Fn.415), während Weber (und Jellinek) die praktische Wirkung der Aufklärung vergleichsweise niedrig einschätzen (1905: 43 Fn.78). Zum Verhältnis von Weber, Jellinek und Troeltsch vgl. v.a. Ouédraogo 1996: 32-4 und jetzt auch Joas 2000.

147 1906: 578-80. Dies gesteht auch Troeltsch noch zu, der die Toleranz als »logische Folge« des Kongregationalismus und des Freikirchentums deutet (1912: 758-61).

148 Zur einschlägigen Rekonstruktion von Webers religionssoziologischer Analyse der Positivierung von Menschenrechten und Demokratie vgl. Ouédraogo 1996: 42-8.

Handlungsrechte garantiert worden seien, die weder politische noch hierokratische Herrschaft aus sich heraus hätten hervorbringen können.

»Auf dem Boden der konsequenten Sekte erwächst also ein als unverjährbar angesehenes 'Recht' der Beherrschten, und zwar jedes einzelnen Beherrschten, gegen die, sei es politische, sei es hierokratische, patriarchale oder wie immer geartete Gewalt. Einerlei ob – wie Jellinek überzeugend wahrscheinlich gemacht hat – das älteste, so ist jedenfalls die 'Gewissensfreiheit' in diesem Sinn das prinzipiell erste, weil weitestgehende, die Gesamtheit des ethisch bedingten Handelns umfassende, eine Freiheit von der Gewalt, insbesondere der Staatsgewalt, verbürgende 'Menschenrecht' – ein Begriff, der in dieser Art dem Altertum und Mittelalter ebenso unbekannt ist wie etwa der Staatstheorie Rousseaus mit ihrem staatlichen Religionszwang. Ihm gliedern sich die sonstigen 'Menschen', 'Bürger' oder 'Grundrechte'an: vor allem das Recht auf freie Wahrnehmung der eigenen ökonomischen Interessen – innerhalb der Schranken eines in abstrakten [Normen abgefaßten], für Jeden gleichmäßig geltenden Systems von garantierten Rechtsregeln: nach eigenem Ermessen, – dessen wichtigste Unterbestandteile die Unantastbarkeit des individuellen Eigentums, die Vertragsfreiheit und die Freiheit der Berufswahl sind.« (WG: 725f.).

Gerade in ihrer Forderung nach Gewissensfreiheit als prinzipiellem Menschenrecht sieht Weber also eine Differenz zwischen der sozialpolitischen Ethik der Sekten und Rousseaus politischer Philosophie. Daß dessen Konzeption eines durch die »religion civile« vereinheitlichten Staates, der nur die positive nicht aber die negative Religionsfreiheit rechtlich garantiert (Contr.soc. IV 8: 158-68), mit dem Prinzip der Gewissensfreiheit als Grundprinzip der Menschenrechte unvereinbar sei, hatte Jellinek bereits dargelegt (1914: 326-7, 412, 522). Diese Gegenüberstellung mit Rousseaus politischer Philosophie erweist, daß Weber die Institutionalisierung der Freiheit des Einzelnen, wie sie der religiösen Ethik partikularistischer Sekten entspringt (vgl. auch WG: 497), im wesentlichen als staatliche Garantie individueller Abwehrrechte, weniger aber als Garant sozialer Solidarität begreift.

Auch in bezug auf die Entstehung der modernen Demokratie folgt Weber den Überlegungen Jellineks. Dieser hatte die spezifisch modernen, republikanischen Institutionen aus dem calvinistischen Gedanken der Souveränität der Gemeinde und seiner naturrechtlichen Reformulierung abgeleitet, der u.a. in den nordamerikanischen Kolonien wirksam geworden sei.[149] Weber meint

---

149 1914: 720-4. Die wichtigsten Differenzen der modernen gegenüber der antiken Demokratie sind für Jellinek daher die Prinzipien der Volkssouveränität und der Gleichwertigkeit aller Individuen. Er betont aber, daß diese Prinzipien, wie etwa die Gleichstellung der Geschlechter, institutionell noch nicht konsequent durchgesetzt wurden (1914: 724), und for-

ebenfalls, daß die protestantischen Sekten in Nordamerika die Entstehung demokratischer Herrschaft und Verwaltung begünstigt hätten, und zwar zum einen weil ihr organisatorisches Prinzip einer antiautoritären, voluntaristischen Gemeinschaftsbildung eine »Wahlverwandtschaft« zu den Strukturmerkmalen der Demokratie besäße (WG: 724), zum anderen weil der religiöse Pluralismus als solcher und der »Universalismus« der Zugehörigkeit zu einer exklusiven, partikularistischen Denomination eine institutionelle Komponente der amerikanischen Demokratie sei (1982: 312). Die Affinität zwischen den protestantischen Sekten und der republikanischen Demokratie besitzt allerdings auch eine theoretische Grundlage in Webers Charismabegriff. Darauf deutet jedenfalls Webers herrschaftssoziologische Bestimmung der demokratischen Herrschaft, speziell der amerikanischen Repräsentativdemokratie, als »antiautoritäre Umdeutung des Charisma« hin (WG: 155-8, 666).

(b) Die paradoxe Konsequenz der Positivierung »subjektiver öffentlicher Rechte«, ist nun aber lediglich die zweckrationale Verfügbarkeit des Rechts, d.h. die höhere Berechenbarkeit von Handlungschancen, die sowohl administrativen als auch ökonomischen Interessen zugute kommt. Insofern sieht Weber die Menschenrechte nicht als Faktor kultureller Integration bzw. als Wertesystem liberaler, egalitärer und solidarischer Gesellschaften, sondern interessiert sich für ihren strukturellen Zusammenhang mit den Institutionen des bürokratischen Staats und der kapitalistischen Marktordnung.

Wenngleich Weber Jellineks Analyse der Positivierung der Menschenrechte und der Demokratie aus dem Geist der protestantischen Sekten weitgehend folgt,– ein konstitutives Merkmal des modernen Staats sind diese Institutionen für ihn nicht. Jellinek hatte in seiner *Allgemeinen Staatslehre* [1900, [2]1905] die Souveränität des Volkes und mit ihr die Gewährleistung »subjektiver öffentlicher Rechte« als liberaler Abwehrrechte gegenüber dem Staat zum definitorischen Bestandteil des modernen Staats gemacht (1914: 323-31, 406-27). Weber hingegen definiert den modernen Staat ohne jeglichen Verweis auf das demokratische Souveränitätsprinzip als »anstaltsmäßigen Herrschaftsverband« mit dem »Monopol legitimer physischer Gewaltsamkeit« (GPS: 506, 511; RS I: 547) und insbesondere mit dem Monopol auf die »gewaltsame Ausübung von Rechtszwang« (WG: 183). Durch sein Gewaltmonopol und die Bürokratisierung seines Verwaltungsstabs garantiert der Staat die empirische

---

muliert dadurch ähnlich wie Durkheim eine am Erwartungshorizont der Moderne orientierte normative Demokratietheorie.

Geltung des Rechts[II]. Daraus aber folgt, daß die »subjektiven öffentlichen Rechte« nur unter dem Gesichtspunkt ihrer formalen Rationalität für den modernen bürokratischen Staat charakteristisch sind. Zwar werden durch Garantie des Rechts[II] im modernen Staat als einer »universalistischen Zwangsanstalt« (und durch die Markterweiterung) die Privilegien partikularistischer Stände und Körperschaften zugunsten einer »formalen Rechtsgleichheit« abgeschafft. Und gerade abstrakte Normen, wie die des Naturrechts, haben dabei den feudalen und patrimonialen Herrschaftsordnungen die Grundlage entzogen (WG: 198, 419). Doch die bürokratische Herrschaft des modernen Staats kann aufgrund des irreversiblen Plausibilitätsverlusts des Naturrechts selbst keiner »materialen« Rationalisierung mehr unterworfen werden. Ob daher das Recht[II] die »Freiheit« des Einzelnen oder die autoritäre »Ordnung« als solche stützt, hängt nach Weber von den Interessenkonstellationen zwischen Trägern der Rechtsentwicklung und ökonomischen wie politischen Akteuren ab. Faktisch stützt es in modernen Staaten – und selbst in parlamentarischen Demokratien – die autoritäre »Ordnung«.[150]

Die rechtliche Garantie der »subjektiven öffentlichen Rechte« im Rahmen der Rechtsordnung des modernen Staats begünstigt in Webers Analyse nun aber nicht zuletzt die Kalkulation kapitalistischer Interessen. Bei den subjektiven öffentlichen Rechten handelt es sich nämlich nicht nur um individuelle Freiheits-, sondern auch um »Ermächtigungsrechte«, deren Effekt, wie Weber gegenüber den Interpretationen der rechtlich garantierten Vertragsfreiheit als Indikator für die »Zunahme individualistischer Freiheit« betont, aufgrund ökonomischer Ungleichheit die faktische Beeinträchtigung der Handlungsfreiheit Dritter sein kann. Die Folge der Vertragsfreiheit sei nämlich »die Eröffnung der Chance, durch kluge Verwendung von Güterbesitz auf dem Markt diesen unbehindert durch Rechtsschranken als Mittel zur Erlangung von Macht über andere zu nutzen«.[151] Wenn auch die ökonomische Zweckrationa-

---

150 Vgl. WG: 502f. Entsprechend hat Prager hervorgehoben, daß Webers Demokratietheorie eine Theorie lediglich formaler politischer Inklusion sei, sich auf keinerlei Werte stütze und damit kein normatives Kriterium zur Beurteilung politischer Systeme biete (Prager 1981: 929-34).
151 WG: 439; vgl. auch 470. Diese Einschätzung hat – wie andere Aspekte von Webers Kapitalismusanalyse auch – einen prominenten Vorläufer. In seinem Aufsatz Zur Judenfrage (1844) hat auch Marx die Menschenrechte vor allem als negative Freiheitsrechte aufgefaßt; analog zur Religionsfreiheit deutete er die übrigen Freiheitsrechte unter dem Gesichtspunkt der isolierten Freiheit von »Privatinteresse und Privatwillkür«, in deren Folge der »Materia-

lität an die Garantie von Freiheits- und Ermächtigungsrechten anknüpft, deren Grundprinzip auf die sozialpolitische Ethik der protestantischen Sekten zurückgeht, so liegt hierin eine offensichtliche Parallele zum zweistufigen Erklärungsmodell der PE:

»Wie die von den Sekten mit dogmatisch nicht ganz identischen Motiven übernommene 'innerweltliche Askese'und die Art der Kirchenzucht der Sekten die kapitalistische Gesinnung und den rational handelnden 'Berufsmenschen', den der Kapitalismus brauchte, züchteten, so boten die *Menschen- und Grundrechte* die *Vorbedingungen für das freie Schalten des Verwertungsstrebens des Kapitals mit Sachgütern und Menschen.*« (WG: 726; Hv. M.K.)

So wie die Formalisierung und Universalisierung juridischer Normen durch das Naturrecht in dessen eigener Auflösung resultiert hatte, ist für Weber die paradoxe Folge der Positivierung der Menschenrechte ein fundamentaler Freiheitsverlust. Die Garantie von Freiheits- und Handlungsrechten habe Prozesse bürokratischer und kapitalistischer Rationalisierung begünstigt, durch die sie in ihrer faktischen Wirkung wiederum hinfällig würden.

In seinen historischen Ausführungen zu Naturrecht und Menschenrechten entwirft Weber also eine Genealogie des Vernunfts- und Freiheitsprinzips, in der er sowohl die Genese einer systematisierten Lebensführung, in welcher der Idealtypus rationalen und freien Handelns kulturell und strukturell zu einem Realtypus geworden ist, rekonstruiert, als auch dessen beinahe sofortigen Verfall zugunsten rationalisierter Ordnungen konstatiert und als Sinn- und Freiheitsverlust beurteilt. Worin indessen die normativen Grundlagen dieser skeptischen Beurteilung der Ambivalenz der Moderne bestehen, läßt sich erst klären, wenn man einen genaueren Blick auf Webers Theoriebildung wirft.

3.3.   Soziologische Theorie und Handlungsfreiheit

Habermas hat behauptet, Weber habe die normativen Grundlagen seiner Thesen vom Sinn- und Freiheitsverlust theoretisch nicht begründen können, weil er aufgrund seines instrumentell verkürzten Handlungs- und Rationalitätsbegriffs die »Selektivität« der sozialen Implementierung kultureller Rationalität

---

lismus der bürgerlichen Gesellschaft« sich endgültig zu entfalten vermocht hätte (MEGA I: 158-61).

im Prozeß der okzidentalen Rationalisierung habe übersehen müssen.[152] Dabei folgt er der v.a. von Friedrich H. Tenbruck formulierten und von Stephen Kalberg weitergeführten Interpretation, bei der zweistufigen Logik der okzidentalen Rationalisierung handele es sich um ein zeitliches Nacheinander von kultureller und struktureller Rationalisierung. Diese Interpretation basiert auf der Annahme, Weber operiere mit einem analytischen Primat von Kultur, also »Werten«, »Ideen« oder »Weltbildern« über »Ordnungen«, d.h. über Struktur.[153] Die Erörterung von Webers empirischer Analyse der Genese, des Gehalts und der Funktion der naturrechtlichen Legitimierung des Rechts einerseits und der Positivierung der Menschenrechte im modernen Staat andererseits hat indessen gezeigt, daß Weber seine kritische Genealogie des Freiheits- und Vernunftprinzips nicht als zeitliches Nacheinander kultureller und struktureller Rationalisierung begreift, sondern daß Rationalisierungsprozesse für ihn sowohl auf kultureller als auch auf struktureller Ebene paradoxe Folgen besitzen. Seine Thesen von Freiheits- und Sinnverlust lassen sich, anders als bei Durkheim, nur schwer in einer Theorie der selektiven Implementierung von kultureller Rationalität deuten. Das von Habermas aufgeworfene Problem, wie Weber den normativen Gehalt seiner Thesen vom Sinn- und Freiheitsverlust der okzidentalen Rationalisierung überhaupt begründen kann, erscheint dann in einem anderen Licht als dem der von Habermas an diesem Punkt eingeführten »kommunikativen Rationalität«.

Im folgenden wird argumentiert, daß sich Webers zweistufige Logik der okzidentalen Rationalisierung, mit der er die zeitliche Abfolge einer sowohl kulturellen als auch strukturellen Rationalisierung und ihren jeweiligen paradoxen Konsequenzen beschreibt, in theoretischer Hinsicht am ehesten von

---

152 Vgl. Habermas 1981 I: 305. Auf der Basis des Konzepts des »kommunikativen Handelns« (1981 I: 126-51) und mit Hilfe des Theorems der Kolonialisierung einer kommunikativ rationalisierten Lebenswelt durch die instrumentelle Rationalität systemischer Imperative (1981 II: 449-88) beansprucht Habermas, Webers Rationalisierungstheorie angemessen rekonstruieren zu können; zu Habermas' Weber-Deutung vgl. Gimmler 1998: 116-22.
153 In seiner einflußreichen Analyse der *Einleitung* und der *Zwischenbetrachtung* als Kerntexte einer Weberschen »Spätsoziologie« hat Tenbruck die Thesen aufgestellt, Weber konzentriere sich erstens auf universalgeschichtliche Rationalisierungsprozesse, von denen sich die »okzidentale Rationalisierung« aus einem religionsgeschichtlichen »Entzauberungsprozeß« und einem Prozeß der »Modernisierung« zusammensetzt, und er sehe zweitens die Eigenlogik religiöser Rationalisierung als Dynamik sozialen Wandels überhaupt an, weswegen er als Evolutionstheoretiker zu interpretieren sei (Tenbruck 1975: 670; 679-91).

seinem Begriff des »Charisma« her interpretieren läßt.[154] Aus der charismatischen Schöpfung neuer Ideen entspringen die Prozesse kultureller Rationalisierung und die Differenzierung von Wertsphären einerseits (3.3.1.), die »Veralltäglichung« charismatischer Herrschaft in Prozessen struktureller Rationalisierung andererseits (3.3.2.). Erst durch einen Nachweis der Verankerung von Webers Handlungsbegriff in seiner Charismatheorie (3.3.3.) wird daher die normative Begründung der Thesen vom Sinn- und Freiheitsverlust verständlich, und erst vor diesem Hintergrund läßt sich Webers ambivalente Haltung gegenüber den Menschenrechten angemessen begreifen.

3.3.1. Charisma und kulturelle Rationalisierung

Es ist bereits angedeutet worden, daß Weber die PE in theoretischer Hinsicht als Nachweis für die Unabhängigkeit kultureller Faktoren bei der Analyse sozio-kulturellen Wandels und damit auch als Kritik am ökonomischen Reduktionismus des historischen Materialismus verstanden wissen wollte. Es wäre jedoch verfehlt, nun Weber seinerseits einen idealistischen Reduktionismus zu unterstellen – explizit grenzt er sich von einer »ebenso einseitig spiritualistische[n] Kultur- und Geschichtsdeutung« ab (vgl. 1905: 110/RS I: 205). Wie die religionssoziologischen Untersuchungen seiner dritten Arbeitsphase, insbesondere die *Wirtschaftsethik der Weltreligionen* [1916-19] und deren Systematisierung in der *Religionssoziologie* aus WG, zeigen, ist er vielmehr an dem Wechselspiel kultureller und struktureller Faktoren interessiert, die er analytisch streng voneinander unterscheidet (RS I: 12). Zweifelsohne richtet sich seine Aufmerksamkeit in den interzivilisatorisch-komparativen Studien aber gerade auf die verschiedenen Prozesse kulturellen Wandels, und zwar deswegen, weil gerade durch sie die motivationelle Dimension individuellen Handelns erklärt werden kann. Diese Prozesse setzen jeweils an der charisma-

---

154 Dem Charismabegriff ist in der jüngeren Weberforschung größere Aufmerksamkeit geschenkt worden (vgl. v.a. Breuer 1994), wobei von einigen Autoren zwei sich an das »genuine Charisma« anschließende Prozesse unterschieden werden (z.B. Schluchter 1988 II: 536; Schroeder 1992: 17-23), die hier den analytischen Kategorien von Kultur und Struktur zugeordnet werden. Daß Webers Begriff des Charisma seinem Ideal der »Persönlichkeit« komplementär ist, wie es in der Ethik des asketischen Protestantismus erst- und einmalig realisiert wurde, leitet Liebersohn aus Webers biographischem Bezügen zu puritanischer Religiosität ab (Liebersohn 1988: 83-6, 120-5). In der folgenden Argumentation versuche ich demgegenüber, die theorieimmanenten Bezüge des Charismabegriffs zu rekonstruieren.

tischen Genese kultureller Ideen und Werte an (a), resultieren aber – unter der Bedingung, daß die »Eigengesetzlichkeit« ihrer Rationalisierung zum Tragen kommt – in der Differenzierung zueinander jeweils irrationaler Wertsphären (b).

(a) In Webers Theorie der Kultur kommt der Genese kultureller Ideen und Weltbilder eine zentrale Bedeutung zu. Wenn er sie letztlich in den Begriffen des Charisma bzw. der charismatischen Autorität verankert, so bezeichnet er damit die »außeralltägliche Qualität eines Menschen« bzw. einen Herrschaftstypus, dessen Legitimität auf dem Glauben der Beherrschten an die außeralltägliche Qualifikation der herrschenden Person beruht.[155] Während die Rationalisierung der charismatischen Herrschaft einerseits in die strukturellen Prozesse einer (bürokratischen) Rationalisierung »von außen her« einmündet, bewirkt das »genuine Charisma« andererseits die gesinnungsmäßige Umgestaltung einer Lebensführung »von innen heraus«, erklärt also die Motivation zur Aneignung kultureller Ideen (v.a. WG: 658). Aber auch die »Schöpfung« neuer Ideen, seien sie religiös-ethischer, juridischer oder kognitiver Art, unterliegt trotz ihres Ursprungs im Charisma dem Mechanismus kultureller Rationalisierung, den Weber in den Schriften seiner dritten Arbeitsphase, d.h. auch in der Überarbeitung der PE, als »Entzauberung« bezeichnet.[156]

Weber zeichnet die Genese von Ideen und die Eigenlogik ihrer kulturellen Rationalisierung v.a. am Beispiel religiös-ethischer Ideen nach. Schon seine Argumentation der PE hat gezeigt, daß religiöse Ideen für ihn hauptsächlich in ihren ethischen Konsequenzen, in ihrem Potential also, individuelles Handeln »von innen heraus« zu motivieren, relevant sind. In der *Religionssoziologie* von WG argumentiert er nun, daß, nachdem religiöses Handeln ursprünglich diesseitige Zwecke besessen habe, aus dem magischen Glauben an das Charisma bestimmter Objekte und Personen nach dem Durchgangsstadium des

---

155 Vgl. RS I: 268-9; WG: 654. Weber übernimmt diesen Begriff offensichtlich in seiner dritten Arbeitsphase aus den Studien des Kirchenrechtlers Rudolph Sohm zum Frühchristentum, überträgt sie aber aus dem Bereich religiöser Ideen auf sämtliche Gebiete der Kultur (vgl. z.B. WG: 124, 655).
156 Vgl. RS I: 94, 158, 513; WL: 433. Zur Entwicklung des Entzauberungsbegriffs in Webers dritter Arbeitsphase vgl. Winckelmann 1980. Aus der *Vorbemerkung* (RS I: 1-16) sowie aus textlichen Veränderungen der Originalfassung der PE, in denen die ursprüngliche Argumentation auf die Themen der »Entzauberung« und der »Rationalisierung« bezogen wird (RS I: 94-5, 114 Fn. 1, 158), geht hervor, daß Weber vor allem in seiner dritten Arbeitsphase die Analyse kultureller und struktureller Rationalisierung und ihrer charismatischen Voraussetzungen expliziert.

Animismus allmählich die Symbole von Seele und Gott entstanden seien. Diese seien ihrerseits einem Prozeß der »rationalen Systematisierung« unterworfen worden, dessen Resultat die Entstehung einer religiösen Ethik und die Universalisierung von Gottesbildern gewesen sei (WG: 245-59). Die Systematisierung der religiösen Ethik zu einer einheitlichen ethischen Lebensführung führt Weber dabei v.a. auf die »prophetische Offenbarung«, sei sie »ethischen« oder »exemplarischen« Charakters, zurück (WG: 275; vgl. auch RS I: 521). Damit behauptet Weber also, daß wertrational orientiertes Handeln und dessen Habitualisierung in einer einheitlichen Lebensführung seinen Ursprung im prophetischen Charisma der Erlösungsreligionen, und zwar nur hier, hat (WG: 321).

In dieser Identifikation wertrationalen Handelns mit religiöser Ethik liegt der systematisch-theoretische Grund für Webers Entscheidung, seine Soziologie der Moral vollständig in die Religionssoziologie einzubetten. Die Rationalisierung religiös-ethischer Ideen nun, die in der Überwindung magischen Handelns durch eine religiöse Ethik und der Systematisierung der Gottes- und Weltkonzepte (RS I: 512), d.h. in der »Entzauberung« der Welt besteht, findet ihren universalhistorischen Höhepunkt in der innerweltlichen Askese, deren Bedeutung für die Individualisierungsprozesse der Moderne und die naturrechtliche Legitimierung des Rechts bereits erläutert wurde.

Die Bedeutung des Charismabegriffs für Webers Theorie der Genese kultureller Ideen zeigt sich auch in der Erklärung der erstmaligen Entstehung juridischer Normen im Sinne »oktroyierter neuer Regeln« und der sich anschließenden Rationalisierung des Rechts[I], die Weber in der *Rechtssoziologie* von WG detailliert beschreibt. Die Normgenese erfordert für Weber dabei grundsätzlich ein »neuartiges Handeln«, durch das entweder neues Recht geschaffen oder geltendes Recht neu interpretiert wird (WG: 442). Die Neuschöpfung oder -interpretation juridischer Normen kann jedoch nur »auf dem hierfür ausschließlich möglichen Wege einer neuen charismatischen Offenbarung« geschehen (WG: 446; vgl. auch 657-8), und noch das Naturrecht ist für Weber deswegen das Ergebnis einer charismatischen Revolution »von innen heraus«. Der Prozeß der Rationalisierung des Rechts von dieser charismatischen Rechtsoffenbarung bis hin zu einer formal-positiven Rechtssatzung indes liest sich in Webers idealtypischer Konstruktion als sukzessive Eliminierung zunächst der »irrationalen« Mittel der Rechtsschöpfung und -findung, dann aber auch der »materialen« Normen zugunsten eines »formalen«, ausschließlich nach Regeln logischer Abstraktion rationalisierten Rechts.[157] Der Mechanismus dieser Rationalisierung juridischer Normen besteht für Weber nun in der »Generalisierung« und »Systematisierung« des Rechtsdenkens, in deren Konsequenz abstrakte Rechtssätze gewonnen und ihre universelle Anwendbarkeit zumindest logisch gewährleistet wird (WG: 395-6). Die (formale) Rationalisierung des Rechts, die aufgrund der bereits angedeuteten Faktoren nur im Okzident konsequent vollzogen wurde, resultiert also notwendigerweise in einer Differenzierung von (religiöser) Ethik und Recht.

Und selbst die Genese kognitiver Ideen führt Weber auf ihren – zugestandenermaßen entfernten – Ursprung im Charisma zurück. Dies zeigt sich insbesondere an Webers Interpretation der vernunftrechtlichen Legitimation der Menschenrechte, d.h. der aufklärerischen Annahme, daß sich aus der »[...] 'Vernunft' des Einzelnen, falls ihr freie Bahn gegeben werde, kraft göttlicher Provenienz und weil der Einzelne seine Interessen am besten kenne, zum mindesten die relativ beste Welt ergeben müsse: die charismatische Verklärung der 'Vernunft' [...] ist die letzte Form, welche das Charisma auf seinem schicksalsreichen Weg überhaupt angenommen hat« (WG: 726). Doch noch eindeutiger als die Systematisierung der religiösen Ethik und die Formalisierung des Rechts bedeutet die »Intellektualisierung« des Wissens über die Welt deren »Entzauberung« (WL: 578, 596 bzw. MWGA I/17: 87, 109).

Wenn Weber die Genese kultureller Ideen in einer charismatischen Offenbarung verankert und den sich an sie anschließenden Prozeß der rationalen Systematisierung als zentralen Mechanismus kulturellen Wandels beschreibt, so ist für ihn damit keine Theorie kultureller Evolution impliziert.[158] Denn die Richtung der jeweiligen Rationalisierungsprozesse ist von strukturellen Faktoren, darüber hinaus aber auch von der Eigenart der charismatisch entstandenen, kulturellen Ideen oder »Werte« mitbedingt, und zwar insbesondere von der Eigenart religiöser Heilsgüter, an denen sie sich orientieren (WG: 321-48). Entsprechend konzipiert Weber den Rationalitätsbegriff spätestens in seiner

---

157 Vgl. WG: 386-7, 468-71. Zwar konstruiert Weber die Dichotomien »irrational«-»rational« und »materiell«-»formell« zunächst rein idealtypisch, dann aber deutet er sie als Pole einer eigenlogischen Rechtsentwicklung, temporalisiert sie also; vgl. v.a. WG: 504.

158 Die Deutung, Weber hätte mit seinen interzivilisatorisch-komparativen Studien eine kulturelle Evolutionstheorie intendiert, ist v.a. von Tenbruck (1975: 682) vertreten worden. Auf der Textgrundlage des Weberschen Werks läßt sich m.E. jedoch, wenn überhaupt, die idealtypische Formulierung von »Entwicklungen« (vgl. v.a. WL: 203-4) nachweisen; vgl. auch Schluchter 1978: 433, 455; Riesebrodt 1980: 121.

dritten Arbeitsphase als einen perspektivischen, kulturabhängigen Begriff.[159] Sogar der Konfuzianismus, den Weber aufgrund des Fehlens jedweder Form von Prophetie als Beispiel für eine Kultur vollständiger Weltanpassung betrachtet, in der die Systematisierung der praktischen Lebensführung »von innen heraus«, d.h. die Ausbildung einer »Persönlichkeit« vollständig gefehlt habe, stellt für ihn noch eine eigene Form des »Rationalismus« dar (vgl. z.B. RS I: 534). Die Perspektivität seines Rationalitätsbegriffs spiegelt sich aber nicht nur im Vergleich der Rationalisierung unterschiedlicher religiöser Heilsgüter wider, sondern liegt auch seiner Theorie kultureller Differenzierung zugrunde.

(b) Neben Prozessen der »rationalen Systematisierung« konstruiert Weber in der *Zwischenbetrachtung* der WEWR und im § 11 der *Religionssoziologie* den kulturellen Mechanismus einer Differenzierung von Wertsphären (RS I: 536-73; WG: 348-67). Diesen Mechanismus entwirft Weber als Zunahme einer Spannung der (wertrational) systematisierten religiösen Ethik der Weltablehnung – sei sie »Askese« oder »Mystik«, »innerweltlich« oder »weltflüchtig« – zu den »Sphären« der Ökonomie, der Politik, der Kunst, der Erotik und der Wissenschaft, denen er jeweils eine »immanente Eigengesetzlichkeit« zuschreibt. Zu den zweckrationalen Sphären der Ökonomie und der Politik gerät die rationalisierte religiöse Ethik deswegen in eine zunehmende Spannung, weil jene sich kraft ihrer »Versachlichung« und »Verunpersönlichung« jeglicher wertrationalen Reglementierung entziehen. Die Sphären der Kunst und der Erotik gewinnen im Zuge der Rationalisierung religiöser Ethik hingegen gerade aufgrund ihres »arationalen« bzw. »antirationalen« Charakters an Autonomie, während die Wissenschaft schließlich nach Überwindung des magischen Weltbildes durch ihren empirischen Zugang zur Wirklichkeit die Welt ihres »Sinns« und die religiöse Ethik ihrer Rationalität beraubt. In allen »rationalen« Sphären (Ökonomie, Politik, Wissenschaft) konstatiert Weber nun eine Affinität der innerweltlichen Askese zur bewußten Steigerung ihrer jeweiligen Eigengesetzlichkeiten, die sich erst im okzidentalen Rationalismus konsequent konstituiert hätten, womit er der Bedeutung des asketischen Protestantismus für die Entstehung der Moderne eine theoretische Begründung gibt. Doch da die Wertmaßstäbe der eigengesetzlich konstituierten Sphären

---

159 So behauptet er in der Überarbeitung der PE, daß die Begriffe »irrational« wie »rational« jeweils von einem bestimmten »Gesichtspunkt« abhängig sind (RS I: 35 Fn.1; vgl. auch RS I: 537).

für Weber »inkommunikabel« sind (RS I: 562), verliert auch die innerweltliche Askese jegliche kulturelle Plausibilität und ist damit, wie jede rationalisierte Religion, zur praktischen Irrationalität verurteilt. Diese Analyse zeigt, daß materiale Rationalität, deren Idealtypus die religiöse Ethik der Prophetie ist, in der Moderne die Handlungsorientierungen von Menschen nicht mehr so durchdringen kann, daß aus ihnen eine einheitliche Lebensführung entstünde.

Obwohl Weber – wie Durkheim – in seiner Theoriebildung mit einem analytischen Kulturbegriff operiert, dessen religiöse Komponente von zentraler Bedeutung ist, setzt er diesen Begriff nicht auf der Ebene eines gemeinschaftlich geteilten Wertesystems an, unterstellt also nicht die kulturelle Integration von Gesellschaft.[160] Daher ist er in empirischer Hinsicht nicht gezwungen, das moderne Menschenrechtsethos a priori als Kern eines integrativen Kultursystems zu deuten. Doch nicht nur das; er kann ihn auch prinzipiell nicht derart deuten. Denn aufgrund seiner theoretischen Perspektivierung des Rationalitätsbegriffs ist Weber umgekehrt zur Unterstellung der Inkommensurabilität rationalisierter Wertsphären genötigt. Notwendigerweise ist für ihn also die paradoxe Folge der kulturellen bzw. der religiös-ethischen Rationalisierung die »Sinnlosigkeit« der Welt (RS I: 567-71).

3.3.2. Charisma und strukturelle Rationalisierung

Webers Interesse am Wechselspiel kultureller und struktureller Faktoren tritt bereits in den nationalökonomischen und sozialwissenschaftlichen Schriften seiner ersten und zweiten Arbeitsphase zutage, prägt aber gerade die religionssoziologischen Analysen der WEWR. Dabei beschäftigt er sich zum einen mit dem Einfluß des Systems sozialer Schichtung auf kulturelle Rationalisierungsprozesse (a) und konstruiert zum anderen in dem Mechanismus der »Veralltäglichung« des Charisma einen Idealtypus struktureller Rationalisierung, an dessen Ende die zweckrationale, bürokratische und kapitalistische Ordnung und die Disziplinierung der gesamten Lebensführung stehen (b).

---

160 Wenn Weber – anders als Durkheim – keinem »Mythos kultureller Integration« (Archer) verfällt, sondern präzise zwischen der Eigenlogik kultureller Ideen und sozialer Strukturen einerseits und der konkreten Dynamik sozio-kulturellen Wandels andererseits unterscheidet, so ist dies sicherlich auf die explizit handlungstheoretische Fundierung seiner Soziologie zurückzuführen.

(a) In der *Einleitung* und im § 7 der *Religionssoziologie* entwirft Weber eine differenzierte Typologie von Trägergruppen religiöser Ideen, wobei er insbesondere nach der Beeinflussung der Heilsgüter durch »die Art der äußeren Interessenlage und der ihr adäquaten Lebensführung der herrschenden Schichten und also durch die soziale Schichtung selbst« fragt (RS I: 259 bzw. MWGA I/19: 109; WG: 285-314). Daß Weber sich dabei von der historisch-materialistischen Annahme einer Determination religiöser Ideen durch Klassenzugehörigkeit ebenso abgrenzt wie von der Ressentiment-Theorie Nietzsches, weist auf eine konsequent analytische Verwendung der Begriffe von Kultur und sozialer Struktur hin.[161] In seiner eigenen Analyse des Wechselspiels von sozialer Schichtung und religiösen Ideen entwirft er mit dem Konzept der »Wahlverwandtschaft« (WG: 705) ein Modell der Interdependenz von Kultur und Struktur: Zwar lasse sich z.B. feststellen, daß die Lebensführung intellektueller Gruppen und ihre »ideellen Interessen« einer »theoretischen Rationalisierung«, d.h. der Intellektualisierung und Systematisierung von Ideen und Weltbildern wahlverwandt (oder auch: »sinnhaft adäquat«) seien (RS I: 251-4; WG: 304-14), während die »praktische Rationalisierung«, d.h. die Gestaltung der ethischen Lebensführung durch technische und ökonomische Methodik und Disziplin eher den Bedürfnissen kleinbürgerlicher Schichten und ihren »materiellen Interessen« entspreche (RS I: 254-7; WG: 291-304). Aber daß diese Wahlverwandtschaft historisch zum Tragen kommt, setzt für Weber voraus, daß die jeweils eine oder andere Schicht eine strukturelle Dominanz gewinnt und hängt damit von der jeweiligen Herrschaftsordnung ab. Erst daß die entsprechenden strukturellen Faktoren – die mittelalterliche Stadt als »Wehrgemeinde« mit eigener Gerichtsbarkeit, die Entstehung von Handelsgesellschaften, die Entwicklung eines eigenständigen Bürgertums etc. – im Okzident in einer spezifischen Konstellation aufgetreten sind, erklärt für Weber die praktische Rationalisierung der ethischen Lebensführung, die durch die Rezeption des asketischen Protestantismus in bürgerlichen Schichten entstanden ist.

---

161 Weber bezieht sich hier wie auch in parallelen Texten (WG: 301-3, 372, 536) auf Nietzsches *Genealogie der Moral* von 1887 (KG VI,2: 257-430):, deren These, die religiöse Ethik sei ein (v.a. jüdisches!) Produkt verdrängter Rachegefühle von Beherrschten gegenüber Herrschenden, eines »Sklavenaufstandes der Moral« (vgl. v.a. KG VI,2: 270-81), er v.a. mit dem Argument der eigengesetzlichen ideellen Rationalisierung des Problems der Theodizee zu widerlegen bestrebt ist.

Daß Weber das Wechselspiel von Kultur und Struktur gerade im Blick auf die stratifikatorische Dimension von Struktur behandelt, die Durkheim im übrigen fast vollständig ausblendet, deutet wohl auch seine Skepsis gegenüber holistischen Gesellschaftsbegriffen an, die sich bereits in seinen metatheoretischen Ausführungen offenbart.[162] Da Weber infolge seines handlungstheoretischen Ansatzes die kulturelle Dimension von sozialem Handeln nicht a priori als kollektive Repräsentation einer Gesellschaft und die strukturelle Dimension sozialen Handelns ebensowenig a priori als gesellschaftliche Einheit begreifen muß, sondern Kultur und Struktur in ihrer jeweiligen Eigendynamik zu analysieren vermag, ist seine theoretische Begrifflichkeit nicht notwendig auf den historischen Erfahrungsraum des Nationalstaats beschränkt. Eher behandelt Weber die Prozesse der Entstehung kultureller Sinnkonstellationen und struktureller Ordnungen auf der Ebene zivilisatorischer Einheiten. Vor allem aber erlaubt ihm seine Theoriebildung, noch genau diejenigen kulturellen und strukturellen Prozesse zu identifizieren, durch die sich »Nationalität« als kontingenter Typus von regelmäßiger Handlungsorientierung mit dem Merkmal der Konstitution eines »politischen Verbandes« auf der Grundlage von »Gemeinsamkeitsgefühl« herausbildet (WG: 242-4; 528-30). Weber lehnt damit jegliche Form einer Reifizierung der »Nation« kategorisch ab.[163] Seine Analyse sozialer Ordnungen ist schon in ihrer Grundbegrifflichkeit vom nationalstaatlichen Bezugsrahmen des politisch-philosophischen Denkens des 18. und 19. Jahrhunderts weitaus unabhängiger als Durkheims funktionalistische »Gesellschafts«-Theorie.

(b) Wenn es für Weber also die »herrschenden Schichten« und ihre materiellen oder ideellen Interessen sind, durch die kulturelle Rationalisierungsprozesse dauerhaft beeinflußt werden, so zeigt dies, daß sein Begriff von sozialer Struktur letztlich im Konzept der Herrschaft verankert ist. Unter dem Gesichtspunkt der Genese sozialer Ordnungen kommt wiederum seiner Konstruktion des Idealtypus charismatischer Herrschaft eine besondere Bedeutung

---

162 Zu Webers Abneigung gegen den Gesellschaftsbegriff und seiner entsprechenden Ausarbeitung einer »Soziologie ohne 'Gesellschaft'« vgl. Tyrell 1994: 391-5.
163 Diese Konsequenz seiner Theoriebildung zieht Weber insbesondere in seiner Polemik gegen nationalistische Gesellschaftskonzepte, wie sie von Paul Barth und Ferdinand Schmid auf dem Zweiten Soziologentag vertreten wurden (SSP: 484-8).

zu.[164] Herrschaft – verstanden als »autoritäre Befehlsgewalt«, d.h. als »Chance, für einen Befehl bestimmten Inhalts bei bestimmten Personen Gehorsam zu finden« (WG: 28) – untergliedert Weber bekanntlich in die Typen rational-legaler, traditionaler oder charismatischer Herrschaft (WG: 124, 544, 549, GPS: 507). Die Genese neuer sozialer Ordnungen erklärt Weber nun grundsätzlich aus der »von innen heraus« revolutionierenden Macht der charismatischen Herrschaft, der spezifisch »außeralltäglichen« der drei Herrschaftstypen. Dabei ist zu berücksichtigen, daß Weber den Begriff der Herrschaft durch eine Unterscheidung präzisiert, die mit seinem doppelten Rechtsbegriff korrespondiert: Herrschaft bedarf einerseits der Existenz eines »Verwaltungsstabs«, andererseits aber auch eines »Legitimitätsglaubens«. Hierin liegt der herrschaftssoziologische Grund dafür, daß aus der charismatischen Herrschaft, dem spezifisch »außeralltäglichen« Herrschaftstypus, zwei Rationalisierungsprozesse entspringen, von denen einer sich auf die Systematisierung des »Legitimitätsglaubens« bezieht und in die bereits angesprochenen Mechanismen kultureller Rationalisierung einmündet, während ein anderer am strukturellen Verhältnis von Charismaträger, Verwaltungsstab und Anhängerschaft ansetzt, das in der rein charismatischen Herrschaft prinzipiell labil ist und daher notwendigerweise einem Prozeß der »Veralltäglichung« oder »Versachlichung« unterliegt (vgl. v.a. WG: 142-8; 661-81).

Obwohl also erst die revolutionäre Macht des Charisma für Weber die Genese sozialer Ordnungen erklärt, bedarf deren Stabilisierung spezifischer struktureller Prozesse. Durch diese Prozesse weicht das Charisma in einem Prozeß der »Veralltäglichung« meist dem Typus der traditionalen Herrschaft, mit der sie das Merkmal teilt, eine »persönliche« Beziehung als Grundlage der Herrschaft zu haben. Die charismatische Herrschaft kann im Prozeß der »Versachlichung« aber auch, vor allem über den Umweg des »Amtscharisma«, wie es sich v.a. in der »hierokratischen Herrschaft« des Christentums ausgebildet hat (WG: 674-5), in einer Bürokratisierung des Verwaltungsstabs resultieren und sich damit in eine Form der legalen Herrschaftsordnung transformieren. Deren Charakteristika aber sind der Glaube an die formale Legalität juridischer Normen (Recht^{I}) und ihre verwaltungstechnische Erzwingbarkeit (Recht^{II}). Da durch die bürokratische Herrschaft die zweckrationale Bere-

---

164 Die Zentralität des herrschaftssoziologischen Ansatzes in Webers Soziologiekonzeption, gerade in seiner Religionssoziologie, ist sehr pointiert von Bourdieu hervorgehoben – und weiterentwickelt worden; vgl. Bourdieu 1971 und 1976.

chenbarkeit sozialen Handelns gesteigert wird, bedeutet sie eine grundlegende strukturelle Rationalisierung, die für Weber den Charakter einer Revolutionierung »von außen her« hat (WG: 657). Das aber besagt, daß ihre Geltung einer inneren Motivation entbehren kann, sich strukturelle Integration unabhängig von individuellen Handlungsmotivationen vollziehen kann. Diesen Gedanken deutet Weber bereits in der PE und im *Kategorien*-Aufsatz an, indem er betont, daß die empirische Geltung rationaler Ordnungen ihrerseits nicht mehr durch rationale Handlungsorientierungen, sondern durch traditionelles bzw. »annähernd gleichmäßiges Massehandeln ohne jede Sinnbezogenheit« erklärt werden kann (WL: 473).

Der okzidentale Rationalisierungsprozeß resultiert für Weber also strukturell gesehen in der Entstehung einer Ordnung, die er mit drastischen Metaphern wie dem »stahlharten Gehäuse« (RS I: 203) oder dem »Gehäuse der Hörigkeit« (GPS: 332) bezeichnet. Im Rahmen seiner Theoriebildung bezeichnet Weber diese Entwicklung als Prozeß zunehmender »Disziplinierung«, also als Zunahme solcher Regelmäßigkeiten sozialen Handelns, die durch »Disziplin«, d.h. schematischen Massengehorsam zu erklären sind (WG: 29). In diesem Prozeß sieht er die Rationalisierung des Charisma allmählich einmünden.

»Das Schicksal des Charisma ist es, durchweg mit dem Einströmen in die Dauergebilde des Gemeinschaftshandelns zurückzuebben zugunsten der Mächte entweder der Tradition oder der rationalen Vergesellschaftung. Sein Schwinden bedeutet, im ganzen betrachtet, eine *Zurückdrängung der Tragweite individuellen Handelns*. Von allen jenen Gewalten aber, welche das individuelle Handeln zurückdrängen, ist die unwiderstehlichste: [...] die rationale Disziplin.« (WG: 681, Hv. M.K.).

Da Weber auch die Interessenkonstellation auf dem Markt als »Herrschaft« betrachtet (WG: 542), hat auch deren Rationalisierung durch die kapitalistische Marktvergesellschaftung disziplinierende Effekte, die in den ökonomischen Großbetrieben, den »leblosen Maschinen«, zutage treten (WG: 686; vgl. auch GPS: 332). Durch die Marktherrschaft, die ökonomischen (und militärische) Disziplinierung und die »lebende Maschine« bürokratischer Verwaltungsapparate entstehen also im Prozeß struktureller Rationalisierung externe

Herrschaftsordnungen, welche die Freiheit des Menschen fundamental beeinträchtigen.[165]

In diesen theoretischen Aufriß der strukturellen Rationalisierung, an deren Ende die zweckrationale Berechenbarkeit des Handelns einerseits, der Verlust individueller Handlungsfreiheit andererseits stehen, sind auch Webers empirische Ausführungen zu den politischen und ökonomischen Effekten der Positivierung der Menschenrechte einzuordnen. Zwar sieht Weber angesichts der Ambivalenz der Moderne anders als Durkheim keine Möglichkeit, diese krisenhaften Effekte durch die Institutionalisierung kultureller Ideen, etwa der Prinzipien von 1789, zu überwinden. Doch stellen sie auch für ihn den Wertbezugspunkt dar, von dem her er das tragische Moment seines narrativen Schemas der okzidentalen Rationlisierung seine normative Dimension gewinnt.

3.3.3. Charismatisches Handeln und die Idee der Freiheit

In meiner Interpretation des Verhältnisses von Webers Soziologie zu den Menschenrechten bin ich bislang insbesondere auf deren Methodologisierung und Historisierung sowie auf die Rekonstruktion ihre kulturellen und strukturellen Genealogie eingegangen. Die Diskussion des von Habermas aufgeworfenen Problems der theorieimmanenten Begründung des normativen Gehalts von Webers Thesen des Sinn- und Freiheitsverlusts führt m.E. nun aber zur Feststellung, daß die erkenntnisleitende Wertbeziehung von Webers Soziologie letztlich die Ideen individueller Freiheit und Autonomie sind. Sie spiegeln sich insbesondere in seinem implizit existentialistischen Handlungsbegriff wider, der im Charismabegriff verankert ist. Dieses Argument läßt sich versuchsweise entfalten, indem ausgehend von Webers offizieller Handlungstypologie (a) sein Charismabegriff handlungstheoretisch rekonstruiert (b) und darin die normativen Dimensionen seiner Soziologie freigelegt werden (c).

(a) Die Diskussion seiner Methodologie hatte gezeigt, daß Weber in seiner Handlungstypologie zunächst das rationale und freie Handeln als Grundlage

---

165 Zu Webers Begriff der »Disziplinierung«, mit dem er Rationalisierung als Zunahme einer externen Beherrschung durch rationalisierte Ordnungen beschreibt vgl. die Aus- und Weiterführungen bei Alexander 1987b, Breuer 1978 und – mit Betonung der Parallelen zu Michel Foucault – Turner, B. 1987.

einer verstehenden Soziologie einführte. Sofern er hiermit als den erkenntnisleitenden Wertbezug seiner Soziologie das handlungstheoretisch rekonstru-
ierte Freiheits- und Vernunftprinzip wählt, vermag er seine historischen Arbeiten an der seiner zentralen Problemstellung gemäßen Frage nach den Bedingungen und Beschränkungen rationalen und freien Handelns zu orientieren. Insofern erscheint es zunächst nur konsequent, wenn er in seiner empirischen Analyse gerade die Sinn- und Freiheitsverluste der Moderne markiert.
Zwar führt ihn sowohl die Genealogie des okzidentalen Rationalismus als
auch deren theoretische Rekonstruktion zur erstmaligen Entstehung einer
vollständig systematisierten Lebensführung im asketischen Protestantismus
und damit zur Entstehung der naturrechtlichen Legitimation des Rechts und
der Positivierung der Menschenrechte. Und daß diese Entwicklung im interzivilisatorischen Vergleich eine Steigerung von Rationalität und Autonomie
gegenüber der »Welt« bedeutet habe, steht für Weber außer Zweifel. Aber
wenn aus genau diesem Realtypus sinnorientierten, freien und rationalen Handelns paradoxerweise die Freiheits- und Sinnverluste der Moderne entspringen, scheidet er letztlich als normatives Kriterium für deren Bewertung, an der
Weber doch interessiert zu sein scheint, aus. Genau hierin liegt m.E. der immanente Grund für die weitere Ausarbeitung der Charismatheorie.

(b) Wie die Analyse von Webers Theorie kulturellen und strukturellen
Wandels gezeigt hat, erklärt der Charismabegriff die Genese kultureller Ideen
und sozialer Ordnungen durch eine Transformation der Motivationsstruktur
der Handelnden oder, wie Weber sagt, durch eine Revolutionierung »von
innen heraus«. Dadurch führt Weber m.E. implizit einen Begriff des charismatischen Handelns ein. Auf diesen Punkt hat in der jüngeren Diskussion
insbesondere Hans Joas aufmerksam gemacht, für den Webers Charismatheorie über die Gegenüberstellung von zweckrational und wertrational orientier-
tem Handeln hinausweist und vielmehr dessen schöpferische Dimension zum
Ausdruck bringt (Joas 1992a: 69-76). [166] Daß Weber tatsächlich einen impli-

---

166 In der Weber-Diskussion ist mehrfach auf die Inkonsistenz von Webers offizieller Handlungstheorie und seiner substantiellen Soziologie hingewiesen worden. So hat Parsons etwa
kritisiert, daß gegenüber den zwei rationalen Typen des sozialen Handelns die zwei irrationalen Typen inhaltlich nicht gefüllt seien und daher lediglich Residualkategorien darstell-
ten, und vorgeschlagen, mit einem psychoanalytisch reinterpretierten Charismabegriff als
einer Form nicht-rationaler Handlungsmotivation diese theoretische Lücke zu schließen;
vgl. Parsons 1981: 87-9 und zum Vergleich von Parsons' Begriff der existentialistischen
Handlungsorientierung mit Webers Charismabegriff Schluchter 1988 I: 143. Gleichwohl
wird diese Dimension von Webers Handlungsbegriff von vielen Interpreten übersehen; so

ziten Begriff des charismatischen Handelns verwendet, geht nicht zuletzt aus einer Rekonstruktion der Prozesse kultureller und struktureller Rationalisierung und Disziplinierung hervor, die Weber als allmähliches Schwinden des Charisma deutet.

>So geht mit der Rationalisierung der politischen und ökonomischen Bedarfsdeckung das Umsichgreifen der Disziplinierung als eine universelle Erscheinung unaufhaltsam vor sich und schränkt die Bedeutung des Charisma und des *individuell differenzierten Handelns* zunehmend ein.« (WG: 687, Hv. M.K.).

Es ist offensichtlich, daß Weber hier, wie schon in den Ausführungen zur Prophetie, zur (religiösen) Ethik und zur Rechtsschöpfung, einen Handlungsbegriff voraussetzt, der in seiner Handlungstypologie aus dem *Kategorien*-Aufsatz und den *Grundbegriffen* nicht enthalten ist. Er hebt hier nämlich einen Aspekt des Handelns hervor, der weder durch die zwei Typen regelgeleiteten (rationalen) Handelns noch durch die Typen an der Grenze zu »bloßem Verhalten« stehenden und daher irrationalen (traditionalen und affektuellen) Handelns erfaßt wird, da er gleichzeitig spontanes (»neuartiges«, WG: 442) und bewußt sinnhaftes Handeln bezeichnet. Mit diesem Begriff charismatischen Handelns erfaßt Weber also die existentialistische Dimension menschlichen Handelns, die im Sinne des »präxis«-Begriffs der philosophischen Tradition als Selbstbestimmtheit und Freiheit zu charakterisieren wäre.[167] Sie verbindet er letztlich mit den Begriffen der »Persönlichkeit« bzw. der bewußt systematisierten Lebensführung, wie sie die Ethik der protestantischen Sekten charakterisieren. Und von ihr her lassen sich dann die Folgen der Prozesse kultureller und struktureller Rationalisierung auch als Verlust bewerten.[168]

(c) Wenn Weber im Begriff charismatischen Handelns das normative Kriterium für die Bewertung der destruktiven Tendenzen der okzidentalen Ratio-

---

z.B. bei Brubaker 1984; Hindess 1987; Kalberg 1981; Vogel 1973. Sie wird auch von Habermas übersehen, der daher zu einer anderen Deutung der Thesen vom Sinn- und Freiheitsverlust gelangt.

167 In der Tradition praktischer Philosophie (von Aristoteles über Kant bis Hegel) war mit dem Begriff der »präxis« im Gegensatz zum Tätigsein (»poíesis«) der Gedanke menschlicher Handlungsfreiheit formuliert (Schöllgen 1984: 11-42). In Webers Begriff zweckrationalen Handelns sieht Schöllgen (zu Recht) den Abbruch dieser Tradition und die Verkürzung des Handlungsbegriffs auf die »poíesis« (112-15), übersieht aber, daß Weber im Charismabegriff diese Tradition implizit weiterführt.

168 Darauf weist auch Joas hin, wenn er argumentiert, daß der Wertmaßstab von Webers Zeitdiagnose die (theoretisch nicht elaborierte) Idee des schöpferischen und verantwortungsvollen Handelns sei; vgl. Joas 1992a: 75.

nalisierung findet, so präzisiert er damit den erkenntnisleitenden Wertbezug seiner Soziologie, den er aus methodologischen Überlegungen heraus ursprünglich im formalen Typus des rationalen und freien Handelns verankert hatte. Mit dem Begriff des charismatischen Handelns hebt Weber nämlich die Modifikation des kantischen Handlungsbegriffs, d.h. die Eliminierung von dessen normativem Gehalt durch die methodologische Privilegierung des Typus zweckrationalen, an technischen Regeln orientierten Handelns, auf, gibt dem Handlungsbegriff also seine normative Dimension zurück. Damit rückt keinesfalls der Typus wertrational orientierten Handelns in den Vordergrund. Dieser vermag für Weber aufgrund der Perspektivität des Rationalitätsbegriffs vielmehr nur insofern als kritischer Maßstab seiner Zeitdiagnose zu dienen, als er aus charismatischem Handeln ableitbar, also »innerlich« angeeignet ist. Eher findet Weber diesen Maßstab in einem Begriff menschlicher Autonomie, welcher der praktisch-philosophischen Tradition entlehnt ist und sich im Rahmen seiner Soziologie als existentialistischer Freiheitsbegriff liest.

Weber selbst expliziert den Begriff charismatischen Handelns weder im Blick auf seine theoretischen noch seine normativen Implikationen. Daß Weber sich aber zur Reformulierung des klassisch-philosophischen Begriffs der Handlungsfreiheit überhaupt genötigt sieht, zeigt, daß er seine Soziologie aus der erkenntnisleitenden Wertbeziehung der Ideen menschlicher Freiheit und Autonomie und damit aus zentralen Annahmen des philosophischen Menschenrechtsdiskurses heraus formuliert. Daß er sich zu dieser existentialistischen Reformulierung des Begriffs der Handlungsfreiheit genötigt sieht, bestätigt allerdings, für wie ambivalent er das kantianische Freiheits- und Vernunftprinzip in seinen kulturellen und strukturellen Effekten hält.

3.4. Soziologie und politische Praxis

Webers Sensibilität für die Ambivalenz des modernen Menschenrechtsethos spiegelt sich, das will ich abschließend zeigen, auch in den praktischen Bezügen seiner Soziologie wider. Da Webers verstehende Soziologie aus dem Versuch der Bewältigung einer gesellschaftlichen, genauer einer politischen Krise entstanden war, zur deren Überwindung eine Rückkehr zu religiösen Traditionen und mit ihnen zu einer materialen Wertethik aufgrund irreversibler Säkularisierungsprozesse kategorisch ausschied, liegt die Vermutung nahe, daß er gerade in ihr auch ein praxisorientierendes Potential sah. In einem ersten Schritt soll daher kurz auf die Komplementarität von Webers politischer »Verantwortungsethik« zu seiner Konzeption der Soziologie als »Wirklichkeitswissenschaft« eingegangen werden (3.4.1.). Daß Webers eigene praktischpolitische Stellungnahmen einerseits von einem liberalen Engagement für »individuelle Bewegungsfreiheit«, andererseits aber von einer tiefgehenden Skepsis gegenüber deren Realisierbarkeit getragen sind, korrespondiert mit dem skeptischen Zug seiner Theorie okzidentaler Rationalisierung (3.4.2.).[169]

3.4.1. Wertdiskussion und Verantwortungsethik

Das metatheoretische Postulat der Wertfreiheit, die empirische Analyse des Plausibilitätsverlusts materialer Rationalität und die theoretische Perspektivierung kultureller Rationalitäten weisen darauf hin, daß Weber – anders als Durkheim – wissenschaftliche Rationalität außerstande sah, eine unmittelbar handlungsleitende, sei es eine politische, ethische oder gar eine quasi-religiöse Funktion zu übernehmen. In *Wissenschaft als Beruf* [1919] weist Weber derartige Ansprüche explizit zurück, indem er politische »Führung«, ethische Werturteile und vor allem das »Sinnproblem« – jeweils mit dem Argument der Heterogenität der Wertsphären, des »Kampfs der Götter« – aus dem Zuständigkeitsbereich der Wissenschaft ausklammert (WL: 579-91 bzw. MWGA I/17: 88-101).

---

169 Schon Troeltsch erklärte in seiner Gedächtnisrede auf Weber 1920, dieser habe für einen Staat gekämpft, »[...]in dem der Liberalismus, d.h. der Reichtum und die Freiheit individueller Bewegung überhaupt, noch relativ möglich wäre«, wobei er sich am »Glauben an die Nation und de[m] kategorischen Imperativ der Menschenwürde und Gerechtigkeit« orientiert habe; vgl. Troeltsch 1963: 46. Gegen Wolfgang J. Mommsens politische Weber-Kritik, die allerdings selbst auf Webers Wertschätzung des Individuums aufmerksam macht (Mommsen 1959: 122), sind vielfach die liberalen Züge seines Denkens herausgestellt worden; vgl. z.B. Alexander 1983: 122f.; Beetham 1985: 113; Giddens 1995a: 40-51; auch Draus 1995: 137-42; und zu Webers Versuch, die »politische Bürgeridee im Menschen wiederzubeleben«, Hecht 1998: 251. Wenn Hennis betont, daß, wenn überhaupt, Weber ein »*eigentümlicher* Individualismus« eigen gewesen sei, ja daß sein Denken »[m]it dem kodifizierten, in Deklarationen von Menschenrechten einbringbaren, egalitären Individualismus des Liberalismus [...] nichts zu tun habe« (1987: 212), so unterschätzt er meines Erachtens, daß in Webers Soziologiekonzeption durchaus auch kantianische Ideen weitergeführt werden, die sich noch in seinen politischen Stellungnahmen niederschlagen.

In dem Verfahren der »Wertdiskussion«, das er im *Objektivitäts-* und im *Wertfreiheits*-Aufsatz als Verfahren der »wissenschaftlichen Kritik von Idealen und Werturteilen« erläutert (WL: 149-51; 510-1; vgl. auch 591-2), sieht Weber aber durchaus eine praktische Funktion der Soziologie, nämlich die Ermöglichung verantwortlichen Handelns. Die Wertdiskussion besteht in der intersubjektiven Verständigung über jeweils handlungsleitende Werte, deren mögliche Konsequenzen und deren faktische Folgen in der Erweiterung des Horizonts möglicher wertender Stellungnahmen, d.h. in der Schulung der individuellen Urteilskraft liegen. Indem sich seine Soziologie ihrem Selbstverständnis nach auf den Nachweis von Möglichkeiten subjektiver Stellungnahmen zu Werten beschränkt, gesteht sie erstens dem erkennenden Subjekt die Kompetenz zu, »[...] den 'Standpunkt' dem Objekt gegenüber wenigstens theoretisch zu wechseln« (WL: 260), und eröffnet damit ein interkulturelles Kommunikationsfeld, das für den Menschenrechtsdiskurs durchaus gewinnbringend ist (vgl. Brugger 1980: 75-92). Weder dem erkennenden Subjekt noch dem ethisch Handelnden aber nimmt sie zweitens die Aufgabe zur subjektiven Stellungnahme zu den handlungsleitenden Werten ab. Im Gegenteil, sie klärt erst über das Feld konkurrierender Normansprüche auf, zwischen denen Individuen angesichts des Verlusts eines allgemeinverbindlichen Ethos in eigener Freiheit und Verantwortung und im Bewußtsein der Kontingenz ihrer Entscheidung »wählen« müssen.[170]

Komplementär zu dieser praktischen Bedeutung der Soziologie als Wissenschaft verhält sich Webers Konzept der »Verantwortungsethik«, das er vor allem in *Politik als Beruf* [1919] als Dimension politischen Handelns entwickkelt. Gegenüber der »Gesinnungsethik«, die – wie religiöse Ethiken oder auch Kants Pflichtethik – lediglich den Eigenwert der Handlung beurteilt, orientieren verantwortungsethische Maximen das Handeln an der Abschätzung von Handlungsfolgen, durch die auch Gewalt als Mittel u.U. »geheiligt« werden kann (GPS: 551-3). Die Funktion der Soziologie für den verantwortungsethi-

---

170 Wiederholt ist herausgestellt worden, daß Weber mit seinen Konzepten der Wertfreiheit und der Wertdiskussion die Freiheit wissenschaftlichen Denkens gewahrt wissen wollte (Parsons 1965: 45-6). Daß Weber dabei die existentielle Freiheit zu unbefangenem Urteilen im Blick hatte, betonen Hennis 1996: 160 und ähnlich Kaesler 1988; daß Weber gerade darin die der Moderne inhärente Entscheidungsabhängigkeit und Kontingenz artikuliert, sieht Bonacker 2000: 122f. Es war also wenig plausibel, Weber vorzuwerfen, mit seinem Konzept der Wertfreiheit würde er die Soziologie »positivistisch« verkürzen – so der Tenor von Habermas' früher Replik auf Parsons' Weber-Deutung in Stammer 1965: 78.

schen Aspekt politischen Handelns besteht daher in der idealtypischen Konstruktion zweckrationaler Handlungsabläufe zur Selbstaufklärung über die äußeren Randbedingungen, Folgen und Nebenfolgen eigenen Handelns.

Doch politisches Handeln bedarf für Weber auch der gesinnungsethischen Überzeugung, durch die ja erst die Handlungsfolgen in ihrem Eigenwert beurteilt werden können. Gesinnungsethik und Verantwortungsethik seien daher »Ergänzungen, die zusammen erst den echten Menschen ausmachen, den, der den 'Beruf zur Politik' haben *kann*« (GPS: 559 bzw. MWGA I/17: 250). Die gesinnungsethische Dimension politischen Handelns wird in Webers Soziologie allerdings nicht mehr explizit gemacht, weil aufgrund ihres perspektivischen Rationalitätsbegriffs Kants Programm einer vernünftigen und universalistischen Begründung moralischer Handlungsmaximen aufgegeben wird. Die Verbindlichkeit von Normen, die Kant (und Durkheim) noch im Konzept des Verantwortungsgefühls erfaßt hatten, kann und soll also nicht mehr argumentativ eingeholt werden (vgl. Brugger 1980: 266). Die Soziologie kann aber die Konsequenzen konkurrierender Normansprüche für die Orientierung ethischen Handelns aufklären und durch die reflexive Wendung normativer Theorien einen Beitrag zur verantwortlichen Wahl handlungsleitender Werte leisten.

3.4.2. Menschenrechte als Wertmaßstab politischer Praxis

Wenn Weber in seiner Soziologie durch die Aufklärung konkurrierender Normansprüche individuell verantwortetes, ethisches Handeln zu ermöglichen sucht, so spiegelt sich das in seinem praktisch-politischen Engagement für strukturelle Rahmenbedingungen eines solchen Handelns wider, zu denen nicht zuletzt die Garantie der Freiheitsrechte gehört. Nachdem er in seiner Freiburger Antrittsrede noch die »machtpolitischen Interessen der Nation«, d.h. die »Staatsraison« als »letzten Wertmaßstab« der Nationalökonomie bezeichnet hatte (GPS: 13-14 bzw. MWGA I/4,2: 561) – ein Wertmaßstab, der teilweise noch seine politische Beurteilung des Ersten Weltkriegs prägte –, rückten in seiner Auseinandersetzung mit der Russischen Revolution (a) und mit Fragen der politischen Neuordnung Deutschlands am Ende des Zweiten Weltkriegs (b) insbesondere die Probleme der Gestaltung eines freiheitlichen und demokratischen Gemeinwesens ins Blickfeld seiner praktisch-politischen Überlegungen.

(a) In seinem Essay *Zur Lage der bürgerlichen Demokratie in Rußland* [1905/06], in der er Verfassungsentwürfe für eine mögliche demokratische Ordnung im Russischen Reich nach der Revolution von 1905 diskutiert, rückt Weber die Frage nach den Bedingungen und Chancen individueller Handlungsfreiheit ins Zentrum seiner Überlegungen.[171] Im Kontext der damaligen, auch außerhalb Rußlands lebhaft geführten Diskussion über eine mögliche demokratische und parlamentarische Verfassung des Russischen Reiches betont Weber neben agrarökonomischen, institutionellen und verfassungsrechtlichen Problemen einer solcher Reform vor allem, daß die kulturellen, v.a. die religiösen Entstehungsbedingungen für den »politische[n] 'Individualismus' der westeuropäischen 'Menschenrechte'« (GPS: 42 bzw. MWGA I/10: 164), wie er sie in seiner empirischen Analyse der Positivierung der Menschenrechte identifiziert hatte, in Rußland nicht vorauszusetzen seien. Die Chancen der Demokratisierung beurteilt er deswegen eher skeptisch, weil die innere Motivation zu Liberalismus und Individualismus gerade unter den russischen Bauern nicht vorliege, und ihre Reaktion auf die Einführung des Wahlrechts daher ausschließlich von ihren materiellen Interessen abhänge. Hinsichtlich der politischen Strategien der bürgerlichen »Intelligenz« ist es für Weber daher um so mehr

»[...] eine Lebensfrage, daß der Liberalismus seinen Beruf nach wie vor darin findet, den bürokratischen ebenso wie den jakobinischen *Zentralismus* zu bekämpfen und an der Durchdringung der Massen mit dem alten individualistischen Grundgedanken der 'unveräußerlichen Menschenrechte' zu arbeiten, welche für uns Westeuropäer so 'trivial' geworden sind, wie Schwarzbrot es für den ist, der satt zu essen hat.« (GPS: 62 bzw. MWGA I/10: 269).

Nur das ideelle und politische Engagement für diese individualistischen »Lebenswerte« sieht Weber in der Lage, im Angesicht des »Gehäuses für die neue Hörigkeit«, das mit zunehmender bürokratischer und ökonomischer Rationalisierung auch in Rußland sich zu entwickeln drohe (GPS: 63 bzw. MWGA I/10: 269), Chancen individueller Freiheit zu bewahren.

(b) Auch Webers Stellungnahme zur demokratischen und parlamentarischen Neuordnung Deutschlands nach dem Ersten Weltkrieg ist von seiner Verpflichtung gegenüber fundamentalen Freiheitsrechten geprägt, wenngleich

---

171 Vgl. GPS: 33-68; 69-111 bzw. MWGA I/10: 86-279. Detailliert zu Webers Beschäftigung mit der Russischen Revolution vgl. jetzt die Einleitung von Mommsen in MWGA I/10: 1-54; im folgenden vgl. auch Beetham 1985: 44-9.

ihn auch hier seine Analyse struktureller Krisenerscheinungen der Moderne zu einer gewissen Skepsis veranlaßt.[172] In seinem Essay *Parlament und Regierung im neugeordneten Deutschland* [1918] etwa geht Weber von der soziologischen Analyse der bürokratischen Verwaltung als »lebender Maschine« aus, um angesichts ihres »unaufhaltsamen Vormarsches« zu fragen:

»Wie ist es angesichts der Übermacht der Tendenz zur Buerokratisierung *überhaupt noch möglich, irgendwelche* Reste einer in *irgend*einem Sinne 'individualistischen' Bewegungsfreiheit zu retten? Denn schließlich ist es eine gröbliche Selbsttäuschung, zu glauben, ohne diese Errungenschaften aus der Zeit der 'Menschenrechte' vermöchten wir heute (auch der konservativste unter uns) überhaupt zu leben.« (GPS: 333 bzw. MWGA I/15: 466).[173]

Dieses grundsätzliche Problem verfolgt er jedoch nicht weiter, sondern antwortet lediglich auf die zwei weniger weitreichenden Fragen nach der Kontrolle und der Leitung der Bürokratie, indem er mit den Forderungen nach gleichem Wahlrecht, Verwaltungsöffentlichkeit und parlamentarischer Führerauslese u.ä. das Modell einer »plebiszitären Führerdemokratie« entwirft (GPS: 351-69; 382-406). Daß er hierbei das Ideal einer verfassungsstaatlichen und demokratischen Regierungsform der qualifizierten politischen Führung unterordnet, sollte nicht darüber hinwegtäuschen, daß er durchaus strukturelle Bedingungen für die »Bewegungsfreiheit« des Individuums anzugeben intendiert. Erstens stellt sein Modell der plebiszitären Führerdemokratie, dessen Modell das amerikanische Präsidialsystem ist, den Versuch dar, ein »antiautoritär umgedeutetes« charismatisches Element in die Struktur moderner Staaten zu integrieren (WG: 155-8). Zweitens verlangt eine »geordnete Demokratie« im Rahmen einer »freiheitlichen Ordnung«, wie Weber in *Wahlrecht und Demokratie* [1917] ausführt, neben dem freien und gleichen Wahlrecht nicht zuletzt die Organisation der Parteien als »voluntaristischer« Verbände (GPS: 261f.; vgl. auch 401), d.h. als säkularer Varianten des Organisationstypus der protestantischen »Sekten«. Insgesamt aber bleibt seine Einschätzung gegenüber der Realisierbarkeit der liberalen Konzeption des demokratischen Rechtsstaats von der skeptischen Analyse struktureller Rationalisie-

---

172 Vgl. zum historischen Kontext der Diskussionen um eine neue Verfassung v.a. Mommsen 1959: 324-67 und Beetham 1985: 49-55.

173 In einem Brief an Adolf von Harnack etwa schreibt Weber: »Wir dürfen nicht vergessen, daß wir den Sekten Dinge verdanken, die *Niemand* von uns heute missen könnte: Gewissensfreiheit und die elementarsten 'Menschenrechte', die uns heute selbstverständlicher Besitz sind« (zitiert nach Mommsen 1959: 390, Fn. 3).

rung und Disziplinierung geprägt, der zufolge sich individuelle Freiheit lediglich auf die Wahl charismatischer Führer beschränkt.[174]

Die Interpretation der metatheoretischen, empirischen und theoretischen Dimensionen von Webers Soziologie hat gezeigt, daß sie von einem hohen Bewußtsein für die Ambivalenz der Menschenrechte durchdrungen ist. Auf der Ebene der metatheoretische Konstitution der verstehenden Soziologie wurde deutlich, daß Weber zum einen das kantianische Freiheits- und Vernunftprinzip methodologisiert, zum anderen einen historisierenden Zugriff auf universalistische Normen gewinnt. Im Rahmen seiner universalhistorischen Rekonstruktion okzidentaler Rationalisierung analysiert er daher auch die Genese von zentralen Ideen des modernen Menschenrechtsethos, insbesondere die politische Ethik der protestantischen Sekten mit ihren Forderungen nach religiöser Toleranz und Demokratie, sowie die Institutionalisierung der Menschenrechte im bürokratischen Staat kapitalistischer Prägung. Die paradoxen Folgen dieses Prozesses erläutert er mit einer zweistufigen Theorie kultureller und struktureller Rationalisierung und bewertet sie im Lichte seines impliziten, normativ gehaltvollen Begriffs charismatischen Handelns als Sinn- und Freiheitsverlust. Die positivierten Menschenrechte haben also unmittelbar Anteil an der Ambivalenz der Moderne, die Webers Soziologie so sehr betont. Einerseits verweisen sie auf die Herausbildung des Typus einer freien und selbstbestimmt handelnden »Persönlichkeit«, andererseits begünstigen sie das Entstehen rationalisierter und disziplinierenden Ordnungen, in denen individuelle Handlungsfreiheit fundamental eingeschränkt wird.

---

174 Während Mommsen Webers Skepsis gegenüber dem liberalen und demokratischen Rechtsstaatsbegriff und mit ihnen gegenüber den Menschenrechten aus seiner politischen Position insgesamt herzuleiten versucht (1959: 387-409, v.a. 390), ergibt sie sich m.E. eher aus Webers theoretischer Logik, und zwar trotz seiner Verpflichtung gegenüber individueller Handlungsfreiheit.

4. Fazit und Ausblick:
Reflexive Soziologie der Menschenrechte

Eingangs habe ich die These formuliert, daß zwischen dem soziologischen Diskurs der Moderne und dem Menschenrechtsdiskurs, wie er sich seit der europäischen Aufklärung und unter dem Eindruck der Französischen Revolution entwickelt hat, ein dialektischer Zusammenhang besteht. Um diese These zu erhärten, wurden im Rückgriff auf die disziplinäre Gründungsphase der Soziologie deren metatheoretische, empirische und theoretische Diskursebenen auf ihre Bezüge zur Idee der Menschenrechte hin ausgeleuchtet. Exemplarisch habe ich mich dabei auf die beiden Antipoden der klassischen Soziologie, Durkheim und Weber, konzentriert. Im werkinterpretatorischen Vergleich der beiden Klassiker soll nun abschließend diskutiert werden, inwieweit ihre ansonsten so divergenten Soziologiekonzeptionen in ähnlicher Weise eine reflexive Wendung des modernen Menschenrechtsdiskurses vollziehen (a). Unter Berücksichtigung der breiteren soziologiegeschichtlichen Einordnung jener These soll anschließend die Frage aufgegriffen werden, wie die eingangs formulierten systematischen Problemanzeigen – der nationalstaatliche Zuschnitt der Soziologie und ihre intellektuelle Distanzierung von ethischen Diskursen – zu beurteilen sind (b). Von hier ausgehend lassen sich ausblickartig Perspektiven für eine reflexive Soziologie der Menschenrechte andeuten, die zur aktuellen Debatte um die Entstehungs- und Geltungsbedingungen der Menschenrechte in der Weltgesellschaft einen konstruktiven Beitrag leisten könnte (c).

(a) Parsons hat in *The Structure of Social Action* behauptet, im Ansatz einer post-positivistischen und post-idealistischen allgemeinen Handlungstheorie eine »Konvergenz« zwischen Durkheim, Weber und darüberhinaus Alfred Marshall und Vilfredo Pareto nachweisen zu können (Parsons 1968: 719-26).

Mit dieser werkinterpretatorischen Konvergenzthese verband Parsons das systematische Argument, das – in seiner Sicht Hobbes'sche – Problem des Verhältnisses von individueller Freiheit und sozialer Ordnung lasse sich durch die Vermittlung einer voluntaristischen Handlungstheorie mit einer normativistischen Ordnungstheorie lösen (ibid.: 720). Parsons selbst machte auf den Wertbezugspunkt dieser Konzeption aufmerksam, indem er die philosophische Grundlage der Handlungstheorie im Begriff des autonomen Subjekts verortete (ibid.: 745) und die Frage nach den Bedingungen der Möglichkeit einer durch voluntaristische Handlungsorientierungen konstituierten sozialen Ordnung als die zentrale Problemstellung der Soziologie bestimmte (ibid: 74-7; 732).[175] Im Rückblick verband Parsons seine klassisch gewordene Konvergenzthese sogar mit der Behauptung einer kantianischen Prägung der Soziologie insgesamt.[176] Allerdings ist Parsons' Konvergenzthese im Zuge der allgemeinen Kritik an der struktur-funktionalistischen Theoriebildung grundlegend widersprochen worden, so daß Durkheim und Weber – nunmehr »de-parsonianisiert« (Pope et al. 1975) – als Exponenten geradezu konträrer Soziologiekonzeptionen erschienen.[177] Ideengeschichtliche und systematische Parallelen der beiden Klassiker wurden infolgedessen in der soziologischen Rezeption zunächst ausgeblendet. Erst durch die theoretischen Neuanstrengungen der 1980er Jahre sind vergleichende Werkinterpretationen und –rekonstruktionen von Durkheim und Weber wieder auf größeres Interesse gestoßen, insbesondere im Kreis neo-parsonianischer Theoretiker.[178] Doch selbst ohne einer (neo-)parsonianischen Konvergenzthese und einer entsprechend 'synthetisierenden' Lesart der Soziologiegeschichte zu folgen, kann man gewisse Parallelen der Soziologiekonzeptionen von Durkheim und Weber in ihrem jeweiligen Verhältnis zu den Menschenrechten, insbesondere auch zur kantianischen Moral- und

---

175 Die struktur-funktionalistische Antwort auf diese Frage lautete verkürzt: »institutionalized individualism« – mit unverkennbaren Parallelen zu Durkheim (Bourricaud 1977: 283-5).

176 Vgl. Parsons 1978: 355f. Mit der Konvergenzthese wird die Soziologiegeschichte im Schema eines synthetischen Narrativs erzählt; vgl. Levine 1995: 35-58. Zu ihrer soziologiegeschichtlichen und systematischen Einordnung vgl. Joas 1992a: 19-55.

177 Zur Replik auf Pope vgl. Parsons 1975a und 1975b. Besonders prägnant wurde die Kritik an Parsons' Konvergenzthese auch von Alan Dawe (1970) vertreten; für ihn stellen Durkheim und Weber konträre Positionen mit Blick auf ihre jeweiligen anthropologischen Grundlagen, ihre Bewertung der Moderne (Optimismus vs. Pessimismus) und Theoriebildung (Systemtheorie vs. Handlungstheorie) dar; vgl. ähnlich Bendix 1971 und Collins 1994.

178 Vgl. Alexander 1982a; 1982b; 1983 und Münch 1982. Vgl. aber auch mit größerer Distanz zu Parsons die Analysen von Giddens (1987), Müller (1992b) und Prager (1981) sowie natürlich Habermas' (1981) synthetisierende Klassiker-Rekonstruktion.

Rechtsphilosophie, konstatieren.[179] Diese Parallelen bestehen zunächst in der metatheoretischen Suspension von Begründungsfiguren des philosophischen Menschenrechtsdiskurses, ferner in der reflexiven Beschreibung des modernen Menschenrechtsethos und seiner Institutionalisierung, in deren Mittelpunkt eine politische Soziologie des Nationalstaats steht, und schließlich in der theoretischen Einführung eines normativ gehaltvollen Begriffs menschlicher Handlungsfreiheit. Mit einem Nachweis dieser Parallelen, der für die unverkennbaren Divergenzen der beiden Klassikern durchaus sensibel bleibt, läßt sich die These eines dialektischen Zusammenhangs von klassischer Soziologie und philosophischem Menschenrechtsdiskurs meines Erachtens näher begründen.

Auf der metatheoretischen Ebene zeigt sich, daß Durkheim und Weber die Soziologie in ähnlicher Weise als eine Krisenwissenschaft entwerfen, von der sie in ihrem jeweiligen historischen Erfahrungskontext eine praxisorientierende Antwort auf die grundlegenden Fragen 'Wie ist soziale Ordnung möglich?' bzw. 'Wie ist individuelles Handeln möglich?' erwarten. Die zentrale Problemstellung der Soziologie, die Frage nach dem Verhältnis von individueller Handlungsfreiheit und sozialer Ordnung, erfahrungswissenschaftlich zu analysieren, bedeutet für beide eine ähnlich radikale intellektuelle Distanzierung von ethischen Begründungsdiskursen. Gewiß, aufgrund unterschiedlicher historischer Kontexte und unterschiedlicher epistemologischer Voraussetzungen begründet Durkheim die Soziologie als Moralwissenschaft, deren primärer Gegenstand die »Gesellschaft« ist, während Weber sie als Kulturwissenschaft von der »ethischen Lebensführung« des Menschen bestimmt. In dieser Hinsicht könnte ihre Divergenz in der Tat kaum größer sein. Doch beide gewinnen in der weiteren Entfaltung ihrer Methodologie, die jeweils an die neukantianische Wissenschaftstheorie ihrer Zeit anschließt, in ähnlicher Weise

---

179 Den »kantianischen Kern« der allgemeinen Handlungstheorie hat vor allem Richard Münch zum Ausgangspunkt seiner Parsons-Deutung und seiner von ihr her entwickelten Durkheim- und Weber-Interpretation gemacht; vgl. Münch 1982: 17-59. Dabei argumentiert er, daß in Kants Vernunftkritiken eine für die Moderne charakteristische »dualistische Realitätsperspektive« angelegt sei, die sich z.B. in der »Interpenetration« von abstrakter Moraltheorie und moralischer Praxis im modernen Naturrecht widerspiegele (ibid.: 26-31). Gerade die *Kritik der praktischen Vernunft* betrachtet er als philosophischen Hintergrund von Parsons' Handlungstheorie (ibid.: 31); kritisch zu dieser Deutung Habermas 1981 II: 437-43. Auch wenn man Münchs Klassiker-Interpretation nicht in allen Einzelheiten folgt, bestätigt sie die Bedeutung der kantianischen Moral- und Rechtsphilosophie für die metatheoretische Konstitution der Soziologie.

eine Beobachtungsperspektive zweiter Ordnung auf das Problem der Normativität, das zuvor primär in der politischen Philosophie, nämlich in natur- und vertragsrechtlichen Traditionen, vor allem in Kants Moral- und Rechtsphilosophie reflektiert worden war.[180]

Gerade diejenigen politischen Philosophien, die den Menschenrechtsdiskurs nachhaltig geprägt haben (Locke, Rousseau, Kant), werden von Durkheim und Weber dezidiert einer solchen Beobachtungsperspektive unterworfen. Zunächst also wird, so scheint es, der Universalismus des modernen Menschenrechtsethos in funktionalistischer bzw. historistischer Perspektive kritisiert. Erstens werden kulturelle Werte und moralische bzw. juridische Normen durch ihre empirische, insbesondere ihre komparative Analyse kontingent gesetzt und auf ihre kulturelle und sozialstrukturelle Bedingtheit hin reflektiert. Die Prämisse, daß Werte wie die Würde des Menschen und das Recht auf äußere Freiheit, durch Rekurs auf Natur oder Vernunft universal begründet werden könnten, wird daher sowohl von Durkheim als auch von Weber für hinfällig befunden. Zweitens wird im erfahrungswissenschaftlichen Rechtsbegriff, der für Durkheim, vor allem aber für Weber charakteristisch ist, die Legalität ihrer Verankerung in Moralität entledigt, wodurch die immanente Logik der Kritisierbarkeit positiven Rechts durch ein »Recht der Menschheit« oder durch die Idee der Gerechtigkeit unterbrochen wird.

Genau besehen besteht die Eigenart von Durkheims und Webers Soziologieentwürfen jedoch keineswegs in der expliziten Widerlegung der Kantschen Moral- und Rechtsphilosophie. Im Falle von Weber könnte man sogar davon sprechen, daß er einige ihrer grundlegenden Prämissen methodologisiert. Entscheidend für die Konstitution disziplinärer Soziologie ist dahingegen vielmehr, daß sie die Normativität menschlichen Handelns durchaus im Anschluß an kantianische Begrifflichkeit, aber eben im Modus erfahrungswissenschaftlicher Beobachtung untersuchen und dabei die Begründungsfrage suspendieren zu können meinen. Wenn Durkheim in seiner funktionalistischen, Weber in seiner historischen Vergleichsperspektive die Kontingenz der Menschenrechte betonen, vollziehen beide daher eine reflexive Wendung des modernen Menschenrechtsdiskurses.

---

180 Für einen soziologiegeschichtlichen Vergleich wäre es angesichts der »gegenseitigen Nichtbeachtung« von Durkheim und Weber (Tiryakian 1981) weiterführend, die Beziehungen des südwestdeutschen zum französischen Neukantianismus aufzuarbeiten und von hier aus die beiden Soziologiekonzeptionen zu vergleichen; vgl. ähnlich Giddens 1987: 183f.

Es ist gerade die metatheoretische Suspension der Begründungsfrage der Menschenrechte, die eine objektive Analyse ihres kulturellen Gehalts und ihrer sozialen Institutionalisierung ermöglichen soll. Dabei haben Durkheim und Weber unterschiedliche kulturelle Muster vor Augen, nämlich einerseits die revolutionären Prinzipien von 1789 und andererseits die politische Ethik der protestantischen Sekten. In diesem Sinne stellen sie letzlich zwei Typen nationaler Aneignungen der Menschenrechte dar, die sich in der zeitgenössischen deutsch-französischen Kontroverse um deren protestantischen (Jellinek) bzw. laizistischen (Boutmy) Ursprung artikulierten. Dennoch bauen Durkheims und Webers Beschreibungen der Moderne auf ähnliche asymmetrische Gegenbegriffe auf und enthalten daher ähnliche narrative Elemente. So rekurrieren beide auf Prozesse der Individualisierung, Pluralisierung und Säkularisierung, aufgrund derer sie individuelle Handlungsorientierungen und soziale Beziehungen in der Moderne radikal transformiert sehen. Und entsprechend verweisen beide hinsichtlich des Gehalts des Menschenrechtsethos auch auf ein ähnliches Set religiöser, moralisch-rechtlicher und kognitiver Ideen, die sie insgesamt als charakteristisch für die Kultur der europäischen Moderne betrachten. Zu ihnen gehören die Werte der Menschenwürde und der sozialen Gerechtigkeit, die Normen der Vertragsfreiheit, des Eigentumsrechts und der Rechtsgleichheit sowie deren Verankerung im Vernunftbegriff der Aufklärung. Die Genese dieser Ideen leiten beide in ähnlicher Weise aus langfristigen kulturellen Prozessen der Transzendierung von Gottesbildern, der Universalisierung moralischer und juridischer Normen und der Rationalisierung kognitiver Muster ab, die in der christlichen Religion, insbesondere im Protestantismus, ihren vorläufigen Höhepunkt gefunden haben sollen.

In der Beurteilung der Funktion des Menschenrechtsethos trennen sich indessen die Wege von Durkheim und Weber. Durkheim deutet den »Kult des Individuums« als ein gemeinschaftlich geteiltes Wertesystem und damit als einen Garant kultureller Integration in der Moderne, während für Weber – das zeigen z.b. seine Ausführungen zum formalen im Gegensatz zum materialen Naturrecht – die Menschenrechte aufgrund der für die okzidentale Rationalisierung charakteristischen kulturellen Differenzierungsprozesse zu anderen Werten in Widerspruch stehen. Entsprechend formulieren die beiden Klassiker unterschiedliche Varianten der für das Selbstverständnis der europäischen Moderne charakteristischen 'Säkularisierungstheorie'. Denn während Durkheim auf einen allgemeinen Bedeutungsverlust historischer Religionen abhebt, der aber von einem im Kult des Individuums mündenden Prozeß der Generalisierung des Sakralen begleitet ist, bedeutet Säkularisierung für Weber vielmehr eine paradoxe Folgeerscheinung der im Protestantismus kulminierenden religiösen Rationalisierung, die die Grundlage der asketisch-protestantischen Lebensführung und ihres Persönlichkeitsideals in tragischer Weise zerstört. Aus diesem Grund schätzen Durkheim und Weber auch die Möglichkeiten einer Überwindung der strukturellen Krisenerscheinungen der Moderne unterschiedlich ein. Zunächst diagnostizieren beide in ähnlicher Weise Liberalisierungs- und Demokratisierungsdefizite der kontinentaleuropäischen Nationalstaaten, als deren politische Merkmale sie die verfassungsrechtliche Garantie individueller Rechte, die regulative und produktive Macht des bürokratischen Staates und dessen Kontrolle durch demokratische Institutionen hervorheben. Doch während Durkheim die Krisenerscheinungen der Dritten Republik als defizitäre Institutionalisierung der Prinzipien von 1789 interpretiert und daher mit einer normativen Demokratietheorie zu beheben versucht, sieht Weber in ihnen genau umgekehrt eine paradoxe Folge der positiven Garantie von Freiheitsrechten im bürokratischen Staat. Und wo Durkheim noch die Probleme ökonomischer Anomie auf Lücken in der Institutionalisierung des universalistischen Individualismus zurückführt, der eigentlich auch soziale und ökonomische Anspruchsrechte legitimieren müßte, weist Weber auf die kapitalistische Instrumentalisierbarkeit der Freiheitsrechte und deren logische Unvereinbarkeit mit sozialen und ökonomischen Rechten hin. Darin zeigt sich, daß Durkheims narratives Schema die Unabgeschlossenheit, das von Weber die Ambivalenz der Moderne und auch des Menschenrechtsethos hervorhebt.

In Durkheims optimistischer und Webers skeptischer Haltung gegenüber den Menschenrechten spiegeln sich aber nicht nur ihre jeweiligen narrativen Schemata einer unvollendeten bzw. ambivalenten Moderne, sondern auch grundlegende Charakteristika ihrer Theoriebildung wider. Als Fazit der Analyse ihrer ordnungstheoretischen Konzepte von Kultur und sozialer Struktur lassen sich zunächst drei Parallelen festhalten. Erstens operieren beide mit einer analytischen, in der Tendenz nicht-reduktionistischen Unterscheidung von Kultur und Struktur, die es gestattet, die Fixierung des politisch-philosophischen Diskurses auf die bloße Gegenüberstellung von Individuum und Gesellschaft zu überwinden.[181] Durch den analytischen Begriff der Kultur

---

181 Zur Bedeutung dieser analytischer Unterscheidung für die wissenschaftslogische Unabhängigkeit der disziplinären Soziologie vgl. Eisenstadt / Curelaru 1976: 103f. Erst sie ermög-

lassen sich religiöse Traditionen, moralische und juridische Normvorstellungen und kognitive Wissensbestände, in denen genau diese Gegenüberstellung thematisiert wird, zum Objekt erfahrungswissenschaftlicher Beobachtung machen. Das analytische Kulturkonzept ist in dieser Hinsicht also gleichsam der theoretische Reflex der oben beschriebenen metatheoretischen Distanzierung von normativen Begründungsdiskursen. Zweitens ist unübersehbar, daß Durkheim und Weber ihren analytischen Kulturbegriff im Rahmen einer Religionssoziologie entwickeln, so daß in der theoretischen Erklärung der Genese kultureller Ideen und deren motivationeller Verankerung Religion eine entscheidende Rolle spielt. Das zeigen insbesondere die Begriffe der kollektiven Ekstase und des Heiligen bei Durkheim und die Charismatheorie bei Weber.[182] Auch universalistischen Normen, etwa den Menschenrechten, ist aus dieser Perspektive daher eine sakrale bzw. charismatische Dimension zu eigen.[183] Schließlich hat, drittens, die Diskussion der analytischen Begriffe von Kultur und Struktur gezeigt, daß Durkheim und Weber ein analytisches Instrumentarium entwickeln, mittels dessen auch transkulturelle Kommunikationsmuster und supranationale Strukturen beobachtet werden können. Insofern ist ihre theoretische Logik zumindest nicht vollständig auf die Perspektive nationalstaatlicher Gesellschaften beschränkt, wenngleich beide, Durkheim deutlich stärker als Weber, ihre materialen soziologischen Analysen in hohem Maße auf die soziale Figuration des Nationalstaats zuschneiden.

Daß Durkheim und Weber die Funktion des Menschenrechtsethos und damit die Überwindbarkeit der Krisenerscheinungen der Moderne unterschiedlich einschätzen, verweist indessen auf Divergenzen ihrer Theoriebildung. Indem Durkheim im Begriff des Kollektivbewußtseins das analytische Konzept von Kultur mit kultureller Integration kurzschließt, kann und muß er die faktisch desintegrativen Krisenerscheinungen als defizitäre Institutionalisierung moderner kultureller Muster deuten, was in der Formulierung einer normativen Demokratietheorie und eines strukturellen Reformprogramms resul-

---

licht eine Analyse der Moderne als kulturell bzw. symbolisch konstituierter »großer Tradition« (Eisenstadt 1973).
182 Zur Parallele von Durkheims Efferveszenzbegriff und Webers Charismakonzept vgl. z.B. Tiryakian 1995: 271-4.
183 Vgl. zu Durkheim Joas 1997: 106f. und zu Weber ders. 2000. Auch in der neoparsonianischen Lesart erscheinen die unveräußerlichen Menschenrechte als »Kern der normativen Ordnung moderner Gesellschaften«; sie ließen sich zwar durch den kategorischen Imperativ (oder diskursethische Prinzipien) begründen, bedürften aber auch einer »affektiven« Abstützung, wie z.B. im »Kult des Individuums« (Münch 1982: 317f., 380).

tiert. Webers Rekonstruktion kultureller Differenzierung sowie struktureller Rationalisierung und Disziplinierung berücksichtigt hingegen gerade das Wechselspiel von Kultur und Struktur. Sein perspektivischer Rationalitätsbegriff und sein zweistufiges Modell einer paradoxen kulturellen wie strukturellen Rationalisierung schließt dabei jedoch die Möglichkeit kultureller Integration, wie Durkheim sie unterstellt, a priori aus, so daß aus seiner Analyse der Prinzipien der kulturellen Moderne keinerlei normative Urteile oder Reformmaßnahmen ableitbar sind.[184]

Durch die Art und Weise, wie beide die ordnungstheoretischen Konzepte von Kultur und Struktur verwenden, ist jedoch weder erklärt, warum Durkheim den Kult des Individuums als normative Quelle für sein Reformprogramm akzeptiert, noch, warum Weber die Krisenerscheinungen der Moderne als Sinn- und Freiheitsverlust bewertet. In meiner Interpretation habe ich versucht, die normativen Dimensionen von Durkheims und Webers Zeitdiagnosen theorieimmanent herzuleiten. Dabei ließ sich nachweisen, daß beide in ihrer Handlungstheorie die Freiheit der menschlichen »Persönlichkeit« unterstellen, so unterschiedlich diese in Durkheims Begriff des rationalen, freien und autonomen Handelns und in Webers Modifikation des rationalen Handlungstypus durch seinen impliziten Begriff des charismatischen Handelns auch akzentuiert wird. Auf unterschiedlichen Wegen, so meine ich, führen damit sowohl Durkheim als auch Weber die kantianische Idee eines autonom handelnden Subjekts und damit eine anthropologische Grundannahme des modernen Menschenrechtsdiskurses in ihre Theoriebildung wieder ein. Es läßt sich also zeigen – auch ohne Parsons' Konvergenzthese en détail zu folgen – daß im Konzept individueller Handlungsfreiheit eine zentrale Parallele der Soziologieentwürfe dieser beiden Klassiker liegt. Erst diese theorieimmante Herleitung der normativen Dimensionen ihrer Gegenwartsdiagnose erklärt im übrigen, weswegen beide mit ihrer Soziologie liberale politische Positionen verbinden.

Mit dieser Interpretation der Klassiker Durkheim und Weber kann plausibel gemacht werden, daß sich der soziologische Diskurs der Moderne durch

---

184 Diese Divergenz wird v.a. an der unterschiedlichen Haltung zum Begriff der Gerechtigkeit offensichtlich: Durkheim meint diese im Begriff der »gerechten Verträge« soziologisch begründen zu können, während Weber Konflikte zwischen »materialen Gerechtigkeitsforderungen« und formalem Recht betont. Zu Durkheims »Erwünschtheitstheorem« und Webers »Unmöglichkeitstheorem« der Gerechtigkeit vgl. Müller und Wegener 1995.

eine dialektische Bezugnahme auf den philosophischen Menschenrechtsdiskurs konstituiert. Diese These läßt sich in einer schwächeren und einer stärkeren Variante explizieren. In ihrer schwächeren Variante wird damit behauptet, daß – *trotz* der metatheoretischen Suspension der Begründungsfrage – im Begriff der Handlungsfreiheit und der damit verbundenen kantianischen Anthropologie eine zentrale Idee des Menschenrechtsdiskurses in der klassischen soziologischen Theoriebildung aufgehoben ist. Gerade die Orientierung an diesem Wertbezugspunkt würde dann erklären, warum Durkheim und Weber in ihrer Analyse der modernen Gesellschaft Freiheitsdefizite als solche benennen und bewerten können. In ihrer stärkeren – und hier vertretenen – Variante besagt diese These indessen, daß der normative Gehalt der Moderne gerade *aufgrund* der metatheoretischen Suspension philosophischer Begründungsfiguren in den Soziologieentwürfen von Durkheim und Weber aufgehoben ist. Indem das Menschenrechtsethos selbst nämlich einer empirischen, genauer einer funktionalistischen bzw. historisierenden Perspektive unterworfen wird, geraten strukturelle Defizite bzw. paradoxe Folgen seiner Institutionalisierung und mithin Bedingungen und Grenzen seiner Geltung in den Blick. Die klassische Soziologie stellt insofern eine erfahrungswissenschaftliche Transformation des Menschenrechtsdiskurses dar, die zur Steigerung von dessen Reflexivität beitragen kann.

(b) Vor dem Hintergrund dieser Interpretation und mit einigen Seitenblicken auf die weitere Entwicklung des soziologischen Diskurses der Moderne will ich im folgenden die eingangs formulierten Problemanzeigen – die Frage der Normativität des soziologischen Diskurses und die seiner Öffnung für kulturelle Prozesse und gesellschaftliche Strukturen auf globaler Ebene – wieder aufgreifen.

Der Vorwurf, Durkheim und Weber und mit ihnen auch die disziplinäre Soziologie insgesamt könnten zur Menschenrechtsthematik aufgrund des ihr eigenen Skeptizismus gegenüber der prinzipiellen Begründbarkeit universalistischer Normen keinen Beitrag leisten, tangiert vorrangig die metatheoretische Ebene der intellektuellen Konstitution der Soziologie. Tatsächlich begründen Durkheim und Weber diese als eigenständige Disziplin, indem sie soziale Normen und kulturelle Werte einer objektiven bzw. 'wertfreien' Beobachterperspektive unterwerfen und dabei explizit oder doch implizit den universalen Geltungsanspruch von Menschenrechten relativieren. In der weiteren Geschichte der Disziplin hat sich dieser Impuls kontinuierlich fortgesetzt, so daß man in der Tat von einer »Soziologisierung ethischer Diskurse« (Firsching 1994) sprechen könnte. Es liegt daher nahe anzunehmen, daß aus der intellektuellen Distanzierung von ethischen Begründungsdiskursen schließlich Theorien resultierten, die den normativen Gehalt der Moderne nicht mehr zur Geltung brächten, sondern in denen die normativen Restbestände des soziologischen Diskurses, nicht zuletzt dessen handlungstheoretische Grundierung, vollständig eliminiert worden seien (vgl. ibid.: 326-36). In der Traditionslinie der Durkheim-Schule könnte man eine solche Entwicklung im Strukturalismus von Claude Lévi-Strauss münden lassen (ibid.: 68-77). Und wie dessen Ausführungen in *Rasse und Geschichte* zeigen, geht die strukturale Anthropologie in praktischer Hinsicht durchaus mit einem radikalen Kulturrelativismus einher, der sich in der expliziten Kritik universalistischer Normen und der für ihre Begründung oftmals unterstellten transzendentalen Subjektivität artikuliert. Die Erklärungen der Menschenrechte etwa ließen außer acht, »[...] daß der Mensch seine Natur nicht in einer abstrakten Menschheit realisiert, sondern in traditionellen Kulturen«.[185] Als Kulminationspunkt der Soziologisierung ethischer Diskurse ließe sich dann Niklas Luhmanns Programm einer »moralfreien Wissenschaft von der Moral« (1978: 27, 43) und einer entsprechend normfreien Rechtssoziologie ansehen (so Firsching 1994: 326-36). In Luhmanns systemtheoretischer Perspektive erscheinen die Menschenrechte nurmehr als semantisches »Paradoxiemanagement« der mit der Dekonstruktion des Naturrechts entstandenen Frage nach dem Verhältnis von Individuum und positivem Recht. Dieses habe sich zunächst in den Theorien des Gesellschaftsvertrags und später in der Positivierung vorpositiver Rechte entfaltet (Luhmann 1993: 233f.; 1995: 229-33), werde aber in der gegenwärtigen Weltgesellschaft von einer neuen Variante der »Paradoxieentfaltung« abgelöst. So stellt er fest, daß sich erst anhand ihrer – zugestandenermaßen »geschmacklosen« – Verletzung die Geltung von Menschenrechten überhaupt noch reproduzieren könne

---

185 Lévi-Strauss 1975: 371. Zu einer ähnlichen praktischen Stellungnahme kam in der Kulturanthropologie auch Melville J. Herskovits, der aus einem dezidierten »ethischen Relativismus« heraus die Achtung kultureller Differenz der Achtung des Individuums überordnete; vgl. Herskovits 1947. Der libanesische Philosoph Selim Abou kritisiert dieses Dogma des radikalen kulturellen Relativismus, wie es in der Kulturanthropologie verbreitet ist, insbesondere dafür, den Gedanken der »Humanität des Menschen«, also das Konzept eines vorkulturellen Subjekts aufgegeben und dadurch die Geltung von Menschenrechten grundsätzlich ausgeschlossen zu haben (Abou 1995: 25-8; 55-7; 99-103).

(1993: 571-85; 1995: 234). Deren normativem Gehalt kann in dieser Perspektive wohl kaum noch eine praxisorientierende Wirkung zugeschrieben werden. Doch wird der Komplexität, die das Verhältnis des soziologischen Diskurses der Moderne zum normativen Gehalt der Menschenrechte kennzeichnet, in dieser beinahe 'positivistischen' Lesart der Soziologiegeschichte nicht angemessen Rechnung getragen. In den Konzeptionen von Durkheim und Weber ließ sich der Wertbezug auf die Menschenrechte nicht nur in ihrer jeweiligen Handlungstheorie, sondern gerade auch in der Suspension der Begründungsproblematik universalistischer Normen finden. Der für den kulturellen Erwartungshorizont der Moderne charakteristische universalistische Wertbezug, der besonders charakteristisch in den Ideen der Menschenrechte zum Ausdruck kommt, wird im soziologischen Diskurs jeglicher Festlegungen entbunden und durch intellektuelle Distanzierung, kulturelle Perspektivierung und kritische Reflexivität für neue, prinzipiell unabschließbare Auslegungen geöffnet. Gerade in seinem Bewußtsein für die Kontingenz von kulturellen Werten und gesellschaftlichen Normen und in seinen darauf abgestimmten Formen der Reflexivität bringt der soziologische Diskurs also den normativen Gehalt der Moderne zum Ausdruck.[186] Eine eher 'dialogische' Lesart der Soziologiegeschichte könnte daher mit Arpad Szakolczai (1996 und 2000) gerade in der Erfahrung der Unabschließbarkeit der Moderne, ihrer »permanent liminality« den gemeinsamen Problembezug der Antipoden Durkheim und Weber sehen. Ihr werkinterpretatorischer Vergleich ließe sich so in die Rekonstruktion zweier Traditionslinien einbetten, einer »reflexive anthropological sociology« von Durkheim bis Clifford Geertz sowie einer »reflexive historical sociology« von Weber bis Michel Foucault (Szakolczai 2000: xix). Im Konzert der aktuellen, in hohem Grad normativ geprägten Debatten über die Menschenrechte würde eine *reflexive Soziologie der Menschenrechte*, die theoretisch an diese Traditionslinien anschlösse und Begründungsfragen zugunsten von Fragen empirischer Entstehungs- und Geltungsbedingungen suspendierte, meiner Ansicht nach eine Bereicherung darstellen.

---

186 Zur »universal reference« als Charakteristikum von Modernität vgl. Bourricaud 1987: v.a. 20. Daß gerade im Bewußtsein für die Kontingenz von Normen der normative Gehalt der Moderne liegt, betont Thorsten Bonacker in seiner Rekonstruktion von Ansätzen einer nicht-essentialistischen kritischen Theorie des Normativen bei Weber und Theodor W. Adorno; vgl. Bonacker 2000: hier v.a. 23-6. Vgl. auch die Überlegungen von Luc Boltanski zum Zusammenhang von Moderne, Kritik und Soziologie; vgl. z.B. Boltanski 1990: 37-63.

Den zweiten Vorwurf, die disziplinäre Soziologie könne aufgrund ihres nationalstaatlichen und eurozentrischen Bezugsrahmen keinen Beitrag zur Verständigung über die normativen Grundlagen der Weltgesellschaft leisten, wird eine dermaßen definierte reflexive Soziologie der Menschenrechte indessen um so ernster nehmen müssen. Nun ist zwar richtig, daß die 'klassische' Soziologie für einsetzende Prozesse von Globalisierung durchaus schon sensibilisiert war. Dies zeigt sich etwa an Durkheims Überlegungen zum Zusammenhang von Kultur und gesellschaftlicher Struktur auf supranationaler Ebene, die übrigens 1920 von Marcel Mauss in einer Untersuchung über die Beziehung von »zwischen-« zu »innergesellschaftlichen« Phänomenen weiter präzisiert wurden: Die weltweite Diffusion von Technologie, Kunst, Religion, Recht und Sprachen deute darauf hin, so Mauss, daß globale Strukturbildungen von der Ausbildung eines menschheitlichen Kollektivbewußtsein begleitet seien (Mauss: 1969: 616, 618). Auch Webers Interesse für interzivilisatorisch-komparative Analysen ist ein Indikator für das einsetzende Bewußtsein um Globalität, wenngleich sein Ausgangspunkt der universellen Kulturbedeutung des okzidentalen Rationalismus den gegenwärtigen Problemlagen multipler Modernitätsformen nicht mehr gerecht werden dürfte. Andere klassische Soziologien haben den Zusammenhang von Globalisierung und Menschenrechten sogar explizit thematisiert. Man denke an die Erwägungen von George Herbert Mead zu den symbolischen und sozialen Grundlagen der Entstehung einer »universalen menschlichen Gesellschaft«, die er nicht zuletzt unter dem Eindruck der ersten Versuche der Institutionalisierung eines Weltbürgerrechts im Völkerbund der Zwischenkriegszeit formulierte (1973: 328-59), oder an Norbert Elias' Gedanken, daß globale Strukturwandlungen die Semantik einer »Menschheit« plausibel erscheinen ließen (1987: 219f., 301f.), wobei insbesondere die zunehmende Bedeutung der Menschenrechte auf die Entstehung einer »Wir-Gruppen-Identität« auf menschheitlicher Ebene hindeute (ibid.: 308f.).[187]

Aber diesem der klassischen Soziologie zu konzedierenden Bewußtsein für Globalität zum Trotz läßt sich der teils nationalstaatliche, teils eurozentrische Zuschnitt der Begrifflichkeit auch dieser Disziplin nicht bestreiten. Vor allem auf der Ebene ihrer empirischen Beschreibung moderner Gesellschaft sind bei Durkheim und Weber Tendenzen einer nationalstaatlichen Verengung der

---

187 Das entstehende Bewußtsein für Globalität hat daher Roland Robertson als charakteristisch für die klassische Epoche der Soziologie bezeichnet; vgl. Robertson 1992: 21-4.

analytischen Perspektive zu erkennen. Ihre Analyse der Institutionalisierung von Menschenrechten im säkularen, demokratischen Staat etwa unterstellt, daß die entsprechenden Prozesse der Rationalisierung des Rechts notwendigerweise auf den Machtapparat souveräner Staaten aufbauen, und vernachlässigt, daß bereits diese auch in globale kulturelle Prozesse und soziale Strukturen eingebettet sind. Entsprechend konzentrieren sich beide in ihren Narrativen der Moderne auch auf die Besonderheit der europäischen Entwicklung, der gegenüber andere Regionen (und Religionen) zur bloßen Vergleichsfolie degradiert werden, ohne daß die gerade durch den Kolonialismus geschaffenen transkulturellen Kommunikationsräume systematisch in den Blick gerieten. Der nationalstaatliche und eurozentrische Zuschnitt der sozialwissenschaftlichen Begrifflichkeit läßt sich wohl damit erklären, daß die meisten der im 19. Jahrhundert entstandenen Sozialwissenschaften in der Phase ihrer disziplinären Etablierung eng auf die Erkenntnisinteressen staatlicher und teils auch kolonialer Administrationen bezogen waren und gerade dadurch im Wissenschaftssystem institutionalisiert werden konnten.[188] Im Laufe des 20. Jahrhunderts läßt sich sogar eine weitere »Nationalisierung der Sozialwissenchaften« beobachten (Klausner und Lidz 1986), in deren Folge insbesondere in den Modernisierungstheorien amerikanischer Prägung 'Gesellschaften' als unterschiedlich entwickelte, in Normalfall aber national verfaßte soziale Systeme mit je unterschiedlichen 'Kulturen' wahrgenommen wurden.[189] Eine reflexive Soziologie der Menschenrechte wird deswegen die Erkenntnismodi intellektueller Distanzierung, kultureller Perspektivierung und kritischer Reflexion immer auch hinsichtlich der in der eigenen disziplinären Geschichte formulierten Narrative der Moderne zur Geltung bringen müssen, wenn sie die Möglichkeiten der Aneignung der Idee der Menschenrechte in unterschiedlichen soziokulturellen Kontexten aufklären können soll.[190]

Die aktuellen theoretischen Debatten um Globalisierung und Weltgesellschaft zeigen allerdings, daß an die ordnungs- und handlungstheoretischen Konzeptionen der klassischen Soziologie durchaus produktiv angeschlossen werden kann. Zwar läßt sich das Gesellschaftskonzept der Durkheim-Tradition nur schwer auf die globale Ebene übertragen, ohne Gefahr zu lau-

---

188 Vgl. dazu insbesondere Bourdieu 1999; Wagner, P. 1990 und Wallerstein 1996.
189 Vgl. – nicht ohne Selbstkritik – Clifford Geertz 1996: v.a. 73f. und Habermas 2000b: 6. Zur einerseits nationalen, andererseits globalen Ausrichtung der Soziologie vgl. Turner 1990.
190 Die Selbstreflexivität der Soziologie fordern u.a. auch Bourdieu/Wacquant 1996: v.a. 99.

fen, nun auch der Welt-'Gesellschaft' eine Einheitlichkeit zu unterstellen, die schon in bezug auf den Nationalstaat des 19. Jahrhunderts eher ideologisches Konstrukt als soziale Relatität war. Doch die analytische Unterscheidung von Kultur und Gesellschaftsstruktur, die sich bei Durkheim und noch prägnanter bei Weber gegenüber reduktionistischen Erklärungsmuster soziokultureller Entwicklungen andeutete, sensibilisiert durchaus für unterschiedliche Dimensionen globaler Ordnungsbildung und ist für die Diskussion von Theorien der Weltgesellschaft instruktiv. Auf die kulturelle Dimension der Weltgesellschaft konzentrieren sich dabei z.B. Roland Robertson (1992), der an Durkheims Utilitarismus-Kritik anknüpfend Globalität als im wesentlichen kulturell konstituiert betrachtet, oder auch John Meyer (z.B. 1999), dessen neo-institutionalistische Weltgesellschaftstheorie sich als Fortführung von Webers Analyse kultureller Rationalisierung versteht. Globale Strukturbildungen werden von Anthony Giddens (1995b) und Martin Albrow (1993) in enger Anlehnung an Weber herausgearbeitet. Einsichten der klassischen Soziologie lassen sich also in einer reflexiven Soziologie der Menschenrechte hinsichtlich der dabei notwendigerweise zugrunde zu legenden Theorie der Weltgesellschaft produktiv weiterentwickeln.[191]

(c) Worin also könnte der konstruktive Beitrag einer selbstreflexiven Soziologie in einer »Wertdiskussion« um die Menschenrechte bestehen? Weiterführende Überlegungen zu dieser Frage, die ich hier nur ausblickartig andeuten kann, müssen mit der Feststellung beginnen, daß der Bezug auf den Erwartungshorizont der Moderne angesichts gegenwärtiger Erfahrungskontexte andere praktische Problemstellungen nahelegt als diejenigen, die noch für Durkheim und Weber maßgeblich waren. Erstens: Während sich für beide das Verhältnis von Menschenrechten und nationalstaatlicher Souveränität noch als mehr oder minder unproblematisch darstellte, ist gerade dies im 20. und schon gar im 21. Jahrhundert zu einem der Kernprobleme der Menschenrechtspolitik geworden.[192] Tatsächlich hatte die durch die Charta der Vereinten Nationen

---

191 Zu den normativen Dimensionen einer für Globalität sensibilisierten Soziologie vgl. Archer 1991: v.a. 145.
192 Unter dem Eindruck nationalsozialistischer Verfolgung und kriegsbedingter Massenfluchtbewegungen hat insbesondere Hannah Arendt (1949) auf die Aporien der im philosophischen Menschenrechtsdiskurs unterstellten Gleichursprünglichkeit von Volkssouveränität und Menschenrechten aufmerksam gemacht und gegenüber den klassischen Staatsbürgerrechten ein von der Menschheit selbst zu garantierendes »Recht auf Rechte« eingefordert.

und die *Allgemeine Erklärung der Menschenrechte* ausgelöste Transformation des sogenannten Westfälischen Völkerrechts zur Folge, daß erstmals auch Individuen als Völkerrechtssubjekte anerkannt wurden, so daß nunmehr staatliche Souveränität und nationale Selbstbestimmung auf der einen Seite, die Menschenrechte auf der anderen Seite potentiell in Konkurrenz zueinander gerieten. Unter den Bedingungen des 'post-Westfälischen' Völkerrechts sind nationalstaatliche Gesetzgebung und Rechtsprechung zunehmend an universal oder regional kodifizierte Menschenrechte gebunden. Wie die Kontroversen um den Krieg der NATO gegen die Bundesrepublik Jugoslawien gezeigt haben, können Menschenrechte mittlerweile selbst militärische Eingriffe in staatliche Souveränität legitimieren. Zweitens: Die bei Durkheim und Weber gleichermaßen fokussierte Frage nach der Besonderheit der »okzidentalen« Entwicklung ist angesichts der zunehmenden Bedeutung transkultureller Kommunikationsräume, globaler Vernetzungen und den sich daraus ergebenden multiplen Modernitätsformen in den Hintergrund gerückt. Die Menschenrechte beziehen ihre Plausibilität heute nicht mehr aus einer europäischen Genealogie, sondern gerade aus ihrer symbolischen Offenheit für die Deutung und Aneignung in ganz unterschiedlichen, z.B. auch konfuzianischen und islamischen Kontexten.[193] Tatsächlich unterscheiden sich die *Allgemeine Erklärung der Menschenrechte* und die ihr folgenden Verrechtlichungsprozesse darin von den nordamerikanischen und europäischen Menschenrechtserklärungen und Verfassungen, daß hier nicht nur Ideen außer-europäischer kultureller Traditionen in die Formulierung universalistischer juridischer Normen eingegangen sind, sondern diese auch von vornherein als prinzipiell erweiterbar gedacht wurden.[194]

Angesichts dieser Problemlage erstaunt es nicht, daß die von Kant in seiner Schrift vom *Ewigen Frieden* entworfene Vision eines Weltbürgerrechts erneut zum Referenzpunkt normativer Theorien der Weltgesellschaft geworden ist.[195] Gerade Fragen der interkulturellen Begründbarkeit der Menschenrechte, der systematischen Koordination unterschiedlicher Rechtsansprüche und der Ver-

---

193 Zur Reinterpretation der Idee der Menschenrechte im Kontext asiatischer bzw. islamischer Traditionen vgl. beispielsweise Hsiung 1985 bzw. An-Na'im 1990.
194 Vgl. dazu die detaillierte Studie von Morsink 1999.
195 Wie eingangs bereits erwähnt, hat sich in dieser Situation eine Renaissance der politischen Philosophie, gerade auch der politischen Philosophie internationaler Beziehungen vollzogen; vgl. Gosepath und Lohmann 1998 sowie Chwaszcza und Kersting 1998, aber auch bereits Cohen 1954.

hältnisbestimmung von Menschenrechten, nationaler Selbstbestimmung und staatlicher Souveränität stehen dabei im Vordergrund der Debatte. Im Rahmen seiner Reaktualisierung der kantischen Moral- und Rechtsphilosophie, die auch handlungstheoretisch fundierte Soziologien berücksichtigt,[196] unternimmt Habermas beispielsweise den Versuch, die Geltung der juridischen Normen der Menschenrechte durch Rekurs auf die moralischen Prinzipien der Diskursethik zu begründen, die Gleichursprünglichkeit von Volkssouveränität und Menschenrechten nachzuweisen und von hier ausgehend politische Perspektiven der Etablierung eines weltbürgerlichen Zustandes zu entwerfen (Habermas 1992: 112-35; 1996).[197]

Demgegenüber würde eine reflexive Soziologie der Menschenrechte – ganz im Sinne der metatheoretischen Suspension der Begründungsfrage – eher nach den empirischen Entstehungs- und Geltungsbedingungen eines solchen weltbürgerlichen Zustandes fragen. Ein erster dabei zu behandelner Themenkomplex wären die strukturellen Faktoren der völkerrechtlichen Kodifizierung von Menschenrechten und ihrer zunehmenden Differenzierung und Spezifizierung. Während sich die Entstehung liberaler, politischer und sozialer Grundrechte soziologisch noch als nationalstaatlicher Integrationsprozeß deuten ließ, müssen gerade die Forderungen nach der Anerkennung kultureller Individualrechte, der kollektiven Rechte von Minderheiten und indigenen Bevölkerungen sowie eines Rechts auf Entwicklung offenkundig auf politische und ökonomische Unrechtserfahrungen im Rahmen struktureller Globalisierungsprozesse bezogen werden.[198] Ein zweiter Themenkomplex beträfe die kulturelle Logik von Interpretationen der Menschenrechte. Wenn man dabei mit Durkheim und Weber die sakrale bzw. charismatische Dimension der menschenrechtlichen Symbolik berücksichtigte, ließe sich etwa fragen, wie die historischen Religionen unterschiedliche Formen der kulturellen Aneignung univer-

---

196 Gegenüber der »objektivistischen Entzauberung des Rechts« in Luhmanns Systemtheorie argumentiert Habermas sogar, daß mit Rekurs auf Durkheims, Webers und Parsons' Handlungstheorien Rechtsphilosophie und -soziologie miteinander vermittelbar seien; Habermas 1992: 61-108.

197 Vielleicht etwas vorschnell hat Habermas die militärische Intervention der NATO im sogenannten Kosovokrieg als einen moralisch legitimen Vorgriff auf ein rechtlich erst im Entstehen begriffenes Weltbürgerrecht gedeutet; vgl. Habermas 2000a: v.a. 60f.

198 In der strukturellen Erklärung der Vervielfachung der Menschenrechte sieht auch Norberto Bobbio die Aufgabe einer Rechtssoziologie der Menschenrechte (Bobbio 1998: 64, 70f.). Zur Vervielfältigung der Menschenrechte vgl. z.B. die Beiträge in Symonides 1998 und jetzt auch – in Abgrenzung zum klassischen, nationalstaatlich orientierten Erklärungsmodells Thomas Marshalls (1964) – Turner, B. 2001: 203f.

saler Menschenrechte geprägt haben und wie umgekehrt diese unterschiedlichen symbolischen Deutungsmuster den Menschenrechtsdiskurs selbst wieder verändert haben. Ferner ließe sich untersuchen, in welchem Verhältnis die menschenrechtlichen Normen zu anderen weltgesellschaftlich institutionalisierten Normen, etwa dem Prinzip nationalstaatlicher Souveränität, stehen und mittels welcher normativer Deutungsmuster sie miteinander koordiniert werden.[199] Ein dritter Themenkomplex bezöge sich schließlich auf die strukturellen Konsequenzen der Institutionalisierung der Menschenrechte. Dabei ließe sich zunächst die defizitäre oder selektive Implementierung der Menschenrechte hinsichtlich der mit ihnen einhergehenden Exklusionsmuster analysieren. Eine an Weber anschließende Analyse würde sich aber gerade auch für die paradoxen, nicht-intendierten Effekte der Institutionalisierung von Menschenrechten interessieren. Könnte es sein, daß die weltgesellschaftlichen Verrechtlichungsprozesse mit Formen von Rationalisierung und Disziplinierung einhergehen, die dem normativen Gehalt der Menschenrechte und dem Prinzip einer demokratischen Legitimation von Herrschaft zuwiderlaufen?

Die Beantwortung dieser und ähnlicher Fragen, weniger die Teilnahme an normativen Begründungsdiskursen könnte meines Erachtens der konstruktive Beitrag einer reflexiven Soziologie zur aktuellen Wertdiskussion um die Menschenrechte sein. Sofern der soziologische Diskurs der Moderne dabei selbst eine erfahrungswissenschaftliche Transformation des Menschenrechtsdiskurses darstellt, besteht die begründete Hoffnung, mit dieser Form kritischer Reflexivität auch an der praktischen Gestaltung eines weltbürgerlichen Zustandes durch eine verantwortliche Menschenrechtspolitik mitzuwirken.

---

199 In diese Richtung zielen meine Versuche, die aktuellen Transformationen nationalstaatlicher Sprach- und Religionspolitik auf die zunehmende Institutionalisierung von Menschenrechten in der Weltgesellschaft zu beziehen; vgl. König, M. 2000; 2001.

Bibliographie

Abou, Selim 1995. *Menschenrechte und Kulturen* (Herausforderungen. Historisch-politische Analysen, Bd. 2). Bochum: Winkler [frz. EA 1992].

Agnew, John A. 1989. The Devaluation of Place in Social Sciences, in: Agnew / Duncan (Hg.) 1989: S. 9-29.

Agnew, John A. und J.S. Duncan (Hg.). 1989. *The Power of Place*. Boston: Unwin Hyman.

Albrow, Martin 1987. The Application of the Weberian Concept of Rationalization to Contemporary Conditions, in: Lash / Whimster (Hg.) 1987: S. 164-82.

Albrow, Martin 1990. *Max Weber's Construction of Social Theory*. London: MacMillan.

Albrow, Martin 1996. *The Global Age*. Cambridge: Polity Press.

Alexander, Jeffrey C. 1982a. *Theoretical Logic in Sociology, Vol. I. Positivism, Presuppositions, and Current Controversies*. Berkeley & Los Angelos: University of California Press.

Alexander, Jeffrey C. 1982b. *Theoretical Logic in Sociology, Vol. II. The Antinomies of Classical Thought: Marx and Durkheim*. Berkeley & Los Angelos: University of California Press.

Alexander, Jeffrey C. 1983. *Theoretical Logic in Sociology, Vol. III. The Classical Attempt at Synthesis: Max Weber*. Berkeley & Los Angelos: University of California Press.

Alexander, Jeffrey C. 1987a. *Sociological Theory since 1945*. London et al.: Hutchinson.

Alexander, Jeffrey C. 1987b. The Dialectic of Individuation and Domination: Weber's Rationalization Theory and Beyond, in: Lash / Whimster (Hg.): S. 185-206.

Alpert, Harry 1961. *Emile Durkheim and His Sociology* (Studies in history, economics and public law; Nr. 445). New York: Russel & Russel [EA 1939].

Andrews, Howard F. 1993. Durkheim and Social Morphology, in: Turner, S. (Hg.) 1993: S. 111-35.

An-Na'im, Abdullahi A. 1990. *Toward an Islamic Reformation. Civil Liberties, Human Rights, and International Law*. Syracuse: Syracuse University Press.

Archer, Margaret S. 1991. Sociology for One World: Unity and Diversity, *International Sociology* 6 (2): 131-47.

Archer, Margaret S. 1996. *Culture and Agency. The Place of Culture in Social Theory* (Revised edition). Cambridge: Cambridge University Press [EA 1988].

Arendt, Hannah 1949. Es gibt nur ein einziges Menschenrecht, *Die Wandlung* 4 : 754-70.

Baker, Keith Michael 1975. *Condorcet: From Natural Philosophy to Social Mathematics*. Chicago: The University of Chicago Press.

Bastien, Jean-Pierre et al. (Hg.) 2001. *La globalisation du religieux*. Paris: L'Harmattan.

Baubérot, Jean 1990. Note sur Durkheim et la Laïcitié, *Archives de Sciences Sociales des Religions* 69 : 151-56.

Beetham, David 1985. *Max Weber and the Theory of Modern Politics*. 2. Aufl. Cambridge: Polity Press [EA 1974].

Besnard, Philippe (Hg.) 1983. *The Sociological Domain. The Durkheimians and the Founding of French Sociology.* Cambridge: Cambridge University Press.

Bendix, Reinhard 1971. Two Sociological Traditions, in: Bendix / Roth (Hg.) 1971: S. 282-98.

Bendix, Reinhard / Roth, Guenther (Hg.) 1971. *Scholarship and Partisanship. Essays on Max Weber.* Berkeley: University of California Press.

Bertram, Hans (Hg.) 1986. *Gesellschaftlicher Zwang und moralische Autonomie.* Frankfurt a.M.: Suhrkamp.

Bielefeldt, Heiner 1998. *Philosophie der Menschenrechte. Grundlagen eines weltweiten Freiheitsethos.* Darmstadt: Wissenschaftliche Buchgesellschaft.

Bobbio, Noberto 1998. *Das Zeitalter der Menschenrechte. Ist Toleranz durchsetzbar?* Berlin: Wagenbach.

Bohannan, Paul 1960. Conscience Collective and Culture, in: Wolff (Hg.) 1960: S. 77-96.

Boltanski, Luc. 1990. *L'Amour et la Justice comme competences.* Paris: Editions Metailie.

Bonacker, Thorsten 2000. *Die normative Kraft der Kontingenz. Nichtessentialistische Gesellschaftskritik nach Weber und Adorno.* Frankfurt a.M. & New York: Campus.

Bourdieu, Pierre 1971. Une interprétation de la théorie de la religion selon Max Weber, *Archives européennes de sociologie* 12 (2): 3-21.

Bourdieu, Pierre 1976. *Entwurf einer Theorie der Praxis auf der ethnologischen Grundlage der kabylischen Gesellschaft.* Frankfurt a.M.: Suhrkamp.

Bourdieu, Pierre 1999. Rethinking the State: Genesis and Structure of the Bureaucratic Field, in: Steinmetz (Hg.) 1999: S. 53-75.

Bourdieu, Pierre und Jean Claude Passeron 1981. Soziologie und Philosophie in Frankreich seit 1945. Tod und Wiederauferstehung einer Philosophie ohne Subjekt, in: Lepenies (Hg.) 1981: 496-551 [engl. EA 1967].

Bourdieu, Pierre und Loïc J.D. Wacquant 1996. *Reflexive Anthropologie.* Frankfurt a.M.: Suhrkamp.

Bourricaud, François 1977. *L'individualisme institutionnel. Essai sur la sociologie de Talcott Parsons.* Paris: Presses Universitaires de France.

Bourricaud, François 1987. Modernity, 'Universal Reference' and the Process of Modernization, in: Eisenstadt (Hg.) 1987: S. 12-21.

Breuer, Stefan 1978. Die Evolution der Disziplin. Zum Verhältnis von Rationalität und Herrschaft in Max Webers Theorie der vorrationalen Welt, *Kölner Zeitschrift für Soziologie und Sozialpsychologie* 30 : 409-37.

Breuer, Stefan 1994. *Bürokratie und Charisma: zur politischen Soziologie Max Webers.* Darmstadt: Wissenschaftliche Buchgesellschaft.

Breuer, Stefan 1999. *Georg Jellinek und Max Weber. Von der sozialen zur soziologischen Staatslehre.* Baden-Baden: Nomos.

Brubaker, Rogers 1984. *The Limits of Rationality. An Essay on the Social and Moral Thought of Max Weber* (Controversies in Sociology 16). London: Allen & Unwin.

Brugger, Winfried 1980. *Menschenrechtsethos und Verantwortungspolitik. Max Webers Beitrag zur Analyse und Begründung der Menschenrechte.* Freiburg & München: Verlag Karl Alber.

Chamboredon, Jean Claude 1984. Emile Durkheim: le social objet de science. Du moral au politique?, *Critique* 445/446 : 460-531.

Chwaszcza, Christine und Wolfgang Kersting (Hg.) 1998. *Politische Philosophie internationaler Beziehungen.* Frankfurt a.M.: Suhrkamp.

Cladis, Mark C. 1992. *A Communitarian Defense of Liberalism. Emile Durkheim and Contemporary Social Theory.* Stanford: Stanford University Press.

Cladis, Mark C. (Hg.) 1999. *Durkheim and Foucault: Perspectives on Education and Punishment.* Oxford: Durkheim Press.

Clark, Terry Nichols 1973. *Prophets and Patrons: The French University and the Emergence of the Social Sciences.* Cambridge, Mass.: Harvard University Press.

Clark, Terry Nichols 1981. Die Durkheim-Schule und die Universität, in: Lepenies (Hg.) 1981 II: S. 157-205.

Cohen, Laurence Jonathan 1954. *The Principles of World Citizenship.* Oxford: Blackwell.

Cohen, Jere 1975. Moral Freedom through Understanding in Durkheim, *American Sociological Review* 40 (1): 104-6.

Collins, Randall 1994. *Four Sociological Traditions.* New York & Oxford: Oxford University Press.

Cormack, Patricia 1996. The Paradox of Durkheim's Manifesto: Reconsidering 'The Rules of Sociological Method', *Theory and Society* 25 : 85-104.

Cuvillier, Armand (Hg.) 1953. *Emile Durkheim. Montesquieu et Rousseau, précurseurs de la sociologie.* Paris: Librairie Marcel Rivière et Cie.

Dawe, Alan 1970. The Two Sociologies, *British Journal of Sociology* 21 : 207-18.

Draus, Fransiszek 1995. Max Weber et la liberté, *Revue européenne des sciences sociales* XXXIII (101): 123-43.

Drouin, Michel (Hg.) 1994. *L'affaire Dreyfus de A à Z.* Paris: Flammarion.

Durkheim, Emile 1887. La science positive de la morale en Allemagne, *Revue philosophique* XXIV : 33-58; 113-42; 275-84.

Durkheim, Emile 1901. Deux lois de l'évolution pénale, *Année sociologique* 4 : 65-95.

Durkheim, Emile 1953a. La contribution de Montesquieu à la constitution de la science sociale, in: Cuvillier (Hg.) 1953: S. 25-113 [EA 1892].

Durkheim, Emile 1953b. Le 'contrat social' de Rousseau, in: Cuvillier (Hg.) 1953: S. 115-98 [EA 1918].

Durkheim, Emile 1958. L'Etat, *Revue Philosophique* 148 : 432-37.

Durkheim, Emile 1970. *La science sociale et l'action,* hg. von Jean-Claude Filloux. Paris: Presses Universitaires de France.

Durkheim, Emile 1971. *Le Socialisme. Sa définition - ses débuts. La doctrine Saint-Simonienne.* Paris: Presses Universitaires de France [EA 1928].

Durkheim, Emile 1973. *Erziehung, Moral und Gesellschaft. Vorlesung an der Sorbonne 1902/1903.* Neuwied: Luchterhand [frz. EA 1922].

Durkheim, Emile 1976. *Soziologie und Philosophie.* Frankfurt a.M.: Suhrkamp [frz. EA 1924].

Durkheim, Emile 1977. *Die Entwicklung der Pädagogik. Zur Geschichte und Soziologie des gelehrten Unterrichts in Frankreich.* Weinheim & Basel: Beltz Verlag [frz. EA 1969].

Durkheim, Emile 1981a. *Frühe Schriften zur Begründung der Sozialwissenschaft* (Soziologische Texte; 122). Darmstadt & Neuwied: Luchterhand.

Durkheim, Emile 1981b. *Die elementaren Formen des religiösen Lebens.* Frankfurt a.M.: Suhrkamp [frz. EA 1912].

Durkheim, Emile 1983. *Der Selbstmord.* Frankfurt a.M.: Suhrkamp [frz. EA 1898].

Durkheim, Emile 1984. *Die Regeln der soziologischen Methode*. Frankfurt a.M.: Suhrkamp [frz. EA 1895].
Durkheim, Emile 1986a. Der Individualismus und die Intellektuellen, in: Bertram (Hg.) 1986: S. 54-70 [frz. EA 1898].
Durkheim, Emile 1986b. Einführung in die Moral, in: Bertram (Hg.) 1986: S. 33-53 [frz. EA 1920].
Durkheim, Emile 1991. *Physik der Sitten und des Rechts. Vorlesungen zur Soziologie der Moral.* Frankfurt a.M.: Suhrkamp [frz. EA 1950].
Durkheim, Emile 1992. *Über die Teilung der sozialen Arbeit. Studie über die Organisation höherer Gesellschaften.* Frankfurt a.M.: Suhrkamp [frz. EA 1893].
Durkheim, Emile 1993. *Schriften zur Soziologie der Erkenntnis.* Frankfurt a.M.: Suhrkamp [frz. EA 1955].
Durkheim, Emile 1995. *Über Deutschland. Texte aus den Jahren 1887 bis 1915.* Konstanz: Universitätsverlag Konstanz.
Durkheim, Emile und Marcel Mauss 1913. Note sur la notion de civilisation, *L'Année sociologique* 12 : 46-50.

Eisenstadt, Samuel N. 1973. *Tradition, Change, and Modernity.* New York et al.: John Wiley & Sons.
Eisenstadt, Shmuel N. (Hg.) 1987. *Patterns of Modernity. Vol I: The West.* London: Frances Pinter.
Eisenstadt, Shmuel N. und M. Curelaru 1976. *The Form of Sociology - Paradigms and Crises.* New York: John Wiley & Sons.
Elias, Norbert 1976. *Über den Prozeß der Zivilisation. Soziogenetische und psychogenetische Untersuchungen* (2 Bde.). Frankfurt a.M.: Suhrkamp [EA 1936].
Elias, Norbert 1987. *Die Gesellschaft der Individuen.* Frankfurt a.M.: Suhrkamp.
Engelstad, Fredrik und Ragnvald Kalleberg (Hg.) 1999. *Social Time and Social Change. Perspectives on Sociology and History.* Oslo et al.: Scandinavian University Press.

Featherstone, Mike (Hg.) 1990. *Global Culture. Nationalism, Globalization and Modernity.* London: Sage Publications.
Ferneuil, Th. 1889. *Les principes de 1789 et la science sociale.* Paris: Hachette.
Firsching, Horst 1994. *Moral und Gesellschaft. Zur Soziologisierung des ethischen Diskurses in der Moderne.* Frankfurt a.M. & New York: Campus.
Firsching, Horst 1995. Die Sakralisierung der Gesellschaft, in: Krech / Tyrell (Hg.) 1995: S. 159-95.
Fleischmann, Eugène 1964. De Weber à Nietzsche, *Archives européennes de Sociologie* V : 190-238.
Fuchs, Peter und Andreas Göbel (Hg.) 1994. *Der Mensch – das Medium der Gesellschaft?* Frankfurt a.M.: Suhrkamp.

Gauchet, Marcel 1989. *La Révolution des droits de l'homme.* Paris: Gallimard.
Gebhardt, Winfried 1994. Soziologie aus Resignation. Über den Zusammenhang von Gesellschaftskritik und Religionsanalyse in der deutschen Soziologie der Jahrhundertwende, *Leviathan* 22 : 520-40.
Geertz, Clifford 1996. *Welt in Stücken. Kultur und Politik am Ende des 20. Jahrhunderts.* Wien: Passagen-Verlag.

Gephart, Werner 1982. Soziologie im Aufbruch. Zur Wechselwirkung von Durkheim, Schäffle, Tönnies und Simmel, *Kölner Zeitschrift für Soziologie und Sozialpsychologie* 34: 1-25.

Gephart, Werner 1993. *Gesellschaftstheorie und Recht. Das Recht im soziologischen Diskurs der Moderne.* Frankfurt a.M.: Suhrkamp.

Gervereau, Laurent und Christoph Prochasson (Hg.) 1994. *L'Affaire Dreyfus et le tournant du siècle (1894-1910).* Paris: Editions La Découverte / SODIS.

Giddens, Anthony 1978. *Durkheim.* Fontana: Collins.

Giddens, Anthony 1981. Die klassische Gesellschaftstheorie und der Ursprung der modernen Soziologe, in: Lepenies (Hg.) 1981 I: 96-136.

Giddens, Anthony 1987. Weber and Durkheim: Coincidence and Divergence, in: Mommsen / Osterhammel (Hg.) 1987: S. 182-89.

Giddens, Anthony 1995a. *Politics, Sociology and Social Theory. Encounters with Classical and Contemporary Social Theory.* Stanford: Stanford University Press.

Giddens, Anthony 1995b. *Konsequenzen der Moderne.* Frankfurt a.M.: Suhrkamp.

Gilcher-Holtey, Ingrid 1997. Menschenrechte oder Vaterland? Die Formierung der Intellektuellen in der Affäre Dreyfus, *Berliner Journal für Soziologie* 7 (1): 61-70.

Gimmler, Antje 1998. *Institution und Individuum. Zur Institutionentheorie von Max Weber und Jürgen Habermas.* Frankfurt a.M. &New York: Campus.

Gosepath, Stefan und Georg Lohmann (Hg.) 1998. *Philosophie der Menschenrechte.* Frankfurt a.M.: Suhrkamp.

Graf, Friedrich Wilhelm 1987. Friendship between Experts: Notes on Weber and Troeltsch, in: Mommsen / Osterhammel (Hg.) 1987: S. 215-33.

Habermas, Jürgen 1981. *Theorie des kommunikativen Handelns* (2 Bde.). Frankfurt a.M.: Suhrkamp.

Habermas, Jürgen 1983. *Moralbewußtsein und kommunikatives Handeln.* Frankfurt a.M.: Suhrkamp.

Habermas, Jürgen 1985. *Der philosophische Diskurs der Moderne. 12 Vorlesungen.* Frankfurt a.M.: Suhrkamp.

Habermas, Jürgen 1992. *Faktizität und Geltung. Beiträge zur Diskurstheorie des Rechts.* Frankfurt a.M.: Suhrkamp.

Habermas, Jürgen 1996. Kants Idee des ewigen Friedens – aus dem historischen Abstand von 200 Jahren, in: ders., *Die Einbeziehung des Anderen. Studien zur politischen Theorie.* Frankfurt a.M.: Suhrkamp, S. 192-236.

Habermas, Jürgen 2000a. Bestialität und Humanität. Ein Krieg an der Grenze zwischen Recht und Moral, in: Merkel (Hg.) 2000: S. 51-65.

Habermas, Jürgen. 2000b. Globalism, Ideology and Traditions, *Thesis Eleven* 63 : 1-10.

Hall, Robert T. 1987. *Emile Durkheim. Ethics and the Sociology of Morals.* New York et al.: Greenwood Press.

Hall, Robert T. 1991. Communitarian Ethics and the Sociology of Morals: Alasdair MacIntyre and Emile Durkheim, *Sociological Focus* 24 (2): 93-104.

Hayward, J.E.S. 1961. The Official Philosophy of the French Third Republic: Leon Bourgeois and Solidarism, *International Review of Social History* VI : 19-48.

Hecht, Martin 1998. *Modernität und Bürgerlichkeit. Max Webers Freiheitslehre im Vergleich mit den politischen Ideen von Alexis de Tocqueville und Jean-Jacques Rousseau.* Berlin: Duncker & Humblot.

Heilbron, Johan 1995. *The Rise of Social Theory.* Cambridge: Polity Press.

Heilbron, Johan und Lars Magnusson und Björn Wittrock (Hg.) 1998. *The Rise of the Social Sciences and the Formation of Modernity*. Dordrecht: Kluwer Academic Publishers.

Hennis, Wilhelm 1987. *Max Webers Fragestellung. Studien zur Biographie des Werks*. Tübingen: J.C.B. Mohr (Paul Siebeck).

Hennis, Wilhelm 1996. *Max Webers Wissenschaft vom Menschen. Neue Studien zur Biographie des Werkes*. Tübingen: J.C.B. Mohr (Paul Siebeck).

Henrich, Dieter 1952. *Die Einheit der Wissenschaftslehre Max Webers*. Tübingen: J.C.B. Mohr (Paul Siebeck).

Herskovits, Melville J. 1947. Statement on Human Rights, *American Anthropologist* 49 : 539-43.

Hindess, Barry 1987. Rationality and the Characterization of Modern Society, in: Lash / Whimster (Hg.) 1987: S. 137-53.

Hsiung, James C. (Hg.) 1985. *Human Rights in East Asia. A Cultural Perspective*. New York: Paragon House Publishers.

Isambert, François-André 1992. Une religion de l'Homme? Sur trois interprétations de la religion dans la pensée de Durkheim, *Revue francaise de Sociologie* XXXIII : 443-62.

Isambert, François-André 1993. Durkheim's Sociology of Moral Facts, in: Turner, S. (Hg.) 1993: S. 193-210.

Jellinek, Georg 1914. *Allgemeine Staatslehre*. 3. Aufl. Berlin: Julius Springer [EA 1900].

Jellinek, Georg 1974. Die Erklärung der Menschen- und Bürgerrechte, in Schnur (Hg.) 1974: S. 1-77 [EA 1895].

Joas, Hans 1992a. *Die Kreativität des Handelns*. Frankfurt a.M.: Suhrkamp.

Joas, Hans 1992b. *Pragmatismus und Gesellschaftstheorie*. Frankfurt a.M.: Suhrkamp.

Joas, Hans 1997. *Die Entstehung der Werte*. Frankfurt a.M.: Suhrkamp.

Joas, Hans 2000. The Charisma of Human Rights, Manuskript, 12 S.

Jones, Robert Alan 1993. Durkheim and *La Cité Antique*. An essay on the origins of Durkheim's sociology of religion, in: Turner, S. (Hg.) 1993: S. 25-52.

Kaesler, Dirk (Hg.) 1972. *Max Weber. Sein Werk und seine Wirkung*. München: Nymphenburger Verlag.

Kaesler, Dirk (Hg.) 1976. *Klassiker des soziologischen Denkens*. Band 1. München: C.H. Beck.

Kaesler, Dirk 1984. *Die frühe deutsche Soziologie 1909 bis 1934 und ihre Entstehungs-Milieus: Eine wissenschaftssoziologische Untersuchung*. Opladen: Westdeutscher Verlag.

Kaesler, Dirk 1988. Unbefangenheit und Hingabe. Das Webersche Konzept der 'Werturteilsfreiheit' und die Verantwortung des heutigen Sozialwissenschaftlers, in: Maier (Hg.) 1988: S. 162-73.

Kaesler, Dirk 1995. *Max Weber. Eine Einführung in Leben, Werk und Wirkung*. Frankfurt a.M. & New York: Campus.

Kalberg, Stephen 1981. Max Webers Typen der Rationalität. Grundsteine für die Analyse von Rationalisierungsprozessen in der Geschichte, in: Sprondel / Seyfarth (Hg.) 1981: S. 9-38.

Kant, Immanuel 1968. *Werke* (Akademie-Ausgabe, zitiert: AA, mit Bandangaben in römischen Ziffern). Berlin: Walter de Gruyter.

Kersting, Wolfgang 1993. *Wohlgeordnete Freiheit. Immanuel Kants Rechts- und Staatsphilosophie*. Frankfurt a.M.: Suhrkamp.

Klausner, Samuel Z. und Victor M. Lidz (Hg.) 1986. *The Nationalization of the Social Sciences*. Philadelphia: University of Pennsylvania Press.

König, Matthias 1999. Cultural Diversity and Language Policy, *International Social Science Journal* 161 : 401-8.

König, Matthias 2001. Identités nationales et institutions globales: la restructuration des relations entre religion et citoyenneté en Europe, in: Bastien et al. (Hg.) 2001: S. 211-22.

König, René und Johannes Winckelmann (Hg.) 1963. *Max Weber zum Gedächtnis. Materialien und Dokumente zur Bewertung von Werk und Persänlichkeit*. Köln & Opladen: Westdeutscher Verlag.

König, René 1976. Emile Durkheim. Der Soziologe als Moralist, in: Kaesler (Hg.) 1976: S. 312-64.

König, René 1978. *Emile Durkheim zur Diskussion. Jenseits von Dogmatismus und Skepsis*. München & Wien: Carl Hanser Verlag.

König, Siegfried 1994. *Zur Begründung der Menschenrechte: Hobbes - Locke – Kant* (Praktische Philosophie; Bd. 48). Freiburg i .Br. & München: Alber.

Koselleck, Reinhart 1973. *Kritik und Krise. Eine Studie zur Pathogenese der bürgerlichen Welt*. Frankfurt a.M.: Suhrkamp [EA 1959].

Koselleck, Reinhart 1979. *Vergangene Zukunft. Zur Semantik geschichtlicher Zeiten*. Frankfurt a.M.: Suhrkamp.

Krech, Volkhard und Hartmut Tyrell (Hg.) 1995. *Religionssoziologie um 1900* (Religion in der Gesellschaft; Bd. 1). Würzburg: Ergon-Verlag.

Krech, Volkhard 1995. Zwischen Historisierung und Transformation von Religion: Diagnosen zur religiösen Lage um 1900 bei Max Weber, Georg Simmel und Ernst Troeltsch, in: ders. / Tyrell (Hg.) 1995: S. 313-49.

Küsters, Gerd-Walter 1988. *Kants Rechtsphilosophie*. Darmstadt: Wissenschaftliche Buchgesellschaft.

Lash, Scott und Sam Whimster (Hg.) 1987. *Max Weber, Rationality and Modernity*. London: Allen & Unwin.

Lehmann, Hartmut 1988. Asketischer Protestantismus und ökonomischer Rationalismus, in: Schluchter (Hg.) 1988: S. 529-53.

Lepenies, Wolf (Hg.) 1981. *Geschichte der Soziologie. Studien zur kognitiven, sozialen und historischen Identität einer Disziplin* (4 Bde.). Frankfurt a.M.: Suhrkamp.

Levine, Donald N. 1995. *Visions of the Sociological Traditions*. Chicago: Chicago University Press.

Liebersohn, Harry 1988. *Fate and Utopia in German sociology, 1870-1923*. Cambridge, Mass.: MIT Press.

Lockwood, David 1964. Social Integration and System Integration, in: Zollschan / Hirsch (Hg.) 1964: S. 244-57.

Loeffler, Erika 1995. The Human Rights in the Social Sciences, *Sociologia Internationalis* 33 (1): 89-103.

Loos, Fritz 1987. Max Webers Wissenschaftslehre und die Rechtswissenschaft, in: Rehbinder / Tieck (Hg.) 1987: S. 169-84.

Luhmann, Niklas 1975. Die Weltgesellschaft, in: ders., *Soziologische Aufklärung 2. Aufsätze zur Theorie der Gesellschaft*. Opladen: Westdeutscher Verlag, S. 51-71.

Luhmann, Niklas 1978. Soziologie der Moral, in: ders. und Stephan H. Pfürtner (Hg.), *Theorietechnik und Moral*. Frankfurt a.M.: Suhrkamp, S. 8-116.

163

Luhmann, Niklas (Hg.) 1985. *Soziale Differenzierung. Zur Geschichte einer Idee.* Opladen: Leske + Budrich.

Luhmann, Niklas 1993. *Das Recht der Gesellschaft.* Frankfurt a.M.: Suhrkamp.

Luhmann, Niklas 1995. Das Paradox der Menschenrechte und drei Formen seiner Entfaltung, in: ders., *Soziologische Aufklärung 6.* Opladen: Westdeutscher Verlag, S. 229-36.

Lukes, Stephen 1973. *Emile Durkheim. His Life and Work.* London: Allen Lane.

Lyotard, Jean-François 1993. Die Rechte des Anderen, in: Shute / Hurley (Hg.) 1993: S. 144-70.

MacIntyre, Alisdair 1981. *After Virtue. A Study in Moral Theory.* Notre Dame: University of Notre Dame Press.

Maier, Hans et al. (Hg.) 1988. *Politik, Philosophie, Praxis.* Stuttgart: Klett-Cotta.

Marshall, Thomas H. 1964. *Citizenship and Social Class.* Cambridge: Cambridge University Press.

Marske, Charles E. 1987. Durkheim's 'Cult of the Individual' and the Moral Reconstitution of Society, *Sociological Theory* 5 : 1-14.

Marx, Karl und Friedrich Engels 1968. *Gesamtausgabe* (zitiert: MEGA, mit Bandangaben in römischen Ziffern). Berlin: Dietz Verlag.

Mauss, Marcel 1969. *Oeuvres 3. Cohésion social et divisions de la sociologie.* Paris: Les Editions de Minuit.

Mead, George Herbert 1973. *Geist, Identität und Gesellschaft aus der Sicht des Sozialbehaviorismus.* Frankfurt a.M.: Suhrkamp.

Merkel, Reinhard (Hg.) 2000. *Der Kosovo-Krieg und das Völkerrecht.* Frankfurt a.M.: Suhrkamp.

Meyer, John W. 1999. The Changing Cultural Content of the Nation-State: A World Society Perspective, in: Steinmetz (Hg.) 1999: S. 123-43.

Mommsen, Wolfgang J. 1959. *Max Weber und die deutsche Politik (1890-1920).* Tübingen: J.C.B. Mohr (Paul Siebeck).

Mommsen, Wolfgang J. 1972. Universalgeschichtliches und politisches Denken bei Max Weber, in: Kaesler (Hg.) 1972: S. 246-300.

Mommsen, Wolfgang J. und Jürgen Osterhammel (Hg.) 1987. *Max Weber and his Contemporaries.* London: Allen & Unwin.

Morsink, Johannes 1999. *The Universal Declaration of Human Rights. Origins, Drafting, and Intent.* Philadelphia: University of Pennsylvania Press.

Müller, Hans-Peter 1983. *Wertkrise und Gesellschaftsreform. Emile Durkheims Schriften zur Politik.* Stuttgart: Enke.

Müller, Hans-Peter 1986. Gesellschaft, Moral und Individualismus. Emile Durkheims Moraltheorie, in: Bertram (Hg.) 1986: S. 71-105.

Müller, Hans-Peter 1992a. Durkheims Vision einer 'gerechten Gesellschaft', *Zeitschrift für Rechtssoziologie* 13 (1): 16-43.

Müller, Hans-Peter 1992b. Gesellschaftliche Moral und individuelle Lebensführung. Ein Vergleich von Emile Durkheim und Max Weber, *Zeitschrift für Soziologie* 21 (1): 49-60.

Müller, Hans-Peter 1993. Durkheim's Political Sociology, in: Turner, S. (Hg.) 1993: S. 95-110.

Müller, Hans-Peter und Michael Schmid 1992. Arbeitsteilung, Solidarität und Moral. Eine werkgeschichtliche und systematische Einführung in die 'Arbeitsteilung' von Emile Durkheim, in: Durkheim 1992: S. 481-532.

Müller, Hans-Peter und Bernd Wegener 1995. Die Soziologie vor der Gerechtigkeit. Konturen einer soziologischen Gerechtigkeitsforschung, S. 7-49 in: dies. (Hg.), *Soziale Ungleichheit und soziale Gerechtigkeit.* Opladen: Leske und Budrich.

Münch, Richard 1982. *Theorie des Handelns. Zur Rekonstruktion der Beiträge von Talcott Parsons, Emile Durkheim und Max Weber.* Frankfurt a.M.: Suhrkamp.

Naquet, Emmanuel 1994. La Ligue des droits de l'homme au tournant du siecle, in: Gerverau / Prochasson (Hg.) 1994: S. 164-68.
Nietzsche, Friedrich 1968. *Werke* (zitiert: KG, Kritische Gesamtausgabe, mit Bandangaben in römischen Ziffern). Berlin: Walter de Gruyter,
Nisbet, Robert A. 1952. Conservativism and Sociology, *American Journal of Sociology* 58 (1): 167-75.
Nisbet, Robert A. 1975. *The Sociology of Emile Durkheim.* London: Heinemann.

Oakes, Guy 1994. Rickerts Wert/Wertungs-Dichotomie und die Grenzen von Webers Wertbeziehungslehre, in: Wagner / Zipprian (Hg.) 1994: S. 146-66.
Ouédraogo, Jean Martin 1996. Sociologie religieuse et modernité politique chez Max Weber, *Revue européenne des sciences sociales, Cahiers Vilfredo Pareto* XXXIV (106): 25-50.

Parsons, Talcott 1965. Wertgebundenheit und Objektivität in den Sozialwissenschaften, in: Stammer (Hg.) 1965: S. 39-64.
Parsons, Talcott 1968. *The Structure of Social Action. A Study in Social Theory with Special Reference to a Group of Recent European Writers.* 2. Aufl. New York & London: The Free Press [EA 1937].
Parsons, Talcott 1975a. Comment on 'Parsons' Interpretation of Durkheim' and on 'Moral Freedom through Understanding in Durkheim', *American Sociological Review* 40 (1): 106-11.
Parsons, Talcott 1975b. On 'De-Parsonizing Weber', *American Sociological Review* 40 (5): 666-70.
Parsons, Talcott 1978. A Paradigm of the Human Condition, S. 331-51 in: ders., *Action Theory and the Human Condition.* New York: Free Press.
Parsons, Talcott 1981. Rationalität und der Prozeß der Rationalisierung im Denken Max Webers, in: Seyfarth / Sprondel (Hg.) 1981: S. 81-92.
Pickering, W.S.F. 1984. *Durkheim's Sociology of Religion. Themes and Theories.* London: Routledge and Kegan Paul.
Pickering, W.S.F. 1990. The Eternality of the Sacred: Durkheim's Error?, *Archives de Sciences Sociales des Religions* 69 : 91-108.
Pope, Whitney 1973. Classic on Classic: Parsons' Interpretation of Durkheim, *American Sociological Review* 38 (4): 399-415.
Pope, Whitney et al. 1975. On the Divergence of Weber and Durkheim: A Critique of Parsons' Convergence Thesis, *American Sociological Review* 40 (4): 417-27.
Prades, José A. 1987. *Persistance et métamorphose du sacré. Actualiser Durkheim et repenser la modernité.* Paris: Presses Universitaires de France.
Prades, José A. 1990. La religion de l'humanité, notes sur l'anthropocentrisme durkheimian, *Archives de Sciences Sociales des Religions* 69 : 55-68.
Prager, Jeffrey 1981. Moral Integration and Political Inclusion: A Comparison of Durkheim's and Weber's Theories of Democracy, *Social Forces* 59 (4): 918-50.

Rebérioux, Madeleine 1994. La naissance de la Ligue des droits de l'homme, in: Drouin (Hg.) 1994: S. 404-8.

Rehbinder, Manfred und Klaus-Peter Tieck (Hg.) 1987. *Max Weber als Rechtssoziologie.* Berlin: Duncker & Humblot.

Riesebrodt, Martin 1980. Ideen, Interessen, Rationalisierung: Kritische Anmerkungen zu F.H. Tenbrucks Interpretation des Werks Max Webers, *Kölner Zeitschrift für Soziologie und Sozialpsychologie* 32 : 111-29.

Robertson, Roland 1992. *Globalization. Social Theory and Global Culture.* London: Sage Publications.

Roth, Günther 1987. *Politische Herrschaft und persönliche Freiheit. Heidelberger Max-Weber-Vorlesungen 1983.* Frankfurt a.M.: Suhrkamp.

Rousseau, Jacques 1992. *Du contrat social* (zitiert: contr.soc.). Paris: Flammarion [EA 1762].

Said, Edward W. 1978. *Orientalism.* New York: Pantheon Books.

Schluchter, Wolfgang 1978. Max Webers Gesellschaftsgeschichte. Versuch einer Explikation, *Kölner Zeitschrift für Soziologie und Sozialpsychologie* 30 : 438-67.

Schluchter, Wolfgang (Hg.) 1988. *Max Webers Sicht des okzidentalen Christentums. Interpretation und Kritik.* Frankfurt a.M.: Suhrkamp.

Schluchter, Wolfgang 1988. *Religion und Lebensführung. Studien zu Max Webers Religions- und Herrschaftssoziologie* (2 Bde.). Frankfurt a.M.: Suhrkamp.

Schnur, Roman (Hg.) 1974. *Zur Geschichte der Erklärung der Menschenrechte* (Wege der Forschung XI). Darmstadt: Wissenschaftliche Buchgesellschaft.

Schöllgen, Gregor 1984. *Handlungsfreiheit und Zweckrationalität. Max Weber und die Tradition praktischer Philosophie.* Tübingen: J.C.B. Mohr (Paul Siebeck).

Schroeder, Ralph 1987. Nietzsche and Weber: Two 'Prophets' of the Modern World, in: Lash / Whimster (Hg.) 1987: S. 207-21.

Schroeder, Ralph 1992. *Max Weber and the Sociology of Culture.* London: Sage Publications.

Schwinn, Thomas 1993. *Jenseits von Subjektivismus und Objektivismus. Max Weber, Alfred Schütz und Talcott Parsons.* Berlin: Duncker & Humblot.

Seidman, Steven 1983. *Liberalism and the Origins of European Social Theory.* Oxford: Blackwell.

Seyfarth, Constans und Walter M. Sprondel (Hg.) 1981. *Max Weber und die Rationalisierung sozialen Handelns.* Stuttgart: Enke.

Shute, Stephen und Susan Hurley (Hg.) 1993. *Die Idee der Menschenrechte.* Frankfurt a.M.: Fischer.

Stammer, Otto (Hg.) 1965. *Max Weber und die Soziologie heute. Verhandlungen des 15. Deutschen Soziologentages.* Tübingen: J.C.B.Mohr (Paul Siebeck).

Stauth, Georg 1993. *Islam und westlicher Rationalismus. Der Beitrag des Orientalismus zur Entstehung der Soziologie.* Frankfurt a.M. & New York: Campus.

Stauth, Georg und Bryan S. Turner 1986. Nietzsche in Weber oder die Geburt des modernen Genius' im professionellen Menschen, *Zeitschrift für Soziologie* 15 (2): 81-94.

Steinmetz, George (Hg.) 1999. *State / Culture. State Formation after the Cultural Turn.* Ithaca: Cornell University Press.

Stichweh, Rudolf 1994. Fremde, Barbaren und Menschen. Vorüberlegungen zu einer Soziologie der 'Menschheit', in: Fuchs / Göbel (Hg.) 1994: S. 72-91.

Strauss, Leo 1956. *Naturrecht und Geschichte.* Stuttgart: Koehler.

Symonides, Janusz (Hg.) 1998. *Human Rights: New Dimensions and Challenges.* Aldershot: Ashgate/UNESCO.

Szakolczai, Arpad 1996. *Durkheim, Weber and Parsons and the founding experiences of sociology* (EUI working papers in political and social sciences). Florence: European University Institute.

Szakolczai, Arpad 2000. *Reflexive Historical Sociology* (Routledge Studies in Social and Political Thought; 22). London: Routledge.

Tenbruck, Friedrich H. 1975. Das Werk Max Webers, *Kölner Zeitschrift für Soziologie und Sozialpsychologie* 27 : 663-702.

Tenbruck, Friedrich H. 1981. Emile Durkheim oder die Geburt der Gesellschaft aus dem Geist der Soziologie, *Zeitschrift für Soziologie* 10 : 333-50.

Tiryakian, Edward A. 1981. Ein Problem für die Wissenssoziologie: Die gegenseitige Nichtbeachtung von Emile Durkheim und Max Weber, in: Lepenies (Hg.) 1981 IV: S. 17-28 [engl. EA 1966].

Tiryakian, Edward A. 1995. Collective Evervescence, Social Change and Charisma: Durkheim, Weber and 1989, *International Sociology* 10 (3): 269-81.

Tönnies, Ferdinand 1979. *Gemeinschaft und Gesellschaft. Grundbegriffe der reinen Soziologie.* Neudr. d. 8. Aufl von 1935. Darmstadt: Wissenschaftliche Buchgesellschaft [EA 1887].

Troeltsch, Ernst 1911. Das stoisch-christliche Naturrecht und das moderne profane Naturrecht, in: *Verhandlungen des Ersten Deutschen Soziologentages vom 19.-22. Oktober 1910 in Frankfurt a.M. 1911* (Schriften der Deutschen Gesellschaft für Soziologie, I. Serie, Bd.1). Tübingen: J.C.B. Mohr (Paul Siebeck), S. 166-92.

Troeltsch, Ernst 1912. *Die Soziallehren der christlichen Kirchen und Gruppen.* Tübingen: J.C.B. Mohr (Paul Siebeck).

Troeltsch, Ernst 1963. Max Weber, in: König, R. / Winckelmann (Hg.) 1963: S. 43-6 [EA 1920].

Turner, Bryan S. 1987. The Rationalization of the Body: Reflections on Modernity and Discipline, in: Lash / Whimster (Hg.) 1987: S. 222-41.

Turner, Bryan A. 1990. The Two Faces of Sociology: Global or National?, in: Featherstone (Hg) 1990: 343-58.

Turner, Bryan S. (Hg.). 1993. *Citizenship and Social Theory.* London: Sage Publications.

Turner, Bryan S. 1993a. Outline of the Theory of Human Rights, in: ders. (Hg.): S. 162-90.

Turner, Bryan S. 2001. The Erosion of Citizenship, *British Journal of Sociology* 52 (2): 189-209.

Turner, Stephen P. (Hg.) 1993. *Durkheim: Sociologist and moralist.* London & New York: Routledge.

Tyrell, Hartmut 1985. Emile Durkheim - Das Dilemma der organischen Solidarität, in: Luhmann (Hg.) 1985: S. 181-250.

Tyrell, Hartmut 1994. Max Webers Soziologie - eine Soziologie ohne 'Gesellschaft', in: Wagner / Zipprian (Hg.) 1994: S. 390-414.

Vogel, Ulrike 1973. Einige Überlegungen zum Begriff der Rationalität bei Max Weber, *Kölner Zeitschrift für Soziologie und Sozialpsychologie* 25 : 532-50.

Vogt, W. Paul 1993. Durkheim's Sociology of Law. Morality and the Cult of the Individual, in: Turner, S. (Hg.) 1993: S. 71-94.

Wagner, Gerhard 1987. *Geltung und normativer Zwang. Eine Untersuchung zu den neukantianischen Grundlagen der Wissenschaftslehre Max Webers.* Freiburg & München: Karl Alber.

167

Wagner, Gerhard 1993. *Gesellschaftstheorie als politische Theologie? Zur Kritik und Überwindung der Theorien normativer Integration*. Berlin: Duncker & Humblot.

Wagner, Gerhard und Heinz Zipprian (Hg.) 1994. *Max Webers Wissenschaftslehre: Interpretation und Kritik*. Frankfurt a.M.: Suhrkamp.

Wagner, Peter 1990. *Sozialwissenschaften und Staat. Frankreich, Italien, Deutschland 1870-1980*. Frankfurt a.M. & New York: Campus.

Wagner, Peter 1995. *Soziologie der Moderne. Freiheit und Disziplin*. Frankfurt a.M. / New York: Campus.

Wagner, Peter 1998. Certainty and Order, Liberty and Contingency. The Birth of Social Science as Empirical Political Philosophy, in: Heilbron / Magnusson / Wittrock (Hg.) 1998: S. 241-63.

Wallerstein, Immanuel, et al. 1996. *Open the Social Sciences. Report of the Gulbenkian Commission for the Restructuring of the Social Sciences*. Stanford: Stanford University Press.

Wallwork, Ernest 1972. *Durkheim, Morality and Milieu*. Cambridge, Mass.: Harvard University Press.

Wallwork, Ernest 1985. Durkheim's Early Sociology of Religion, *Sociological Analysis* 46 (3): 201-17.

Weber, Max 1904. Die protestantische Ethik und der Geist des Kapitalismus I, *Archiv für Sozialwissenschaft und Sozialpolitik* 20/1: 1-54.

Weber, Max 1905. Die protestantische Ethik und der Geist des Kapitalismus II, *Archiv für Sozialwissenschaft und Sozialpolitik* 21/1: 1-110.

Weber, Max 1906. 'Kirchen' und 'Sekten' in Nordamerika. Eine kirchen- und sozialpolitische Skizze, *Christliche Welt* 24/25: 558-62.

Weber, Max 1963. Gedenkrede auf Georg Jellinek, in: König, R. / Winckelmann (Hg.) 1963: 13-17.

Weber, Max 1980. *Wirtschaft und Gesellschaft* (zitiert: WG). Studienausgabe, hg. von Johannes Winckelmann. 5. Aufl. Tübingen: J.C.B. Mohr (Paul Siebeck) [EA 1920-21].

Weber, Max 1982. *Die protestantische Ethik II. Kritiken und Anti-Kritiken*, hg. von Johannes Winckelmann. 4. Aufl. Gütersloh: Gütersloher Verlagshaus Gerd Mohn [EA 1978].

Weber, Max 1986ff. *Max Weber Gesamtausgabe*, hg. von Horst Baier, M. Rainer Lepsius, Wolfgang J. Mommsen, Wolfgang Schluchter, Johannes Winckelmann (zitiert: MWGA, mit römischen Abteilungs- und arabischen Bandangaben). Tübingen: J.C.B. Mohr (Paul Siebeck).

Weber, Max 1988a. *Gesammelte Aufsätze zur Religionssoziologie* (3 Bde.) (zitiert: RS, mit römischen Bandangaben). 9. Aufl. Tübingen: J.C.B. Mohr (Paul Siebeck) [EA 1920].

Weber, Max 1988b. *Gesammelte politische Schriften* (zitiert: GPS), hg. von Johannes Winckelmann. 5. Aufl. Tübingen: J.C.B. Mohr (Paul Siebeck) [EA 1921].

Weber, Max 1988c. *Gesammelte Aufsätze zur Wissenschaftslehre* (zitiert: WL), hg. von Johannes Winckelmann. 7. Aufl. Tübingen: J.C.B. Mohr (Paul Siebeck) [EA 1921].

Weber, Max 1988d. *Gesammelte Aufsätze zur Soziologie und Sozialpolitik* (zitiert: SSP), hg. von Marianne Weber. 2. Aufl. Tübingen: J.C.B. Mohr (Paul Siebeck) [EA 1924].

Weber, Max 1988e. *Gesammelte Aufsätze zur Sozial- und Wirtschaftsgeschichte* (zitiert: SWG). 2. Aufl. Tübingen. J.C.B. Mohr (Paul Siebeck) [EA 1924].

Weber, Max 1990. *Grundriss zu den Vorlesungen über Allgemeine ('theoretische') Nationalökonomie*. 2. Aufl. Tübingen: J.C.B. Mohr (Paul Siebeck) [EA 1898].

Winckelmann, Johannes 1980. Die Herkunft von Max Webers 'Entzauberungs'-Konzeption. Zugleich ein Beitrag zu der Frage, wie gut wir das Werk Max Webers kennen können, *Kölner Zeitschrift für Soziologie und Sozialpsychologie* 32 : 12-53.

Wittrock, Björn 1999. Social Theory and Intellectual History: Towards a Rethinking of the Formation of Modernity, in: Engelstad / Ragnvald (Hg.): S. 187-232.

Wokler, Robert 1998. The Enlightenment and the French Revolutionary Birth Pangs of Modernity, in: Heilbron / Magnusson / Wittrock (Hg.) 1998: S. 35-76.

Wolf, Eric R. 1982. *Europe and the People without History.* Berkeley: University of California Press.

Wolff, Kurt H. (Hg.) 1960. *Emile Durkheim 1858-1917.* Columbus: The Ohio State University Press.

Zollschan, George K. und Walter Hirsch (Hg.) 1964. *Explorations in Social Change.* London: Routledge & Kegan Paul.

Sachregister

Personenregister[*]

---

[*]   Emile Durkheim und Max Weber wurden nicht in das Personenregister aufgenommen.

Sozialwissenschaften

Hans Joas (Hg.)
Lehrbuch der Soziologie
2001. 600 Seiten, mit 115 Bildern,
45 Tabellen und 54 Grafiken
ISBN 3-593-36388-7 (gebunden)
ISBN 3-593-36765-3 (kartoniert)

Dieses neuartige Lehrbuch gibt einen leicht verständlichen Überblick über die Gegenstandsbereiche und gleichzeitig eine Einführung in den neuesten Wissensstand der Disziplin. Der Text wird durch Abbildungen, Schaubilder und Tabellen aufgelockert. Jedes Kapitel schließt mit Kontrollfragen und einem Glossar. Neben der Bibliografie enthält das Lehrbuch eine Webliografie, die das Internet für Soziologen erschließt.

Inhalt: Die soziologische Perspektive (Hans Joas), Methoden soziologischer Forschung (Craig Calhoun), Kultur (Karl Siegbert Rehberg), Interaktion und Sozialstruktur (Ansgar Weymann), Sozialisation (Dieter Geulen), Der Lebenslauf (Walter R. Heinz), Abweichendes Verhalten (Fritz Sack/Michael Lindenberg), Gruppe und Organisation (Uwe Schimank), Klasse und Schichtung (Peter A. Berger), Nation und Ethnizität (Georg Elwert), Geschlecht und Gesellschaft (Gertrud Nunner-Winkler), Ehe und Familie (Rosemarie Nave-Herz/Corinna Onnen-Isemann), Bildung und Erziehung (Gero Lenhardt), Religion (Detlev Pollack), Gesundheit und Gesundheitswesen (Bernhard Badura/Günter Feuerstein), Wirtschaft und Arbeit (Helmut Voelzkow), Politik, Staat und Krieg (Claus Offe), Globale Integration und Ungleichheit (Hans-Dieter Evers), Bevölkerungsentwicklung (Rainer Münz/Ralf Ulrich), Städte, Gemeinden und Urbanisierung (Hartmut Häußermann), Soziale Bewegungen und kollektive Aktionen (Dieter Rucht/Friedhelm Neidhardt), Umwelt (Karl-Werner Brand/Fritz Reusswig)

Gerne schicken wir Ihnen unsere aktuellen Prospekte:
Campus Verlag · Kurfürstenstr. 49 · 60488 Frankfurt/M.
Tel. 069/976516-0 · Fax -78 · www.campus.de

Frankfurt / New York